Sportlich aktiv mit 50+

An dieser Stelle möchte ich mich herzlich bei TOGU für die Unterstützung bei der Umsetzung dieses Buchs und für Ihre innovativen Produkte bedanken.

Brasil® und Redondo® Ball sind eingetragene Warenzeichen der TOGU GMBH.

Allgemeine Hinweise

Aus Gründen der besseren Lesbarkeit wird bei Personenbezeichnungen die männliche Sprachform verwendet. Gemeint ist sowohl die männliche als auch die weibliche und die diverse Form.

Das vorliegende Buch wurde sorgfältig erarbeitet. Dennoch erfolgen alle Angaben ohne Gewähr. Weder die Autorin noch der Verlag können für eventuelle Nachteile oder Schäden, die aus den im Buch vorgestellten Informationen resultieren, Haftung übernehmen.

Sollte diese Publikation Links auf Websiten Dritter enthalten, so übernehmen wir für deren Inhalte keine Haftung, da wir uns diese nicht zu eigen machen, sondern lediglich auf deren Stand zum Zeitpunkt der Erstveröffentlichung verweisen.

GABI FASTNER

SPORTLICH AKTIV mit 50+

100 ÜBUNGEN für zu Hause

DTB DEUTSCHER TURNER-BUND

Meyer & Meyer Verlag

Sportlich aktiv mit 50+

Bibliografische Information der Deutschen Nationalbibliothek
Die Deutsche Nationalbibliothek verzeichnet diese Publikation in der Deutschen Nationalbibliografie; detaillierte bibliografische Details sind im Internet über <https://www.dnb.de> abrufbar.

2. Auflage 2024
Auckland, Beirut, Dubai, Hägendorf, Hongkong, Indianapolis, Kairo, Kapstadt,
Manila, Maidenhead, Neu-Delhi, Singapur, Sydney, Teheran, Wien
Member of the World Sport Publishers' Association (WSPA)
Gesamtherstellung: Print Consult GmbH, München

FSC
www.fsc.org
MIX
Papier | Fördert gute Waldnutzung
FSC® C084279

ISBN 978-3-8403-7891-1
E-Mail: verlag@m-m-sports.com
www.dersportverlag.de

INHALT

VORWORT

Liebe Leserinnen und Leser,

mit großer Freude präsentiere ich Ihnen mein Buch *Aktiv mit 50+*. Als jemand, der selbst gerade die 50 erreicht hat, ist mir bewusst, wie wichtig es ist, fit und gesund zu bleiben, um die kommenden Jahrzehnte in vollen Zügen genießen zu können.

Das Buch enthält viele praktische Ideen und Übungen für ein aktives Leben ab 50 Jahren. Ich habe versucht, eine breite Palette an Trainingsformen und Aktivitäten zu berücksichtigen, um sicherzustellen, dass für jeden etwas dabei ist. Sie werden feststellen, dass es viele Möglichkeiten gibt, aktiv und fit zu bleiben – unabhängig davon, ob Sie schon immer sportlich waren oder erst später damit begonnen haben.

Mein Ziel war es, ein Buch zu schreiben, das sowohl inspiriert als auch motiviert, um Ihnen zu helfen, Ihre Ziele zu erreichen und Ihre Gesundheit zu verbessern. Ob Sie nun Ihre Kraft, Ausdauer, Koordination oder Flexibilität verbessern möchten, oder einfach nur nach neuen Ideen suchen, um sich aktiv zu halten, dieses Buch ist für Sie.

Ich möchte betonen, dass es nie zu spät ist, mit einem aktiven Lebensstil zu beginnen. Es geht nicht darum, sportliche Höchstleistungen zu erbringen, sondern darum, den Körper in Bewegung zu halten und gesund zu bleiben. Ein aktiver Lebensstil kann dazu beitragen, den Alterungsprozess zu verlangsamen und das Leben in vollen Zügen zu genießen.

Ich hoffe, dass dieses Buch Ihnen die Inspiration und Motivation gibt, um aktiv zu bleiben und Ihre Gesundheit zu verbessern. Ich wünsche Ihnen viel Freude beim Ausprobieren der verschiedenen Trainingsideen und Aktivitäten.

Ihre Gabi Fastner

1 Einführung

1.1 Warum Gymnastik ab 50 Jahren wichtig ist

Im Alter verändern sich Körper und Geist. Die Muskeln und Knochen verlieren an Masse und Stärke, die Beweglichkeit nimmt ab und auch die Sehkraft und das Gehör können nachlassen. Doch es ist ein Mythos, dass diese Veränderungen unausweichlich sind und sich nicht ein bisschen aufhalten lassen.

Durch regelmäßige Gymnastikübungen kann der Alterungsprozess verlangsamt werden. Krafttraining stärkt die Muskeln und Knochen, Dehnübungen und Koordinationsübungen verbessern die Beweglichkeit und Balance. Ausdauertraining schult das Herz-Kreislauf-System.

Aber nicht nur der Körper profitiert von Gymnastik, auch der Geist wird geschult.

Das Trainieren von Gedächtnis und Konzentration kann dazu beitragen, geistige Leistungsfähigkeit im Alter zu erhalten.

Ein weiterer wichtiger Aspekt ist die Prävention von Krankheiten. Gymnastik kann dabei helfen, chronische Erkrankungen wie Diabetes oder Herz-Kreislauf-Erkrankungen zu vermeiden oder zu mildern. Auch Schmerzen im Rücken oder in Gelenken können durch gezielte Gymnastikübungen gelindert werden.

Und nicht zu unterschätzen ist, dass regelmäßige Bewegung zur Ausschüttung von Endorphinen führt, den sogenannten *Glückshormonen*, welche das Wohlbefinden und die Stimmung positiv beeinflussen und Stress abbauen.

Also los, bewegen!

Denn, regelmäßige Gymnastikübungen im Alter fördern nicht nur körperliche und geistige Gesundheit, sondern können auch zu einem gesteigerten Körpergefühl und guter Stimmung beitragen. Es ist eine einfache und effektive Methode, um körperliches und emotionales Wohlbefinden im Alter zu verbessern und somit ein aktives, gesundes und erfülltes Leben zu führen.

1.2 Zielgruppe des Buchs

Das Buch richtet sich dabei an alle, unabhängig davon, ob sie bereits sportlich aktiv sind oder Einsteiger oder Wiedereinsteiger sind.

Das Buch soll dabei helfen, Hemmungen abzubauen und Mut zu machen, um mit Gymnastik und Bewegung im Alter zu beginnen oder das Training wieder aufzunehmen.

Es werden Übungen und Trainingspläne vorgestellt, die auf die Bedürfnisse und Möglichkeiten der Zielgruppe abgestimmt sind und dabei helfen, Gesundheit und körperliche Fitness zu verbessern.

Dabei wird insbesondere darauf geachtet, dass die Übungen einfach und leicht verständlich sind, sodass sie auch von Einsteigern und Wiedereinsteigern problemlos durchgeführt werden können.

Gleichzeitig werden auch fortgeschrittene Übungsvarianten vorgestellt, um auch sportliche Menschen anzusprechen und neue Herausforderungen zu bieten.

Das Buch richtet sich also an alle, die in der zweiten Lebenshälfte gesund und fit bleiben möchten und sich für Gymnastik und Bewegung interessieren, unabhängig von ihrem aktuellen Fitnesslevel.

2 Alterswehwehchen beim Sport – wie man damit umgeht

Im Alter von 50 Jahren und älter sind körperliche Aktivitäten wie Sport besonders wichtig, um fit und gesund zu bleiben. Allerdings kann es auch zu verschiedenen Beschwerden und Wehwehchen kommen, die es schwierig machen können, bestimmte Übungen auszuführen. In diesem Kapitel werden wir einige der häufigsten Alterswehwehchen besprechen und wie man sie vermeiden, oder wie man mit ihnen umgehen kann.

» **Knieprobleme**

Knieprobleme sind bei vielen Menschen im Alter von 50 Jahren und älter eine häufige Beschwerde. Sie können durch Überbeanspruchung, Verletzungen oder altersbedingten Verschleiß entstehen. Eine Möglichkeit, Schmerzen bei Übungen im Knien zu vermeiden, ist das Platzieren eines Kissens oder einer Rolle unter dem Knie. Dies kann den Druck auf das Knie reduzieren und die Schmerzen lindern. Bei schweren Knieproblemen ist es jedoch ratsam, einen Arzt zu konsultieren, bevor man mit bestimmten Übungen beginnt.

» **Rundrücken**
Eine schlechte Alltagshaltung kann dazu führen, dass sich der obere Rücken im Laufe der Zeit rundet. Dies kann bei Übungen in der Rückenlage problematisch werden, da der Kopf nicht auf der Matte aufliegt und es dadurch zu Schmerzen und Verspannungen im Nacken kommen kann. Eine Lösung für dieses Problem kann ein Kissen unter dem Kopf sein, um den Nacken zu stützen. Darüber hinaus können Übungen, die den oberen Rücken stärken und die Brustmuskulatur dehnen, helfen, den Rundrücken zu korrigieren.

» **Gelenkprobleme** (wie zum Beispiel Schulterschmerzen, Hüftschmerzen, Knieschmerzen)
Gelenkprobleme können durch Verschleiß oder Verletzungen entstehen. Es ist wichtig, bei Übungen vorsichtig zu sein und nicht zu viel Druck auf die Gelenke auszuüben. Machen Sie die Übungen immer so, wie Sie sich wohlfühlen. Im Zweifelsfall bitte einen Arzt oder Therapeuten fragen, was Sie beim Training beachten müssen.

» **Osteoporose**
Mit dem Alter kann auch das Risiko von Osteoporose steigen. Es ist wichtig, regelmäßig körperlich aktiv zu sein, um die Knochengesundheit zu fördern und das Risiko von Osteoporose zu reduzieren. Kräftigung und Stretching können besonders effektiv sein, um die Knochengesundheit zu verbessern.

TIPP:

Grundsätzlich sollten Sie immer auf Ihren Körper hören und nicht über Ihre Grenzen hinausgehen. Wenn Sie Schmerzen oder Beschwerden haben, passen Sie Ihr Training an oder suchen Sie einen Arzt oder Physiotherapeuten auf, um geeignete Übungen zu finden, die Ihnen helfen, ohne Schmerzen zu trainieren.

Denken Sie daran, Ihren Körper wahrzunehmen, machen Sie die Übungen immer so, wie Sie sich wohlfühlen!

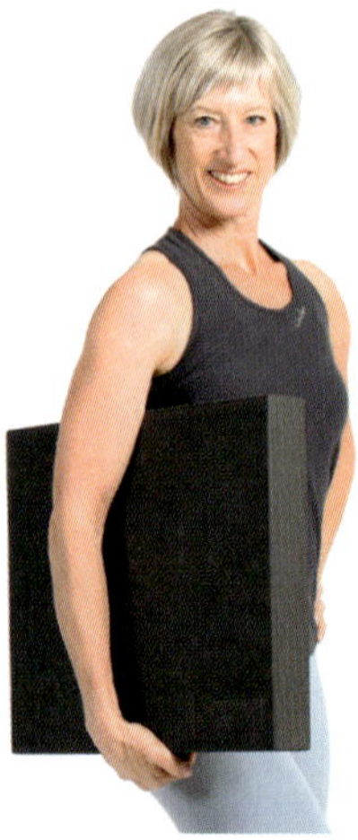

Das *TOGU Balance Board Pad Premium* ist die perfekte Wahl, um mit der Schulung von Koordination, Gleichgewicht und Sensomotorik zu beginnen. Es gleicht Dysbalancen aus und bietet eine Vielzahl von Vorteilen für Ihr Training.

Durch seine instabile Oberfläche ermöglicht das Balance Pad ein kontinuierliches Ausbalancieren und Stabilisieren während des Trainings. Dadurch wird die Tiefenmuskulatur und das sensomotorische System effektiv trainiert.

Handgelenkschmerzen

Stützen Sie die Hände mit den Handballen auf ein Kissen oder auf eine gerollte Matte (die Finger am Boden, die Handballen auf dem Kissen).

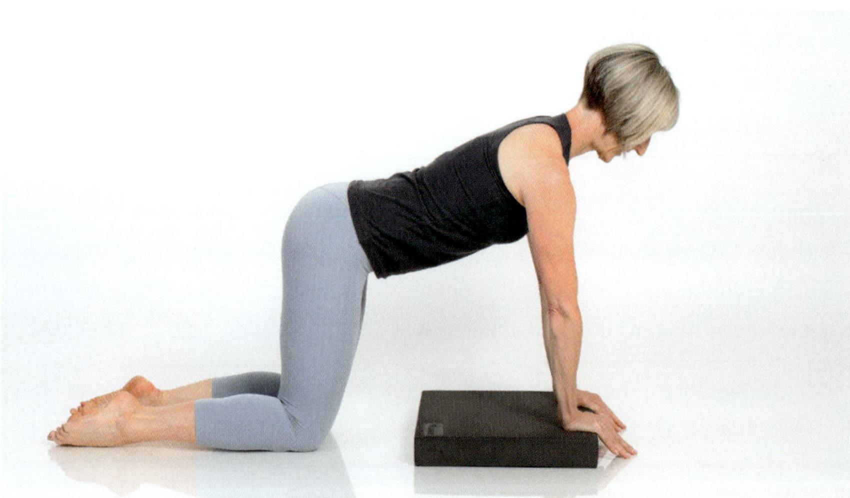

Rundrücken

Legen Sie sich in der Rückenlage ein Kissen unter den Kopf.

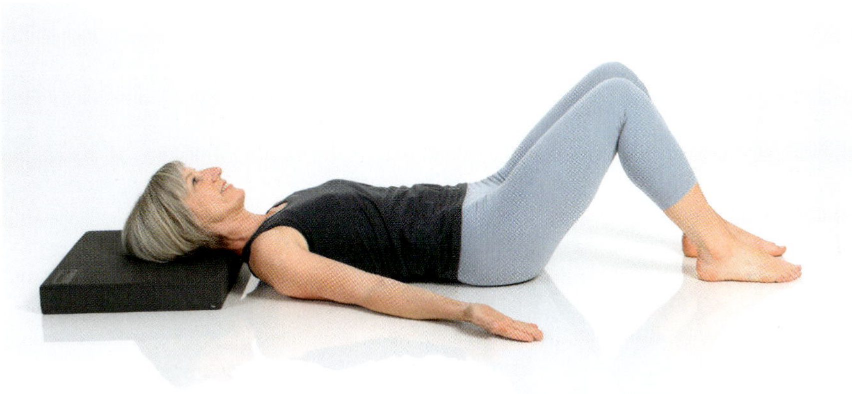

Knieschmerzen

Legen Sie sich ein Kissen unter die Knie im Kniestand oder Vierfüßlerstand.

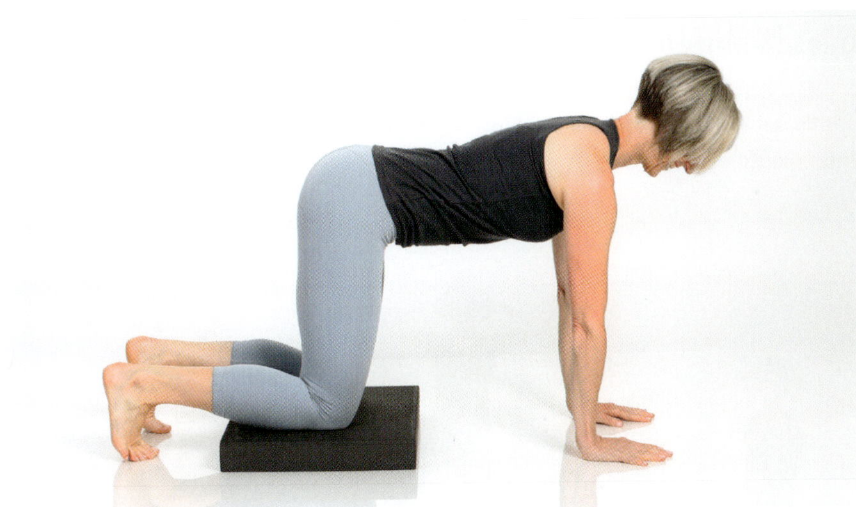

Schwierigkeiten, gerade zu sitzen (im Langsitz oder Schneidersitz)

Legen Sie sich ein Kissen unter das Gesäß.

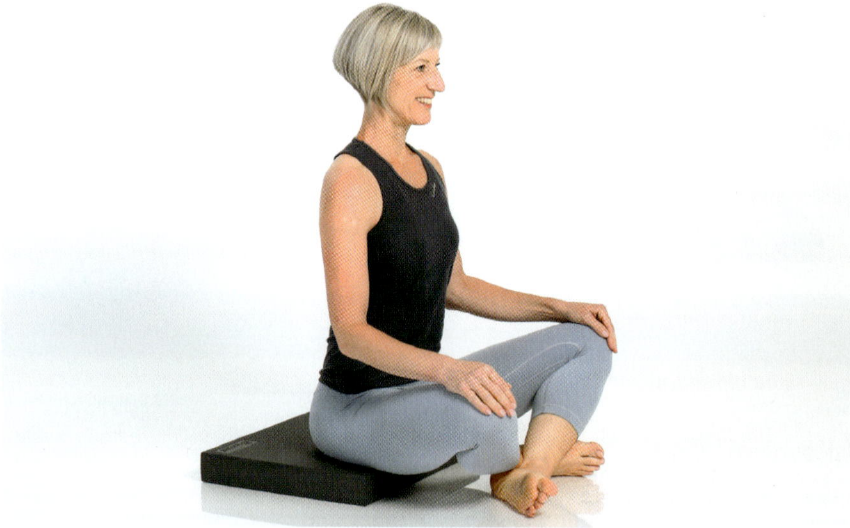

Knieschmerzen beim Kniestand

Führen Sie die Übung im Stehen statt am Boden aus oder legen Sie sich ein Kissen unter die Knie.

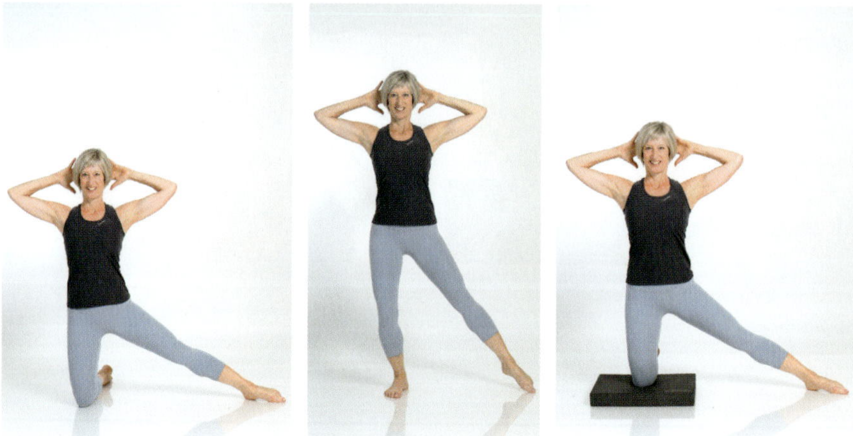

Schulterschmerzen

Schmerzen die Schultergelenke beim Anheben der Arme oder ziehen Sie die Schultern unbewusst nach oben in Richtung der Ohren, dann öffnen Sie die Arme etwas weiter in ein großes V.

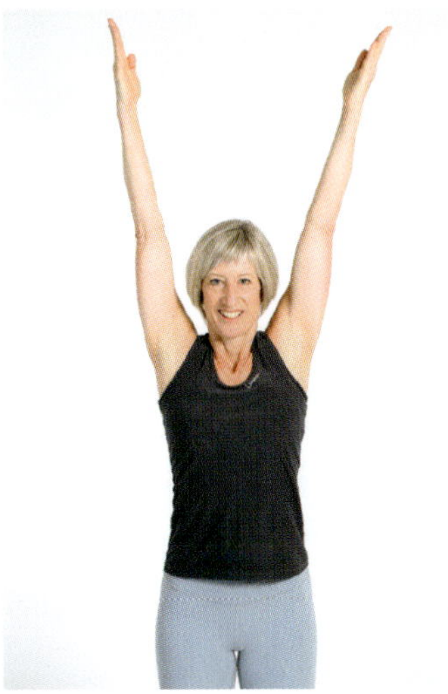

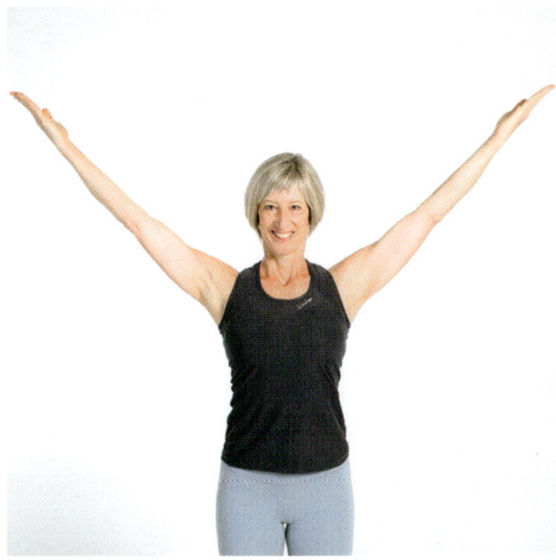

Oder machen Sie einfach einmal eine Pause zwischendurch.

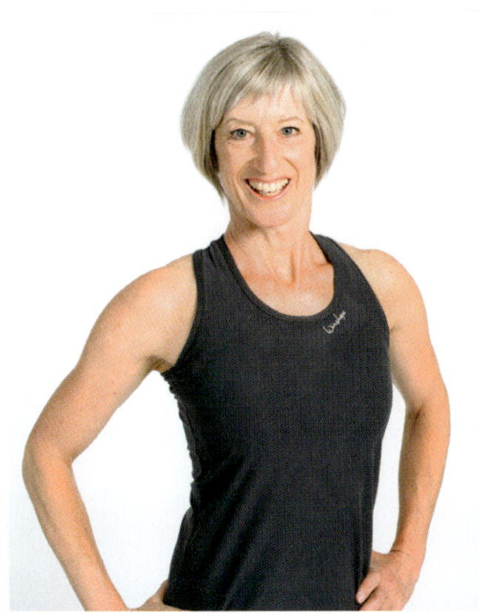

3 Verletzungsprävention

- **Beginnen Sie langsam:** Beginnen Sie mit einer niedrigen Intensität und steigern Sie diese allmählich. Geben Sie Ihrem Körper Zeit, sich an die Belastung anzupassen.
- **Aufwärmen vor dem Sport kann Verletzungen vorbeugen:** Es kann helfen, Ihre Muskeln und Gelenke aufzuwärmen und Ihre Beweglichkeit zu verbessern.
- **Trinken Sie genug:** Stellen Sie sicher, dass Sie vor oder während des Sports genug Wasser trinken, um Dehydrierung zu vermeiden.
- **Machen Sie Pausen:** Machen Sie regelmäßig Pausen, um eine Überlastung zu vermeiden und sich zu erholen.
- **Konsultieren Sie einen Arzt:** Wenn Sie bereits Verletzungen oder Schmerzen haben, sprechen Sie mit einem Arzt oder Physiotherapeuten, um zu erfahren, welche Aktivitäten für Sie geeignet sind.
- Sie sollten sich während des Trainings immer wohlfühlen!

4 Motivationstipps für das Training

- **Setzen Sie sich realistische Ziele:** Überlegen Sie sich, was Sie erreichen möchten und setzen Sie sich realistische Ziele. Wenn Sie sich zu viel auf einmal vornehmen, kann das zu Frustration führen.
- **Variieren Sie das Training:** Wenn Sie immer dieselben Übungen machen, kann das schnell langweilig werden. Variieren Sie das Training, um Abwechslung zu schaffen und den Spaß am Training aufrechtzuerhalten.
- **Belohnen Sie sich selbst:** Belohnen Sie sich nach jeder Trainingseinheit mit etwas, das Sie gerne mögen. Das kann zum Beispiel eine Tasse Lieblingstee sein oder eine heiße Badewanne.
- **Finden Sie einen Trainingspartner:** Trainieren Sie gemeinsam mit einem Freund oder einer Freundin. So können Sie sich gegenseitig motivieren und unterstützen.
- **Hören Sie auf Ihren Körper:** Wenn Sie müde oder gestresst sind, ist es okay, das Training einmal ausfallen zu lassen. Hören Sie auf Ihren Körper und gönnen Sie ihm Pausen, wenn es nötig ist.
- **Suchen Sie nach neuen Herausforderungen:** Wenn Sie das Gefühl haben, dass Sie in Ihrem Training stagnieren, suchen Sie nach neuen Herausforderungen. Probieren Sie neue Übungen aus. Das Ausprobieren von Neuem hält nicht nur unseren Körper, sondern auch unseren Geist jung und fit.
- **Erinnern Sie sich an die Vorteile des Trainings:** Erinnern Sie sich daran, warum Sie mit dem Training angefangen haben und welche Vorteile es für Ihre Gesundheit hat und wie Sie sich danach fühlen. Das kann Ihnen helfen, Ihre Motivation aufrechtzuerhalten.

5 Was gehört zu einem ausgewogenen Training alles dazu? Grundlagen der Gymnastik

5.1 Mobilisation

Das Aufwärmen und Mobilisieren vor der Gymnastik ist ein wichtiger Bestandteil eines jeden Trainings, besonders für Sportler ab 50 Jahren. Es hilft dabei, den Körper auf die bevorstehende Aktivität vorzubereiten und kann Verletzungen verhindern.

Dabei werden nicht nur Muskeln durchblutet, sondern auch die Faszien aktiviert, die Körperwahrnehmung verbessert sich und der Körper und der Geist stellen sich auf Bewegung ein.

Wenn Sie sich richtig aufwärmen, können Sie auch Ihre körperliche Leistung steigern, denn Aufwärmen trägt dazu bei, dass Ihr Körper effizienter arbeitet, indem die Sauerstoff- und Nährstoffversorgung in den Muskeln verbessert wird.

Ihr Aufwärmprogramm sollte etwa 3-15 Minuten dauern, abgestimmt auf Inhalt und Länge des bevorstehenden Trainings.

Starten Sie nicht zu schnell, sondern steigern Sie sich langsam. Zum Beispiel von kleinen Bewegungen zu großen Bewegungen, oder erst körpernah, dann körperfern, um sich optimal auf die Bewegung vorzubereiten.

Hier folgen nun einige Aufwärm-Beispiele für unterschiedlich lange Trainingseinheiten.

15 Minuten und kürzere Trainingseinheiten

Mobilisation der Fußgelenke und Schulung der Koordination

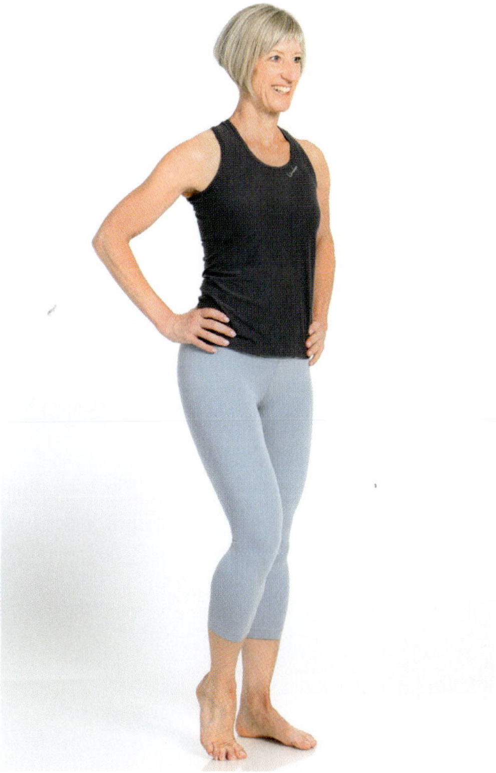

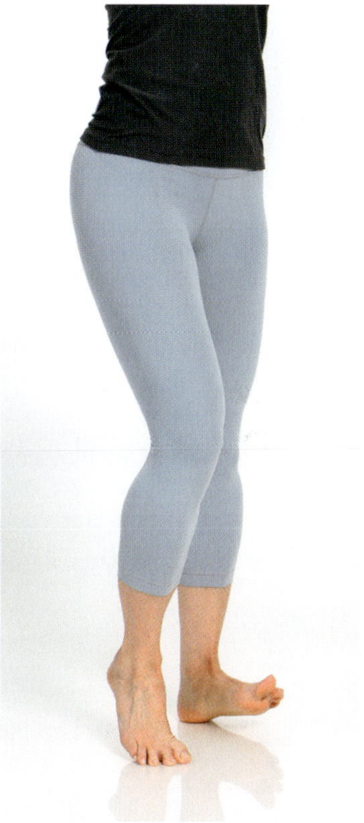

Ausgangsposition: Hüftbreiter Stand.

Übungsbeschreibung: Heben Sie im Wechsel die Fersen vom Boden ab.

Variation: Als Herausforderung heben Sie die Ferse des einen Fußes gleichzeitig mit der Fußspitze des anderen Fußes an. Diese Bewegungsabfolge fließend wiederholen.

Übungsdauer: Circa eine Minute lang diese Übung ausführen.

Mobilisation der Kniegelenke

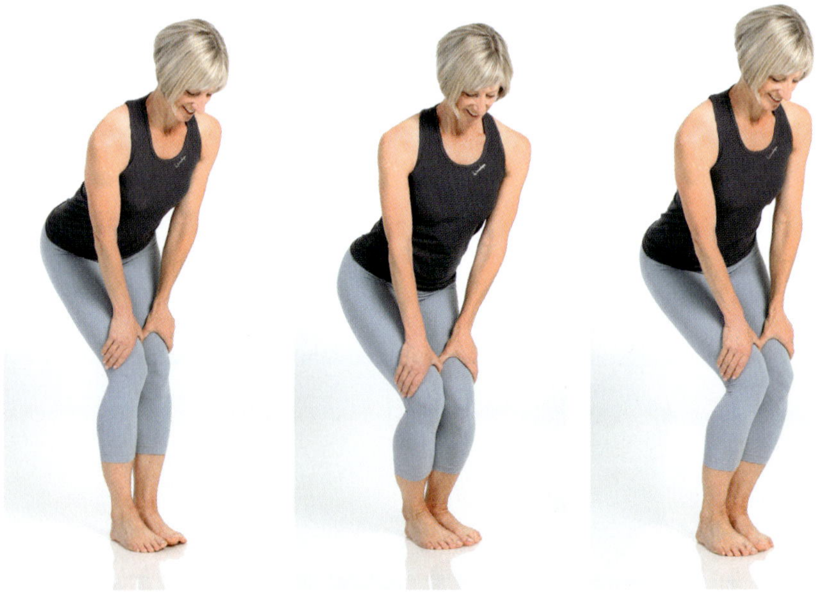

Ausgangsposition: Geschlossener Stand.

Übungsbeschreibung: Stützen Sie beide Hände auf den Oberschenkeln ab und kreisen Sie die Knie 6-8-mal in die eine, dann 6-8-mal in die in die andere Richtung.

Mobilisation der Wirbelsäule

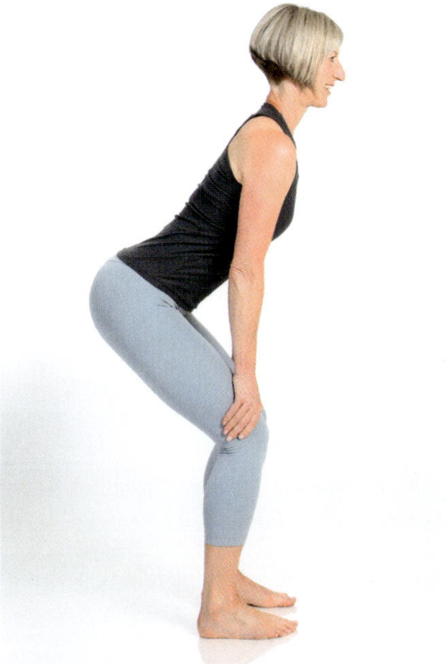

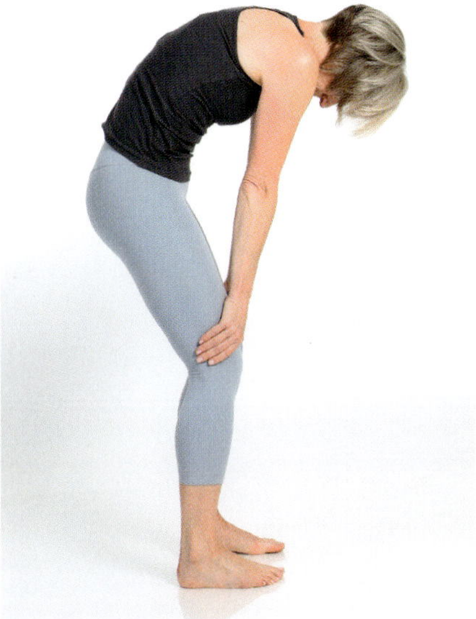

Ausgangsposition: Hüftbreiter Stand. Stützen Sie beide Hände auf die Oberschenkel.

Übungsbeschreibung: Nun strecken Sie die Wirbelsäule, dabei den Blick nach vorne richten. Dann runden Sie den Rücken und rollen dabei das Kinn in Richtung Brustbein.

Übungsdauer: 10-15 Wiederholungen der Übung ausführen.

Mobilisation der Hüftgelenke I

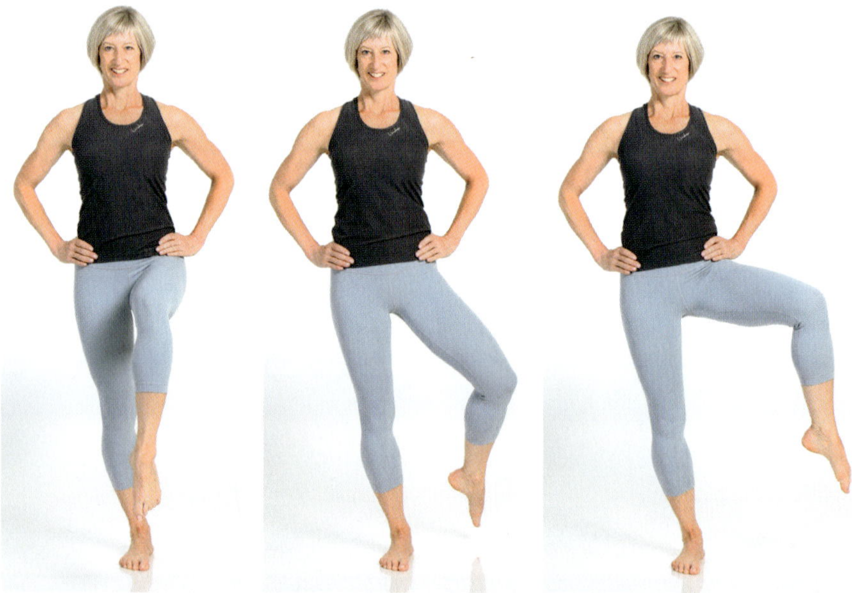

Ausgangsposition: Aufrechter Stand. Sie stehen auf einem Bein.

Übungsbeschreibung: Nun mit dem angehobenen Knie einen großen Kreis zeichnen.

Hinweis: Dabei das Becken möglichst ruhig halten.

Übungsdauer: Je Seite 10-15 Wiederholungen der Übung ausführen.

Mobilisation der Wirbelsäule, der Schultergelenke, der Hüftgelenke und der Fußgelenke

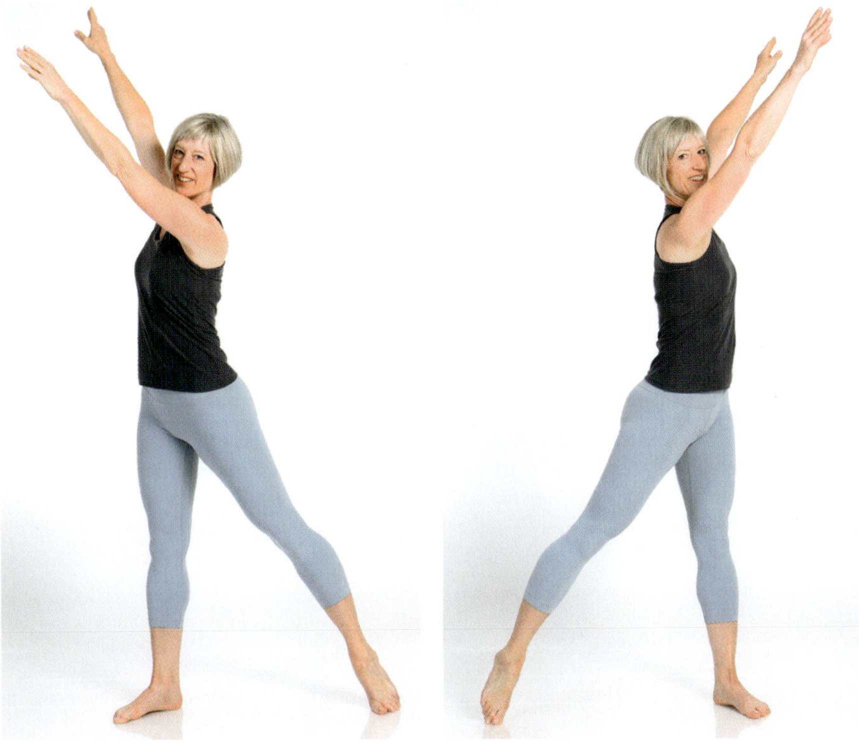

Ausgangsposition: Grätschstand.

Übungsbeschreibung: Die Arme schwingen von rechts nach links. Dabei den Oberkörper von rechts nach links mitdrehen.

Übungsdauer: Je Seite 10-15 Wiederholungen der Übung absolvieren.

30 Minuten und längere Trainingseinheiten

Mobilisation der Brustwirbelsäule, des Schultergürtels und der Schultergelenke

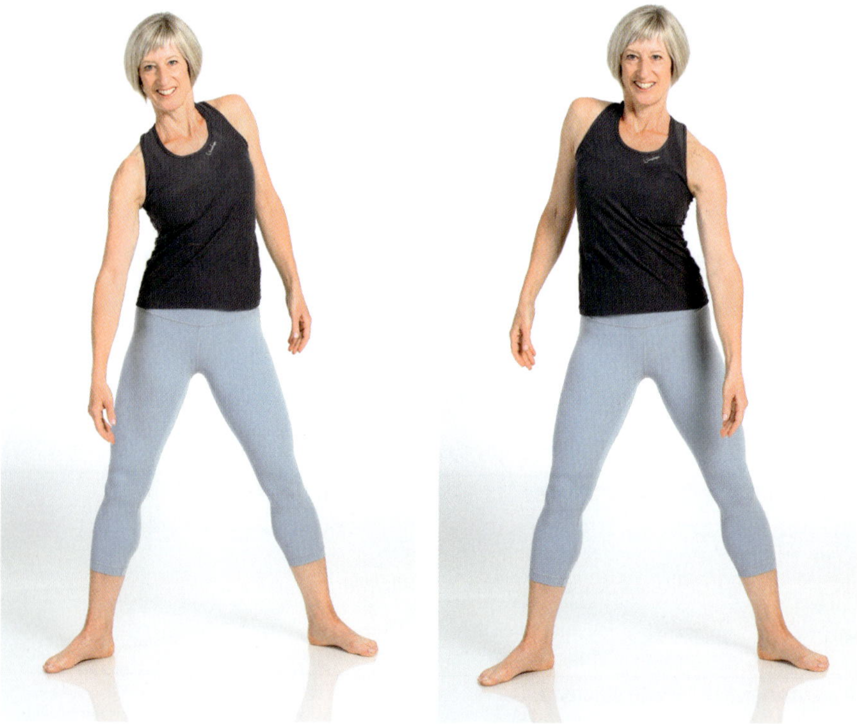

Ausgangsposition: Grätschstand.

Übungsbeschreibung: Kreisen Sie im Wechsel die rechte und linke Schulter zurück.

Übungsdauer: Je Seite circa 15-20 Wiederholungen der Übung durchführen.

Mobilisation der Schultergelenke

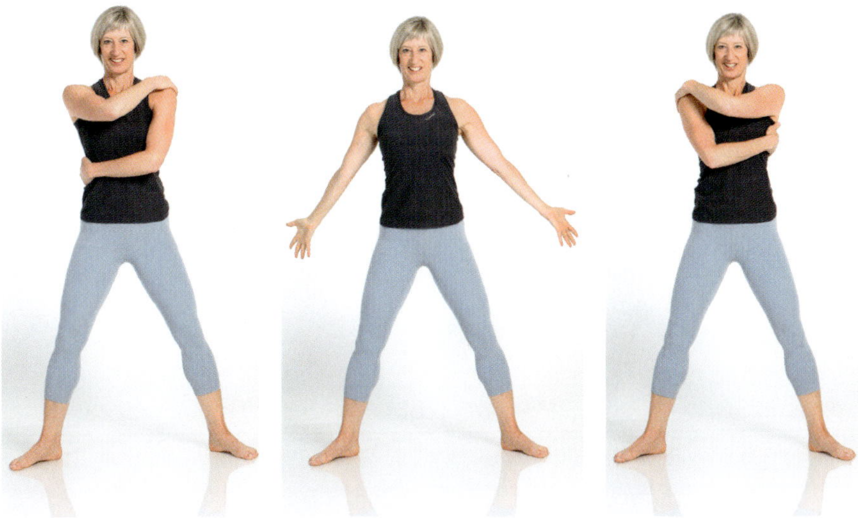

Ausgangsposition: Grätschstand. Öffnen Sie beide Arme neben dem Körper. Die Handflächen zeigen nach vorne, die Schultern nach hinten unten ziehen.

Übungsbeschreibung: Nun schwungvoll die eine Hand auf die Schulter, die andere Hand um die Taille legen. Dann die Arme wieder öffnen und beim nächsten Mal die andere Hand auf die Schulter, die andere Hand um die Taille legen.

Übungsdauer: Je Seite 8-10 Wiederholungen der Übung ausführen.

Mobilisation der Brustwirbelsäule, der Schultergelenke und des Schultergürtels

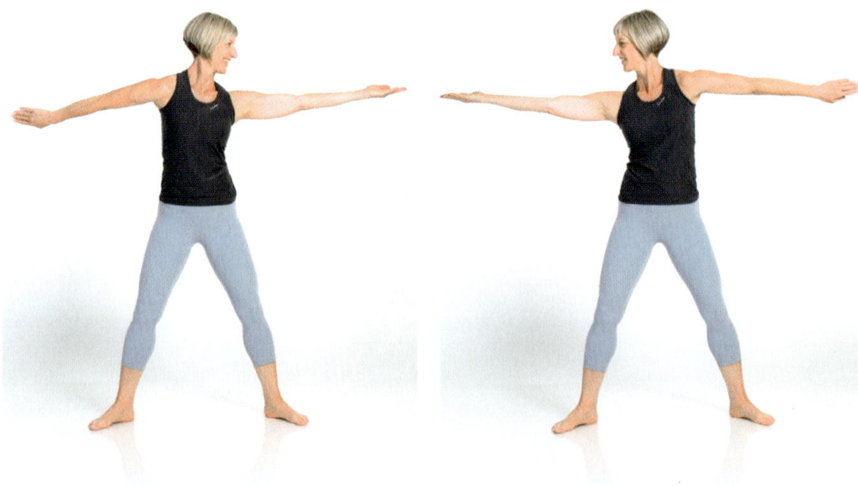

Ausgangsposition: Grätschstand.

Übungsbeschreibung: Drehen Sie die rechte Handfläche in Richtung Decke, den Blick dabei in die Handfläche richten. Gleichzeitig die linke Hand so weit wie möglich in Richtung Boden drehen.

Übungsdauer: Je Seite 10-15 Wiederholungen der Übung durchführen.

Ganzkörpermobilisation

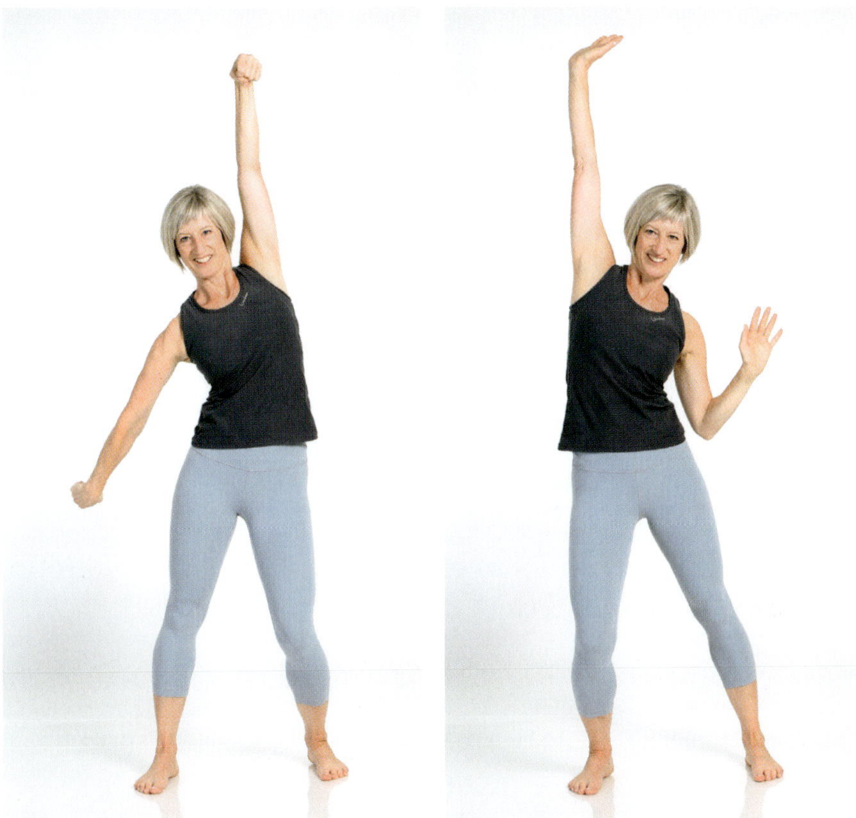

Ausgangsposition: Grätschstand.

Übungsbeschreibung: Dehnen und räkeln Sie sich in alle möglichen Richtungen. Dabei einmal die Handfläche, ein anderes Mal den Handrücken nach vorne strecken.

Hinweis: Probieren Sie ruhig aus, in welche Richtung Sie sich am liebsten bewegen möchten. Werden Sie erfinderisch.

Übungsdauer: Die Übung circa eine Minute lang ausführen.

Mobilisation der Hüftgelenke II

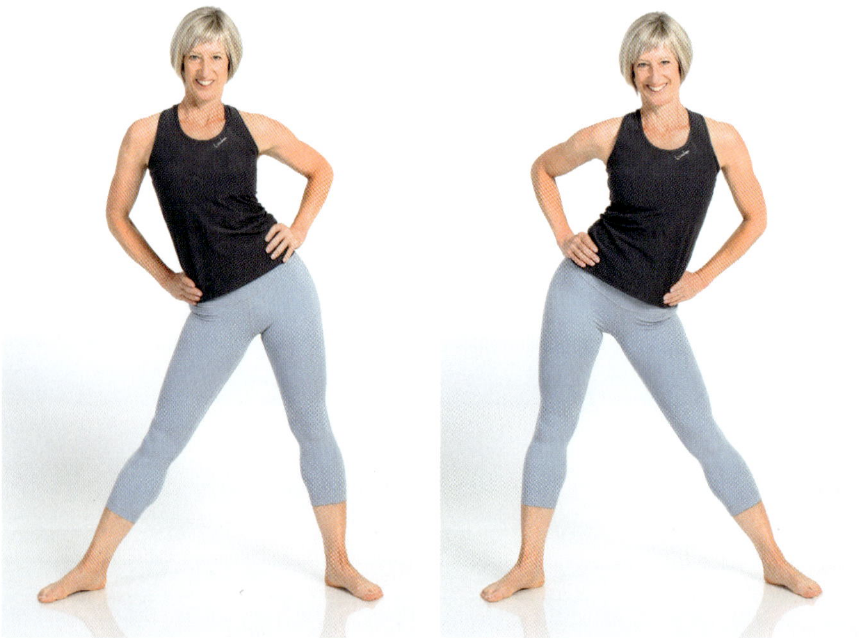

Ausgangsposition: Grätschstand. Strecken Sie beide Knie, stützen Sie die Hände in die Hüfte.

Übungsbeschreibung: Nun kreisen Sie das Becken erst in die eine, dann in die andere Richtung.

Übungsdauer: Je Richtung 10-15 Wiederholungen der Übung ausführen.

Mobilisation der Hüftgelenke, der Brustwirbelsäule und der Schultergelenke

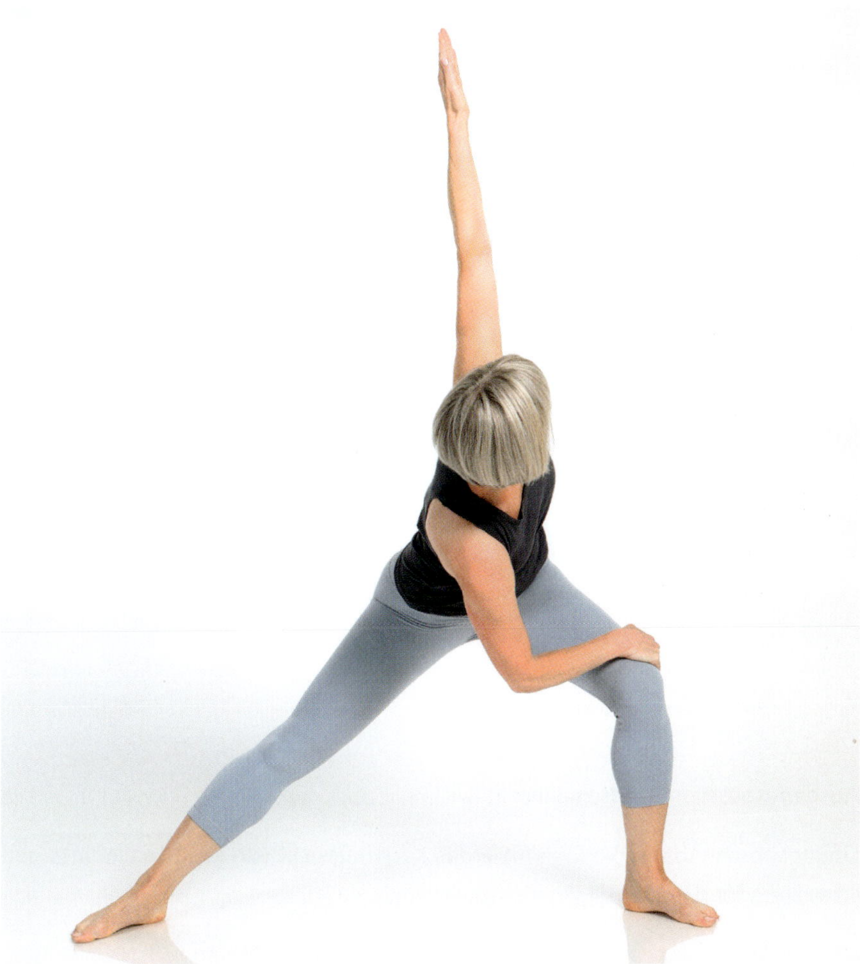

Ausgangsposition: Grätschstand.

Übungsbeschreibung: Verlagern Sie das Körpergewicht einmal nach rechts, dann wieder nach links. Dabei ein Bein strecken, das andere beugen. Gleichzeitig den Oberkörper rotieren und einen Arm in Richtung Decke strecken. Die andere Hand stützt sich am Oberschenkel ab.

Übungsdauer: Je Seite 8-10 Wiederholungen der Übung ausführen.

Mobilisation der Wirbelsäule, der Hüft- und Fußgelenke und der Schultergelenke

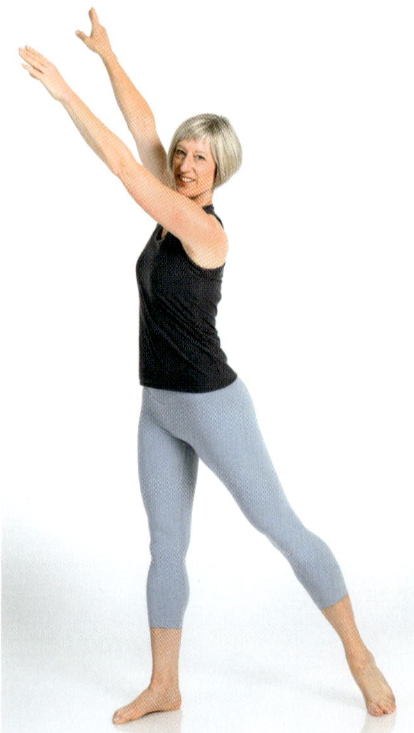
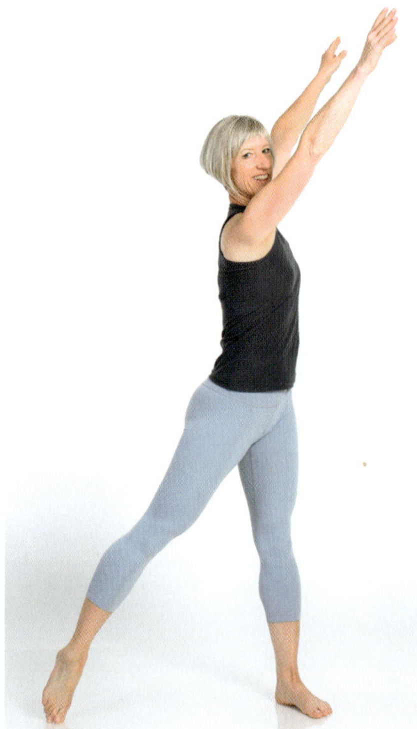

Ausgangsposition: Grätschstand.

Übungsbeschreibung: Verlagern Sie das Körpergewicht von rechts nach links und schwingen Sie dabei beide Arme mit.

Übungsdauer: Circa eine Minute lang diese Übung durchführen.

Mobilisation der Hüftgelenke und der Wirbelsäule, Schulung der Koordination

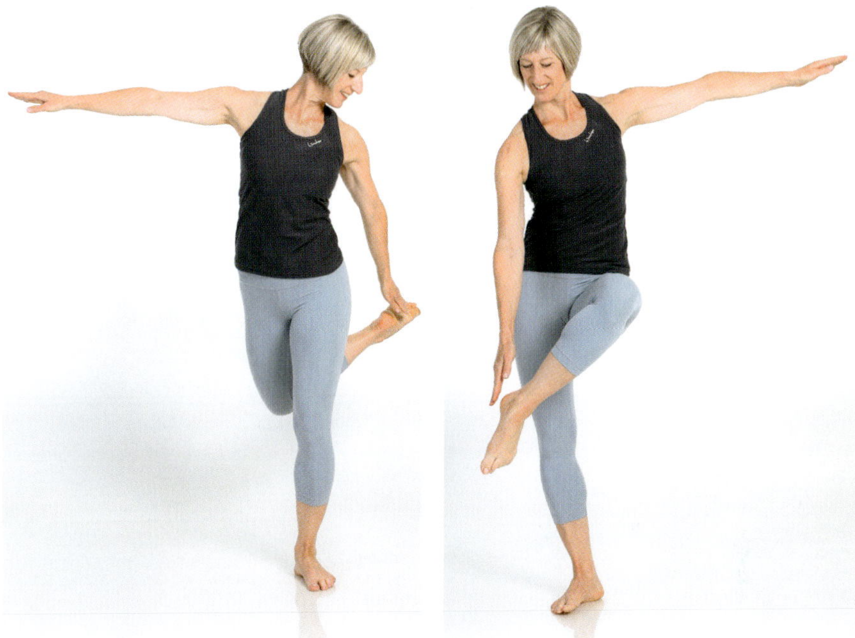

Ausgangsposition: Grätschstand.

Übungsbeschreibung: Heben Sie nun vor Ihrem Körper den Fuß zur gegenüberliegenden Hand, beide Seiten im Wechsel, dann hinter dem Körper die Ferse zur gegenüberliegenden Hand führen. Beide Seiten im Wechsel.

Übungsdauer: Je Seite 8-10 Wiederholungen der Übung ausführen.

Mobilisation der Hüftgelenke III

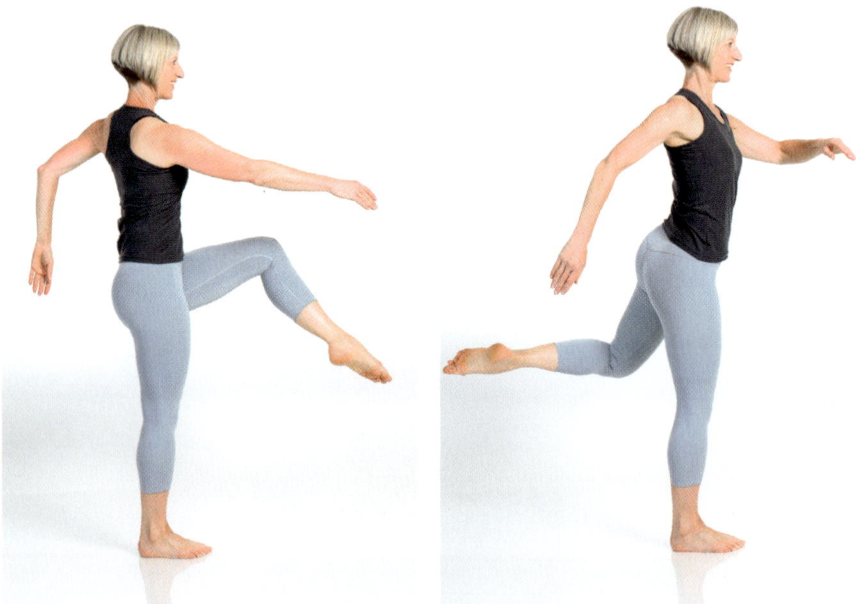

Ausgangsposition: Aufrechter Stand.

Übungsbeschreibung: Schwingen Sie ein Bein locker vor und zurück. Dabei schwingen die Arme gegengleich mit.

Übungsdauer: Je Seite 10-15 Wiederholungen der Übung absolvieren.

Aktivierung des Herz-Kreislauf-Systems

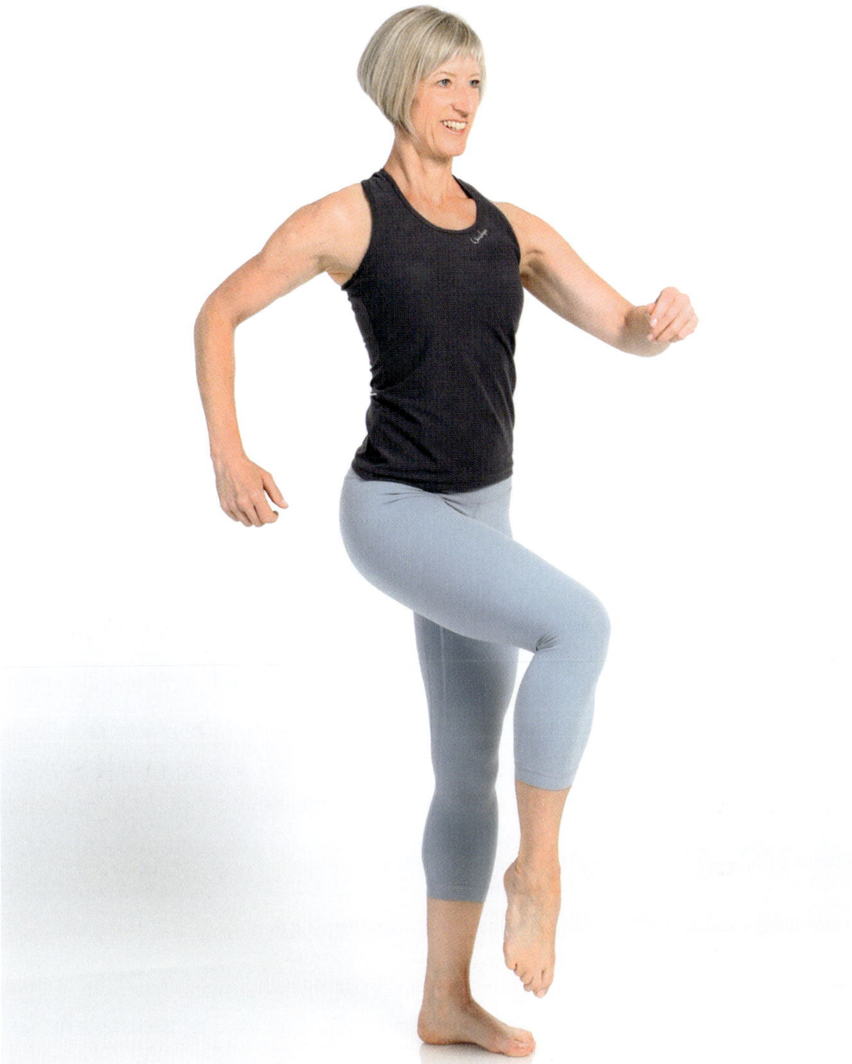

Übungsbeschreibung: Gehen Sie am Platz. Dabei die Arme rechtwinklig neben dem Körper mitführen.

Übungsdauer: Diese Übung 2-3 Minuten lang ausführen.

5.2 Koordination

Zu den koordinativen Fähigkeiten zählen:

- **Gleichgewicht:** Die Fähigkeit, den Körper im Gleichgewicht zu halten, um Stabilität und Kontrolle zu gewährleisten.
- **Reaktionsfähigkeit:** Die Fähigkeit, schnell auf ein Signal oder eine Situation zu reagieren.
- **Orientierungsfähigkeit:** Die Fähigkeit, sich im Raum zu orientieren und Richtungen zu bestimmen.
- **Differenzierungsfähigkeit:** Die Fähigkeit, kleine Unterschiede in der Bewegung, der Position oder der Beschaffenheit von Gegenständen zu erkennen und zu unterscheiden.
- **Rhythmisierungsfähigkeit:** Die Fähigkeit, Bewegungsabläufe mit einem bestimmten Rhythmus auszuführen.
- **Kopplungsfähigkeit:** Die Fähigkeit, Bewegungen von Körperbereichen miteinander zu koordinieren, um eine flüssige und effektive Bewegung auszuführen.
- **Umstellungsfähigkeit:** Die Fähigkeit, schnell von einer Bewegung oder Aufgabe auf eine andere umzuschalten.
- **Antizipationsfähigkeit:** Die Fähigkeit, eine Aktion, ein Ereignis oder einen Zustand vorherzusagen, bevor sie tatsächlich eintritt. Es beinhaltet die Fähigkeit, sich auf eine zukünftige Situation vorzubereiten und eine angemessene Reaktion darauf zu planen und auszuführen. Antizipation kann auf verschiedene Weise genutzt werden, einschließlich der Vorhersage von Bewegungen im Sport, der Vorhersage von Kundenbedürfnissen im Geschäftsbereich oder der Vorhersage von Verhaltensweisen von Personen im sozialen Kontext. Antizipationsfähigkeit ist eine wichtige kognitive Fähigkeit, die dazu beiträgt, schnelle und genaue Entscheidungen in verschiedenen Situationen zu treffen.

Im Laufe des Alterungsprozesses nimmt die Koordination ab. Der menschliche Körper wird im Laufe der Zeit weniger effizient bei der Integration von sensorischen Informationen und Bewegungen, was dazu führen kann, dass Bewegungen unkoordiniert und unsicher werden. Das Risiko von Stürzen, Verletzungen und der Verlust der Unabhängigkeit erhöht sich. Daher ist es wichtig, gezieltes Koordinationstraining in das Trainingsprogramm ab 50 Jahren zu integrieren.

Das Koordinationstraining kann auf verschiedene Arten durchgeführt werden, um verschiedene motorische Fähigkeiten zu verbessern.

Eine Möglichkeit ist das Balancetraining, bei dem Gleichgewichtsübungen auf einem Bein oder auf instabilen Untergründen, wie einem Gymnastikball, durchgeführt werden. Diese Übungen verbessern die Körperhaltung, Stabilität und Gleichgewichtsfähigkeit und die Reaktionsschnelligkeit, die im Alltag oft gefordert werden.

Eine weitere Möglichkeit ist das Hand-Augen-Koordinationstraining, das die Fähigkeit zur Integration von visuellen Informationen und Bewegungen verbessert. Jonglieren und Ballspiele sind Beispiele für Übungen, die das Hand-Augen-Zusammenspiel verbessern und gleichzeitig Spaß machen.

Propriozeptives Training beinhaltet Übungen, die die Wahrnehmung und Kontrolle der Gelenke und Muskeln verbessern. Es beinhaltet Übungen auf instabilen/labilen Untergründen oder mit speziellen Trainingsgeräten, die den Körper aus der Mitte bringen, wie zum Beispiel die TOGU Brasils®.

Funktionelles Training bezieht sich auf Übungen, die darauf abzielen, Bewegungen zu verbessern, die im täglichen Leben häufig vorkommen, wie zum Beispiel das Heben von Gegenständen oder das Treppensteigen. Diese Übungen verbessern die Beweglichkeit, Kraft und Koordination, die wir im Alltag benötigen.

Exkurs: INPUT – VERARBEITUNG – OUTPUT Gehirn

„Guter" Input ist für das Gehirn und die Bewegung von großer Bedeutung, da es die Grundlage für eine effektive Verarbeitung und einen funktionierenden Output bildet.

Das Gehirn ist ein äußerst komplexes Organ, das Informationen aus der Umwelt aufnimmt, sie verarbeitet und entsprechende Reaktionen und Handlungen generiert. Dabei spielt Bewegung eine wesentliche Rolle, da sie sowohl körperliche als auch geistige Prozesse beeinflusst.

Ein wichtiger Aspekt ist die Qualität des Inputs, den das Gehirn erhält. Wenn das Gehirn mit hochwertigen Informationen versorgt wird, zum Beispiel durch sensorische Reize wie visuelle, auditive oder taktile Signale, ermöglicht dies eine präzisere Verarbeitung.

Ein gutes Beispiel dafür ist die visuelle Wahrnehmung: Wenn das Auge klare und deutliche Bilder liefert, kann das Gehirn sie besser interpretieren und analysieren. Oder ein anderes Beispiel: Fassen Sie auf eine heiße Herdplatte, dann werden Sie, wenn Sie die Situation schon einige Male erlebt haben, die Hand sehr schnell von der Herdplatte entfernen.

Darüber hinaus spielt die Bewegung eine entscheidende Rolle bei der Verarbeitung von Informationen im Gehirn. Regelmäßige körperliche Aktivität fördert die Durchblutung und den Sauerstofffluss zum Gehirn, was zu einer verbesserten kognitiven Funktion führt.

Die Qualität des Inputs beeinflusst auch die Entwicklung und Organisation neuronaler Netzwerke im Gehirn. Durch wiederholte und gezielte Bewegungen werden Verbindungen zwischen den Nervenzellen gestärkt und neue Synapsen gebildet. Dies fördert die Fähigkeit des Gehirns, sich anzupassen und zu lernen. Ein guter Input in Form von Bewegung und sensorischer Stimulation trägt dazu bei, dass das Gehirn effiziente und präzise Verbindungen herstellen kann und somit reaktionsschneller wird.

Guter Input ist also für das Gehirn und die Bewegung von entscheidender Bedeutung. Hochwertige sensorische Informationen und regelmäßige körperliche Aktivität unterstützen die optimale Verarbeitung von Informationen und tragen zur kognitiven Leistungsfähigkeit bei. Indem wir auf die Qualität unseres Inputs achten, können wir die Funktion unseres Gehirns und unsere Bewegungsfähigkeit verbessern.

Fühlt sich unser Gehirn unsicher durch diffusen oder fehlenden Input, können die Folge Schmerzen, Bewegungseinschränkungen, Verspannungen sein.

Weitere Gründe, warum Koordinationstraining ab 50 Jahren wichtig ist, sind:

- Eine verbesserte Koordination kann dazu beitragen, dass Sie sportliche Aktivitäten oder Hobbys, die Ihnen Freude bereiten, weiter ausüben können.
  Zum Beispiel kann eine verbesserte Hand-Augen-Koordination dazu beitragen, dass Sie besser Golf spielen oder das Tennisspiel verbessern.
  Eine verbesserte Gleichgewichtsfähigkeit kann auch bei anderen Sportarten, wie zum Beispiel Wandern, Radfahren oder Skifahren, von Vorteil sein.
- Koordinationstraining kann helfen, kognitive Funktionen wie Aufmerksamkeit und Konzentration zu verbessern.
- Darüber hinaus trägt das Koordinationstraining dazu bei, die Haltung und Körperkontrolle zu verbessern, was wiederum das Verletzungsrisiko im Alltag reduzieren kann. Eine verbesserte Körperhaltung hilft dabei, dass Sie sich selbstbewusster und sicherer fühlen. Nicht nur die Laune beeinflusst die Haltung, sondern auch die Haltung beeinflusst die Laune!
- Sind Sie schlecht gelaunt? Dann richten Sie sich auf, sofort spüren Sie eine bessere Laune. Na, ausprobiert?

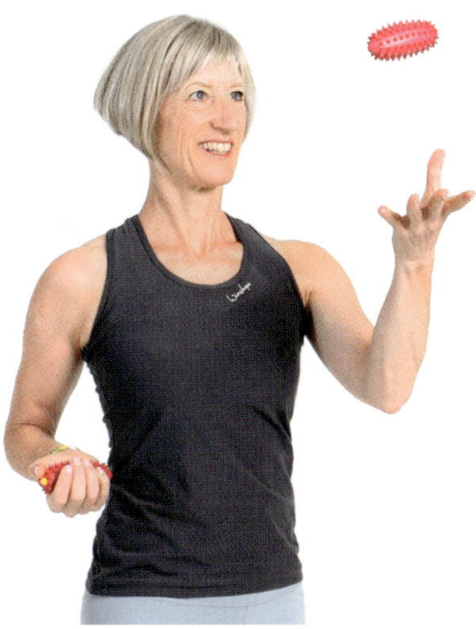

Die ***TOGU Brasils®*** sind ein vielseitiges Trainingsgerät, das dank seiner intelligenten Kombination aus Luft und Gewicht gezieltes Bewegungsfeedback ermöglicht. Durch den „Schütteleffekt" bieten sie eine effektive Methode, um Ihre Gesundheit und Figur zu verbessern.

Jede Bewegung mit den ***Brasils®*** erzeugt eine sanfte Vibration, die das Muskelgewebe stimuliert und so zu einer erhöhten Aktivität der Tiefenmuskulatur führt. Dieses gezielte Training hilft dabei, die Muskulatur zu straffen und zu festigen.

Übungen

Auge-Hand-Koordination I

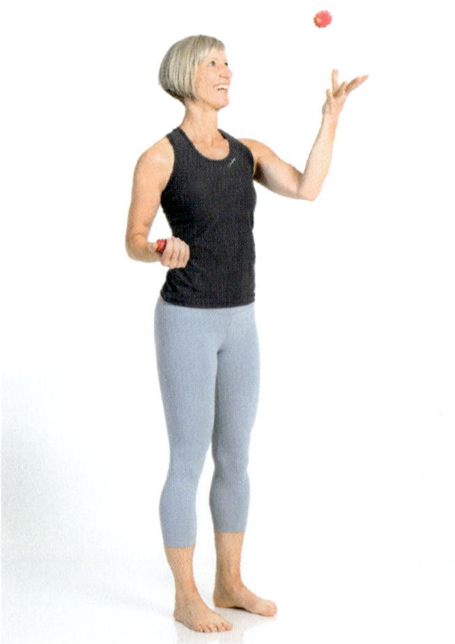

Ausgangsposition: Hüftbreiter Stand.

Übungsbeschreibung: Werfen Sie ein Brasil® im eigenen Rhythmus hoch und fangen Sie es wieder auf. Dann mit der anderen Hand ein Brasil® parallel zum Boden nach rechts und links schütteln.

Variation: Wenn beides klappt, versuchen Sie, die Bewegungen gleichzeitig auszuführen.

Übungsdauer: Je Seite die Übung circa 20 Sekunden lang ausführen.

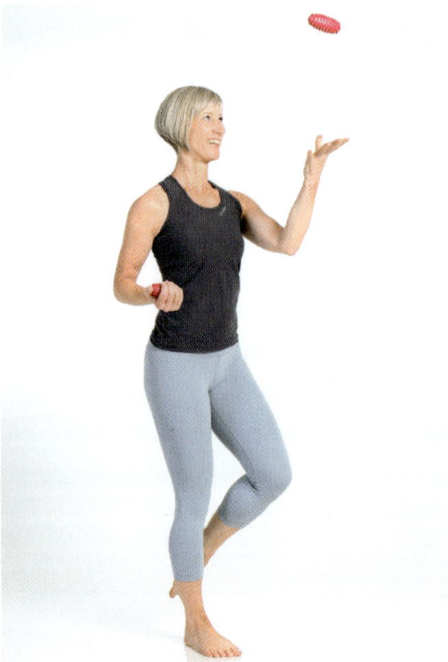

Variation: Als Erschwerung und Herausforderung Ihres Gleichgewichts stellen Sie sich auf ein Bein.

Auge-Hand-Koordination II

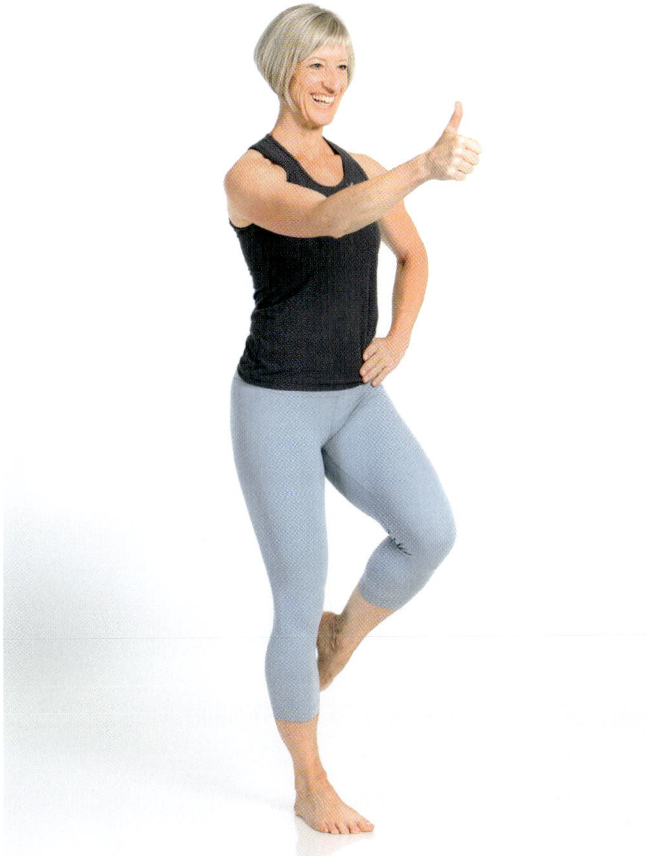

Ausgangsposition: Einbeinstand. Strecken Sie eine Hand mit dem Daumen nach oben vor Ihr Gesicht.

Übungsbeschreibung: Nun zeichnen Sie mit dem Daumen eine liegende Acht und verfolgen den Daumen mit den Augen.

Hinweis: Der Kopf bleibt dabei ruhig!

Übungsdauer: Je Seite die Übung circa 20 Sekunden lang ausführen.

Koordination I

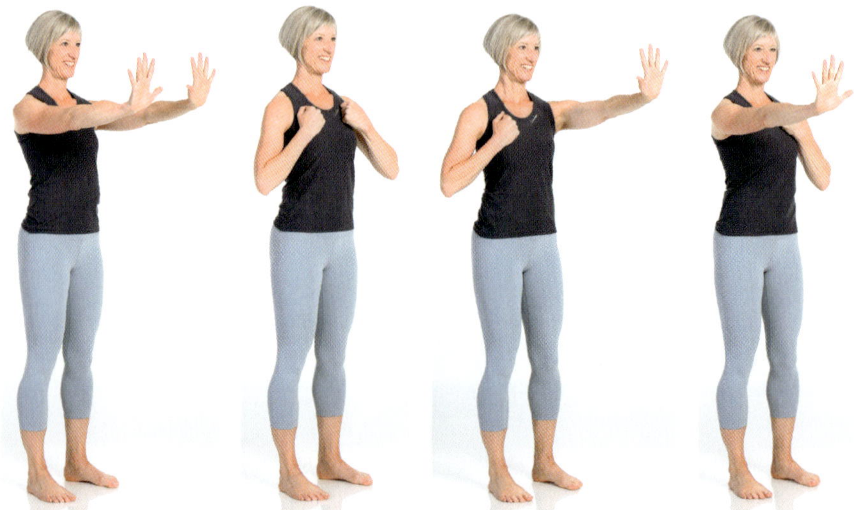

Ausgangsposition: Hüftbreiter Stand.

Übungsbeschreibung:

1. Strecken Sie beide Hände geöffnet nach vorne.
2. Und nun beide Hände geschlossen zur Brust.
3. Strecken Sie eine Hand geöffnet nach vorne, gleichzeitig die andere Hand geschlossen zur Brust.
4. Nun die andere Hand geöffnet nach vorne und die andere Hand geschlossen zur Brust.

Übungsdauer: Wiederholen Sie jede Position so oft, bis es klappt. Nicht ärgern, wenn es nicht sofort klappt, dann „trainieren" Sie Ihr Gehirn!

Koordination II

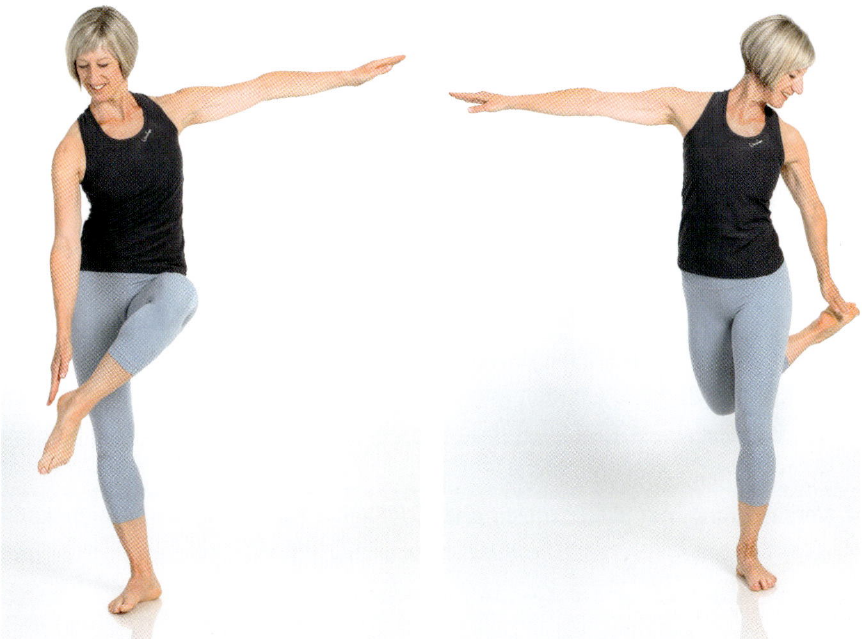

Ausgangsposition: Grätschstand.

Übungsbeschreibung: Nun bewegen Sie eine Hand zum gegenüberliegenden Fuß, rechts und links im Wechsel. Nach je 8-10 Wiederholungen hinter dem Körper die eine Hand zum gegenüberliegenden Fuß bewegen.

Übungsdauer: 8- 10-mal rechts und links im Wechsel.

5.3 Herz-Kreislauf-System

Mit zunehmendem Alter verlangsamt sich der Stoffwechsel und der Körper verliert an Muskelmasse und Knochenstärke. Eine Möglichkeit, diese Veränderungen auszugleichen und die Gesundheit und das Wohlbefinden im Alter zu erhalten, ist regelmäßiges Ausdauertraining. Hier sind einige weitere Gründe, warum Ausdauertraining ab 50 wichtig ist:

» **Gewichtskontrolle:** Wenn Sie älter werden, neigen Sie dazu, Muskelmasse zu verlieren und Fett zu gewinnen. Regelmäßiges Ausdauertraining kann dazu beitragen, das Körpergewicht zu kontrollieren, indem es den Stoffwechsel ankurbelt und den Kalorienverbrauch erhöht.

» **Verbesserung der Knochengesundheit:** Ausdauertraining kann dazu beitragen, die Knochenstärke zu erhalten oder zu verbessern, insbesondere bei Frauen nach den Wechseljahren. Dies kann dazu beitragen, das Risiko von Knochenbrüchen und Osteoporose zu reduzieren.

» **Verbesserung der Gelenkgesundheit:** Regelmäßiges Ausdauertraining kann dazu beitragen, die Flexibilität und Beweglichkeit der Gelenke zu erhalten und zu verbessern. Es kann auch dazu beitragen, das Risiko von Gelenkproblemen und Arthritis zu reduzieren.

» **Verbesserung der Schlafqualität:** Ausdauertraining kann dazu beitragen, die Schlafqualität zu verbessern, indem es den Körper und den Geist entspannt. Eine gute Schlafqualität ist wichtig, um eine optimale Gesundheit und ein gutes Wohlbefinden zu erhalten.

» **Reduktion von Entzündungen:** Entzündungen können im Alter zu einer Vielzahl von Gesundheitsproblemen führen, wie zum Beispiel Herz-Kreislauf-Erkrankungen, Diabetes und Krebs. Ausdauertraining kann dazu beitragen, Entzündungen im Körper zu reduzieren und somit das Risiko dieser Erkrankungen zu verringern.

» **Verbesserung der Lebensqualität:** Ausdauertraining kann dazu beitragen, die Lebensqualität im Alter zu verbessern, indem es das Selbstvertrauen, die Energie und das allgemeine Wohlbefinden steigert.

Es ist wichtig, dass Sie das Ausdauertraining langsam beginnen und sich allmählich steigern, um Überbelastungen und Verletzungen zu vermeiden. Wenn Sie sich unsicher sind, welche Art von Training für Sie geeignet ist, sollten Sie einen Arzt oder einen qualifizierten Trainer konsultieren.

Ausdauertraining ist ein wichtiger Bestandteil eines gesunden und aktiven Lebensstils im Alter. Es kann dazu beitragen, Gewichtskontrolle, Knochen- und Gelenkgesundheit, Schlafqualität, Entzündungen und die Lebensqualität zu verbessern. Darüber hinaus kann Ausdauertraining auch dazu beitragen, das Risiko von kognitiven Beeinträchtigungen wie Demenz und Alzheimer zu reduzieren.

Es gibt viele verschiedene Arten von Ausdauertraining, aus denen Sie wählen können. Wichtig ist, machen Sie das, worauf Sie Lust haben!

Nachfolgend finden Sie einige Beispiele.

Gehen: Gehen ist eine einfache Form des Ausdauertrainings, die fast überall durchgeführt werden kann, sowohl draußen in der Natur als auch drinnen im Wohnzimmer.

Radfahren: Radfahren ist eine hervorragende Möglichkeit, um das Herz-Kreislauf-System zu trainieren und gleichzeitig die Gelenke zu schonen. Sie können es im Freien oder auf einem Standrad im Fitnessstudio/zu Hause tun.

Schwimmen: Schwimmen ist eine ideale Form des Ausdauertrainings, da es sehr gelenkschonend ist und fast den gesamten Körper trainiert.

Tanzen: Tanzen ist eine unterhaltsame Art, das Herz-Kreislauf-System zu trainieren und gleichzeitig die Koordination und Balance zu verbessern.

Aerobic: Aerobic-Übungen sind eine wunderbare Möglichkeit, das Herz-Kreislauf-System zu trainieren und gleichzeitig die Koordination zu verbessern. Es gibt viele verschiedene Arten von Aerobic-Übungen, von niedrigschwellig bis hochintensiv.

TIPP:

Unabhängig davon, welche Art von Ausdauertraining Sie wählen, empfehle ich mindestens 150 Minuten moderates bis intensives Ausdauertraining pro Woche. Am besten täglich 20-30 Minuten.

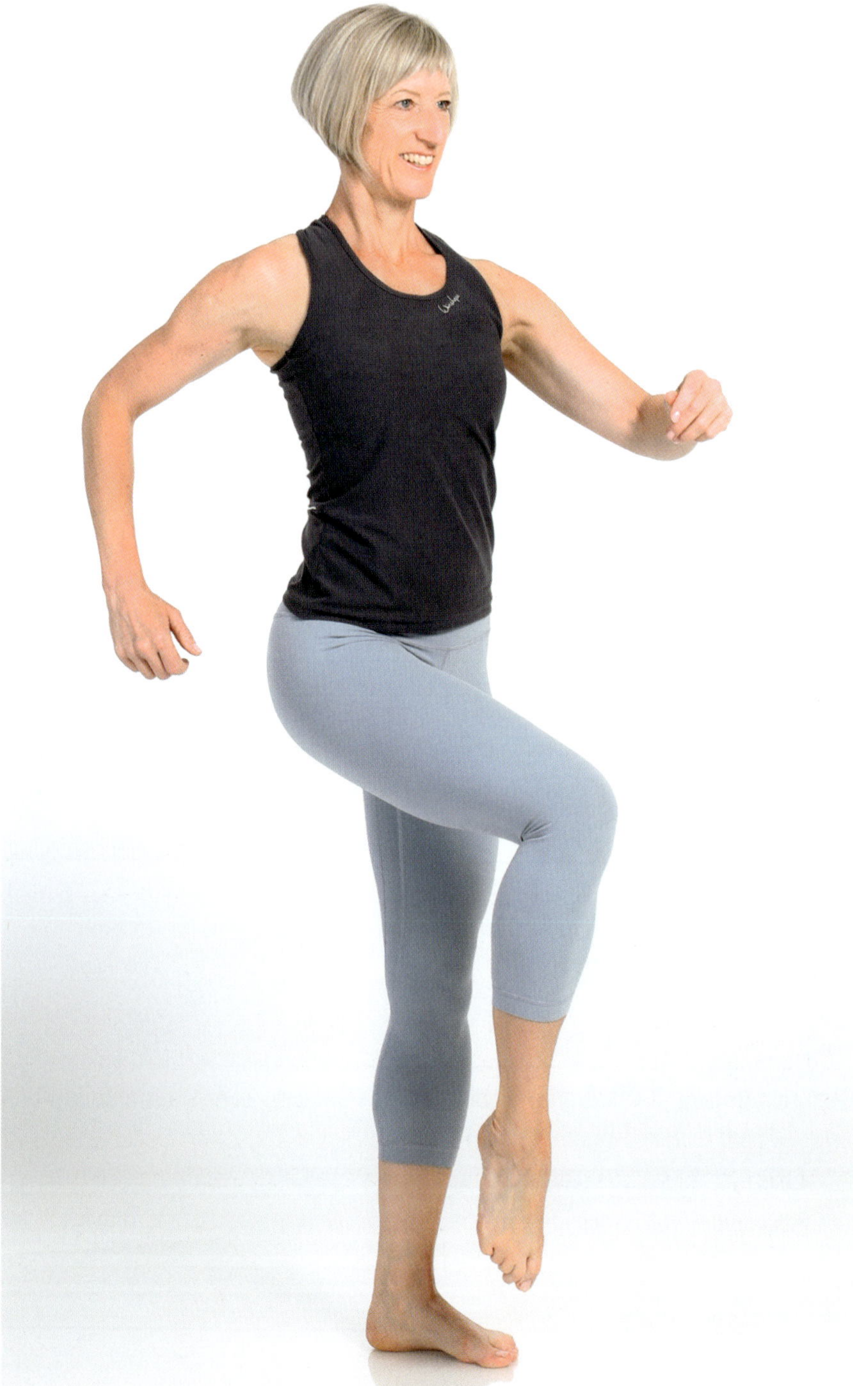

5.4 Kräftigung

Krafttraining ab 50 ist für die Erhaltung der körperlichen Gesundheit und der Fitness im Alter von großer Bedeutung. Die wichtigsten Gründe dafür sind:

- **Erhaltung der Muskelmasse:** Mit zunehmendem Alter beginnt der Körper, Muskelmasse zu verlieren, insbesondere, wenn er nicht regelmäßig genutzt wird. Dieser Muskelabbau, der auch als *Sarkopenie* bezeichnet wird, kann zu einer Schwächung der Muskeln und zu einem Verlust an Muskelkraft führen. Durch regelmäßiges Krafttraining kann dieser Muskelabbau verlangsamt oder sogar umgekehrt werden. Selbst im Alter können wir Muskelmasse aufbauen und somit Muskelkraft und -funktion verbessern.
- **Erhöhung der Knochendichte:** Krafttraining kann auch dazu beitragen, die Knochendichte zu erhöhen und Osteoporose zu verhindern. Durch das Training wird das Skelett stärker und widerstandsfähiger gegen Brüche.
- **Verbesserung der Körperhaltung:** Mit zunehmendem Alter kann die Körperhaltung beeinträchtigt werden, was zu Schmerzen im Rücken und in den Gelenken führen kann. Durch das Krafttraining werden die Muskeln gestärkt, die für eine aufrechte Haltung und eine gute Körperhaltung wichtig sind. Ein verbessertes Gleichgewicht und eine bessere Körperhaltung können dazu beitragen, das Risiko von Stürzen und Verletzungen im Alter zu reduzieren.
- **Verbesserung der Stoffwechselrate:** Krafttraining kann auch dazu führen, den Stoffwechsel anzukurbeln, was für die Gewichtskontrolle wichtig sein kann. Wenn der Körper mehr Muskelmasse hat, verbrennt er auch mehr Kalorien im Ruhezustand, was dabei hilft, das Gewicht zu halten oder sogar zu reduzieren. Ein höherer Stoffwechsel kann auch dazu beitragen, das Risiko von Herz-Kreislauf-Erkrankungen und Diabetes zu reduzieren.
- **Reduzierung des Risikos von Herz-Kreislauf-Erkrankungen:** Krafttraining trägt dazu bei, das Risiko von Herz-Kreislauf-Erkrankungen zu reduzieren. Es senkt den Blutdruck, reguliert den Cholesterinspiegel und verbessert die Insulinempfindlichkeit. Alle diese Faktoren haben den Effekt, das Risiko von Herz-Kreislauf-Erkrankungen zu senken und die kardiovaskuläre Gesundheit zu verbessern.

Nachfolgend lesen Sie einige wichtige Tipps, die Sie beachten sollten beim Kräftigungstraining.

» **Starten Sie in der aufrechten Haltung:**

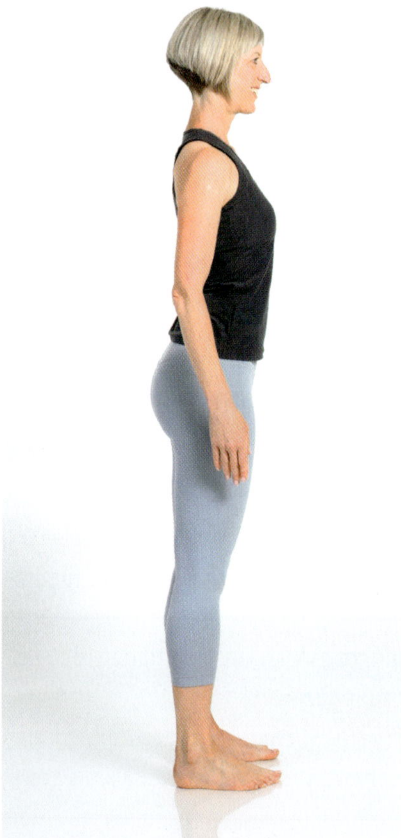

Belasten Sie Ihre Füße auf den Außenkanten, auf den Großzehenballen und auf den Fersen, die Knie sind leicht gebeugt, das Brustbein angehoben, die Schultern sind sanft nach hinten unten gezogen, der Blick in den Horizont gerichtet.

» **Starten Sie langsam:** Beginnen Sie mit weniger Wiederholungen, wenn Sie mit Gewichten arbeiten, arbeiten Sie zunächst mit leichten Gewichten und steigern Sie sich allmählich. Es ist wichtig, dass Sie sich nicht überfordern und Ihre Gelenke und Muskeln überlasten.

» **Machen Sie Pausen:** Geben Sie Ihrem Körper ausreichend Zeit, um sich zwischen den Trainingseinheiten zu erholen. Übertraining kann zu Verletzungen führen und Ihre Fortschritte behindern.

» **Trainieren Sie regelmäßig:** Krafttraining sollte regelmäßig in Ihre Trainingsroutine integriert werden, um die besten Ergebnisse zu erzielen. Es ist am besten, mindestens zweimal pro Woche zu trainieren.

- **Passen Sie das Training an Ihre Bedürfnisse an:** Jeder Körper ist anders und es ist wichtig, das Training an Ihre Bedürfnisse und Fähigkeiten anzupassen.
- Trainieren Sie nicht nur die oberflächlichen, bewegenden Muskelschichten, sondern auch die tiefen, stabilisierenden Muskelschichten.

TIPP:

Krafttraining ab 50 ist ein wichtiger Bestandteil eines gesunden und aktiven Lebensstils im Alter. Es kann dazu beitragen, Muskelmasse und Knochendichte zu erhalten, die Körperhaltung zu verbessern, den Stoffwechsel zu erhöhen und das Risiko von Herz-Kreislauf-Erkrankungen zu reduzieren. Wenn Sie sicher und angemessen trainieren, können Sie von den vielen Vorteilen des Krafttrainings profitieren und ein gesünderes und glücklicheres Leben im Alter führen.

Exkurs: Oberflächliche Muskulatur und die tiefen Schichten der Muskulatur

Zu den Funktionen der oberflächlichen Muskelschichten zählen die folgenden Faktoren:

Bewegung: Diese Muskeln sind verantwortlich für die Bewegung von Knochen und Gelenken, indem sie sich verkürzen und wieder entspannen.

Stabilisierung: Einige oberflächliche Muskeln helfen dabei, Körperhaltung und -balance aufrechtzuerhalten, indem sie bei der Stabilisierung des Körpers unterstützen.

Kraftentwicklung: Die oberflächlichen Muskeln sind in der Regel größer und stärker als die tiefer liegenden Muskeln und können daher mehr Kraft entwickeln.

Zu den Funktionen der tiefer liegenden Muskelschichten gehören die folgenden Eigenschaften:

Stabilisierung: Diese Muskeln sind hauptsächlich dafür verantwortlich, die Gelenke zu stabilisieren.

Unterstützung der Körperhaltung: Die tiefer liegenden Muskeln sind auch wichtig, um eine korrekte Körperhaltung aufrechtzuerhalten, indem sie das Skelett unterstützen.

Feinabstimmung: Die tiefer liegenden Muskeln sind in der Regel kleiner und arbeiten in Verbindung mit den oberflächlichen Muskeln, um Bewegungen zu koordinieren und zu verfeinern. Sie sind auch wichtig für die Koordination von Feinmotorik und präziser Bewegung.

Beide Muskelschichten arbeiten koordiniert zusammen, um eine optimale Muskelkraft und -funktion zu gewährleisten.

Um die oberflächlichen Muskeln zu trainieren, können gezielte Übungen ausgeführt werden, die die betreffenden Muskeln isolieren und ihre Größe und Stärke erhöhen. Dazu gehören Übungen wie zum Beispiel Bizeps Curls, Kniebeugen, Liegestütze.

Für das Training der tiefer liegenden Muskeln sind Übungen erforderlich, die die Körperhaltung und die Stabilisation verbessern. Dieses Training nennt sich *sensomotorisches Training*. Diese Übungen helfen, Verletzungen zu vermeiden, indem sie die Muskeln rund um die Gelenke stärken, dadurch Arthrose vorbeugen und das Risiko von Fehlbelastungen reduzieren.

Durch das Training der tiefer liegenden Muskelschichten kann auch die Funktionsfähigkeit im Alltag verbessert werden, z. B. bei der Ausführung von täglichen Aufgaben wie dem Heben schwerer Gegenstände oder beim Gehen auf unebenem Gelände, oder beim Abfangen von Stürzen.

Es ist jedoch wichtig, zu beachten, dass die oberflächlichen und tiefer liegenden Muskeln zusammenarbeiten und sich gegenseitig beeinflussen. Daher ist es ideal, ein Gleichgewicht zwischen beiden zu finden und beide Arten von Muskeln regelmäßig zu trainieren.

5.4.1 Kräftigung – Bauch, Rücken und Beckenboden

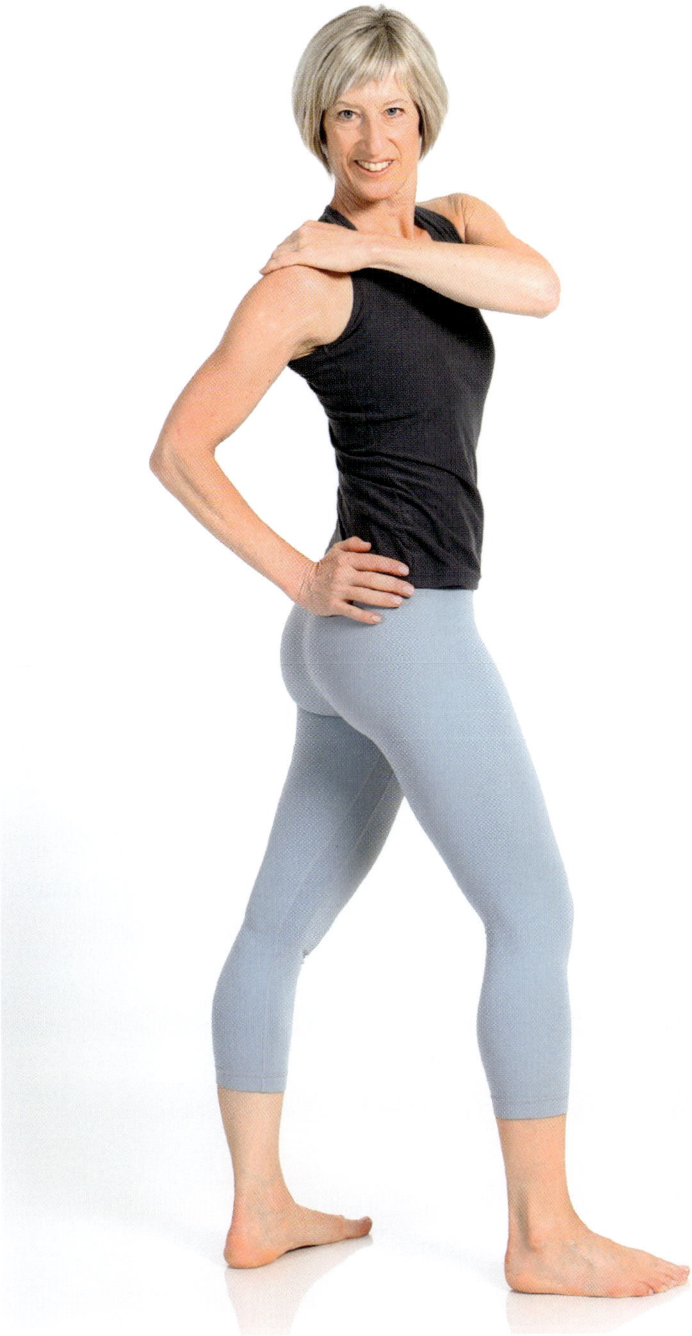

Kräftigung der schrägen Bauchmuskulatur und Schulung der Gleichgewichtsfähigkeit

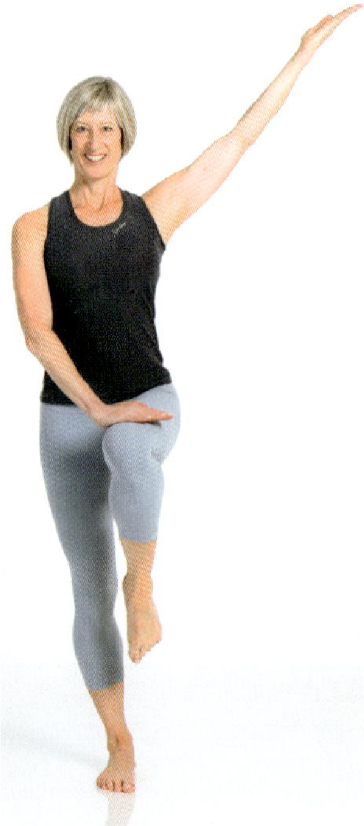

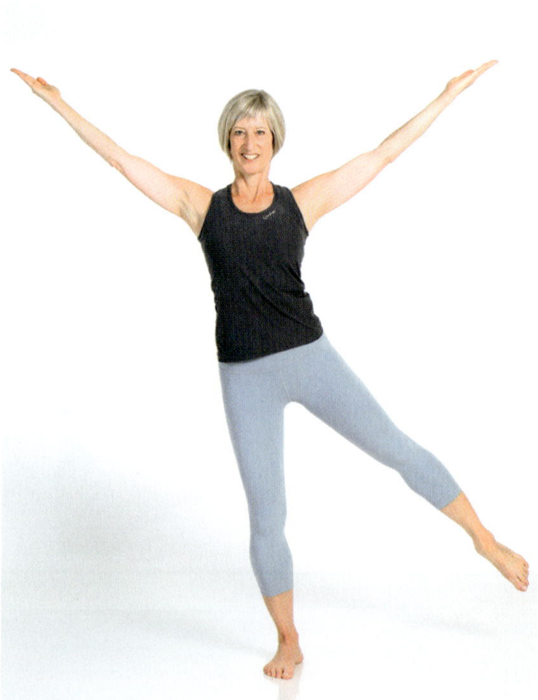

Ausgangsposition: Stellen Sie sich auf ein Bein und drücken Sie mit dem Ausatmen mit dem Handballen gegen den angehobenen Oberschenkel.

Übungsbeschreibung: Dann strecken Sie die Arme und Beine mit dem Einatmen.

Übungsdauer: Je Seite 6-8 Wiederholungen der Übung durchführen. 2-3 Sätze trainieren.

Kräftigung der tiefen Rumpfstabilisatoren und Schulung der Gleichgewichtsfähigkeit

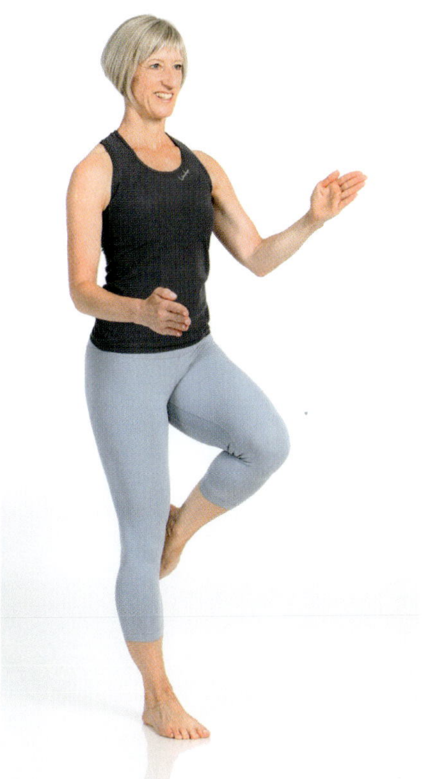

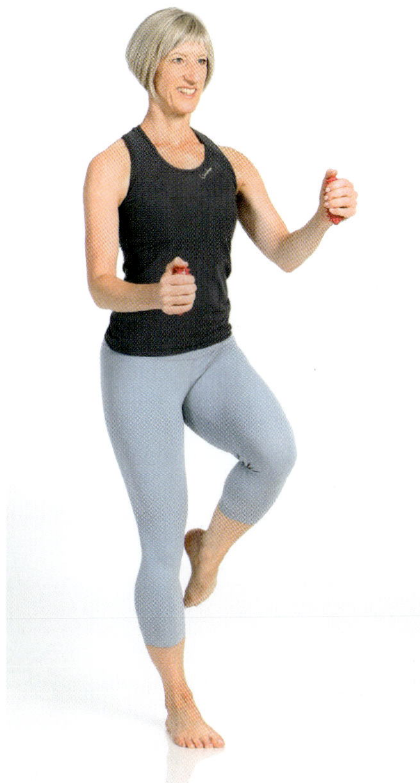

Ausgangsposition: Einbeinstand.

Übungsbeschreibung: Halten Sie beide Arme rechtwinklig eng am Körper und führen Sie mit den Unterarmen kleine, schnelle Hackbewegungen durch.

Hinweis: Für eine bessere Wahrnehmung nutzen Sie die TOGU Brasils®.

Übungsdauer: Je Seite die Übung 30 Sekunden lang durchführen. 2-3 Sätze trainieren.

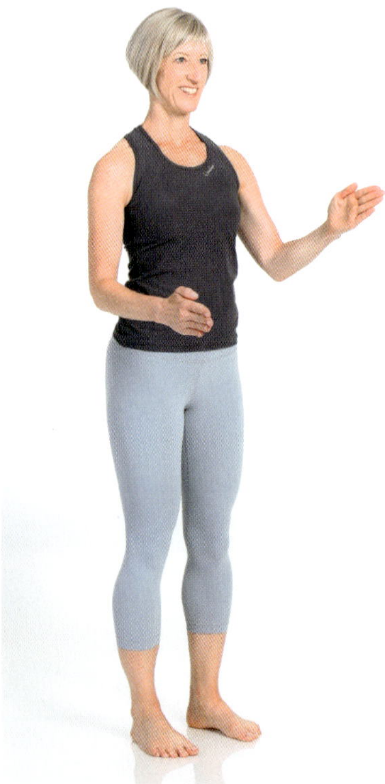

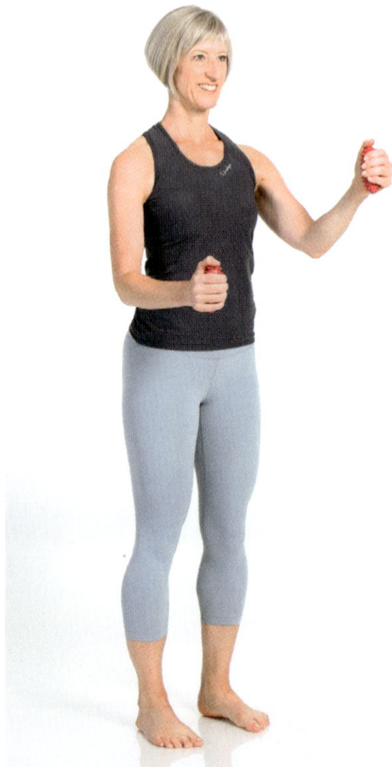

Variation: Als Erleichterung auf beiden Beinen stehen. Mit oder ohne TOGU Brasil®.

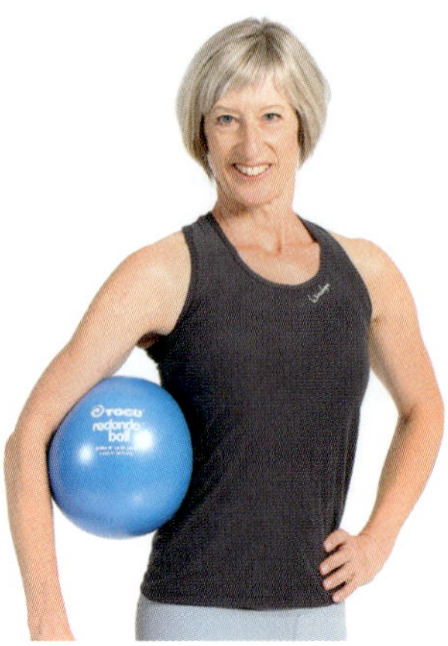

Der ***Redondo®Ball*** ist ein äußerst vielseitiges Trainingsgerät für das Training.

Mit nur wenig Luft kann der Redondo® Ball als Stützkissen für den Rücken oder Nacken verwendet werden. Er hält einem Körpergewicht von bis zu 120 Kilogramm bei Übungen im Liegen stand.

Der Ball passt sich dabei perfekt an den Körper an und bietet eine angenehme und effiziente Trainingsmöglichkeit.

Kräftigung der Brustmuskulatur, Aktivierung des Beckenbodens, der tiefen Bauchmuskulatur

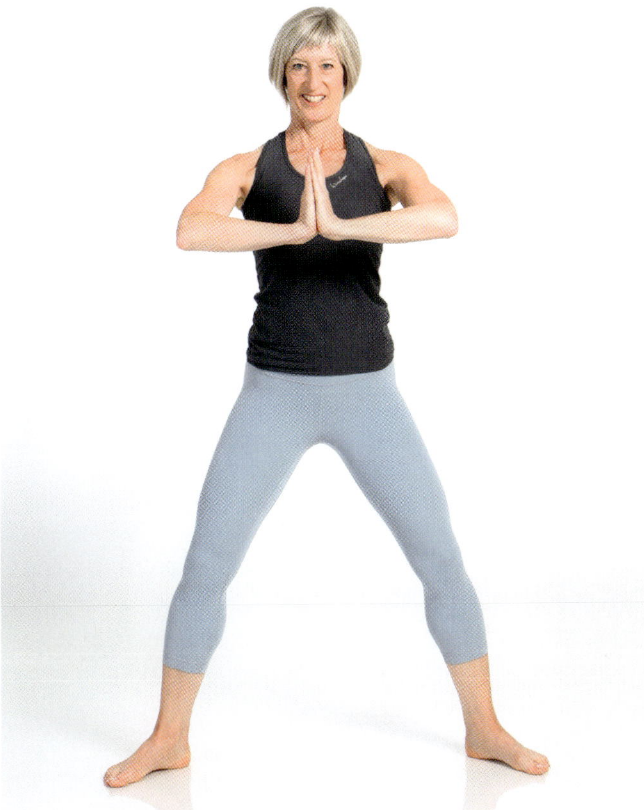

Ausgangsposition: Grätschstand.

Übungsbeschreibung: Beide Handballen aneinanderdrücken. Die Schultern tief halten.

Übungsdauer: Diese Position für 3-4 Atemzüge halten. 2-3 Sätze ausführen.

Kräftigung der Brustmuskulatur

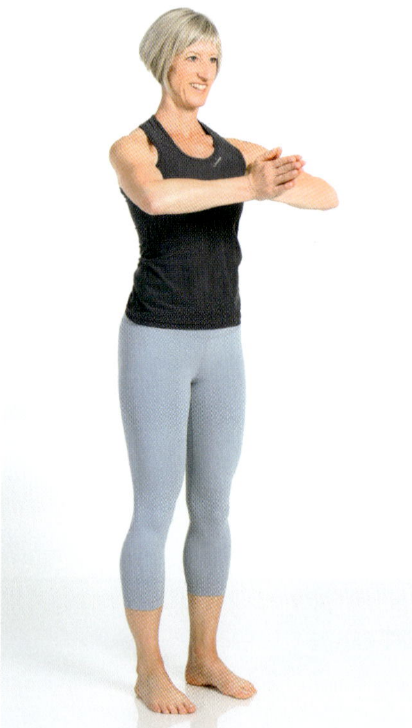

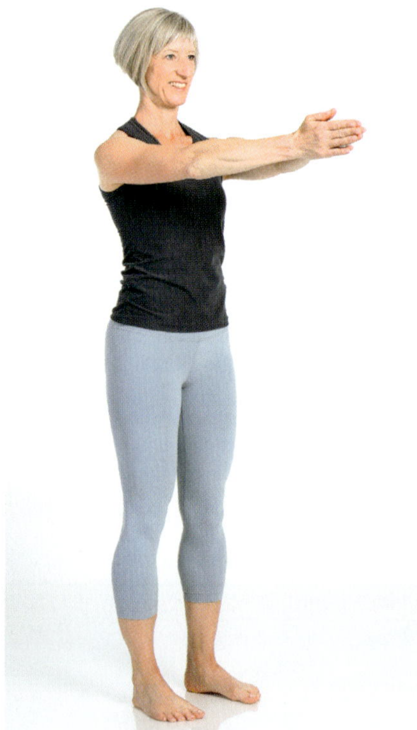

Ausgangsposition: Hüftbreiter Stand.

Übungsbeschreibung: Drücken Sie beide Handballen fest zusammen und schieben Sie die Hände in Brustbeinhöhe weg vom Körper und ziehen Sie sie dann wieder zu sich heran.

Hinweis: Die Schultern entspannen!

Übungsdauer: Die Übung 10-15-mal wiederholen und 2-3 Sätze absolvieren.

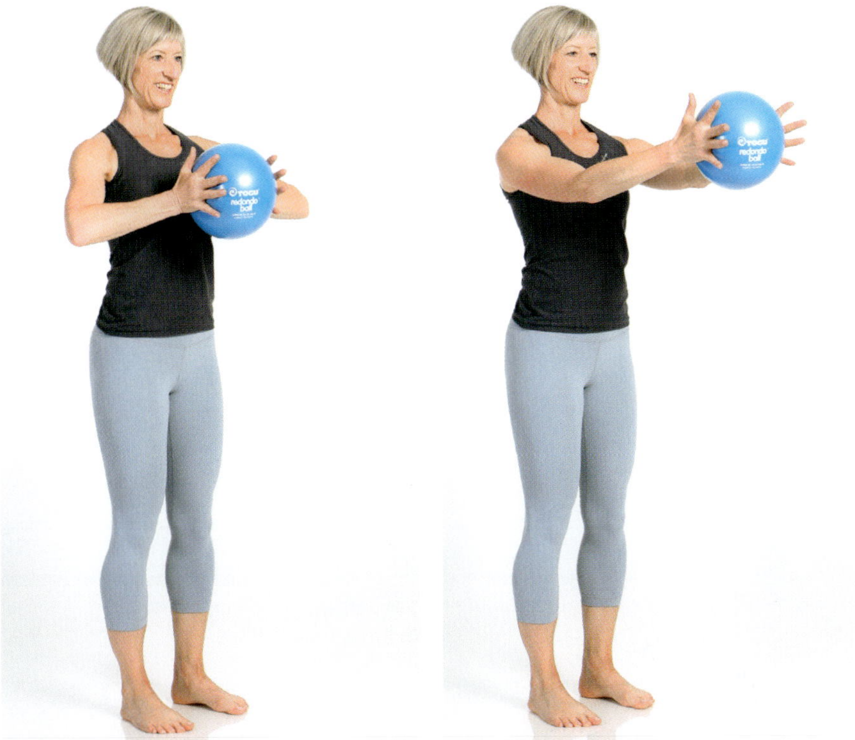

Variation: Als Alternative einen Redondo® Ball zusammendrücken.

Kräftigung der Rücken- und Bauchmuskulatur

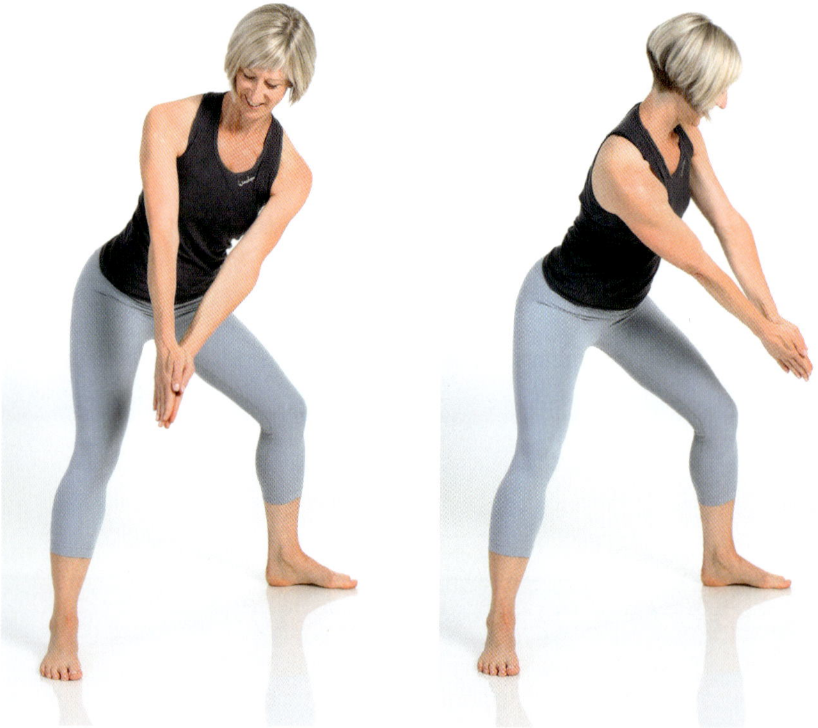

Ausgangsposition: Grätschstand. Beide Handflächen schließen, die Arme strecken.

Übungsbeschreibung: Den Oberkörper mit geradem Rücken etwas nach vorne neigen. Nun die Arme mit dem Ausatmen über das eine Knie bewegen, einatmen und dann die Arme mit dem Ausatmen über das andere Knie bewegen.

Hinweis: Das Becken ruhig halten!

Übungsdauer: Je Seite 8-10 Wiederholungen der Übung ausführen. 2-3 Sätze trainieren.

Kräftigung der schrägen Bauchmuskulatur und Schulung der Gleichgewichtsfähigkeit

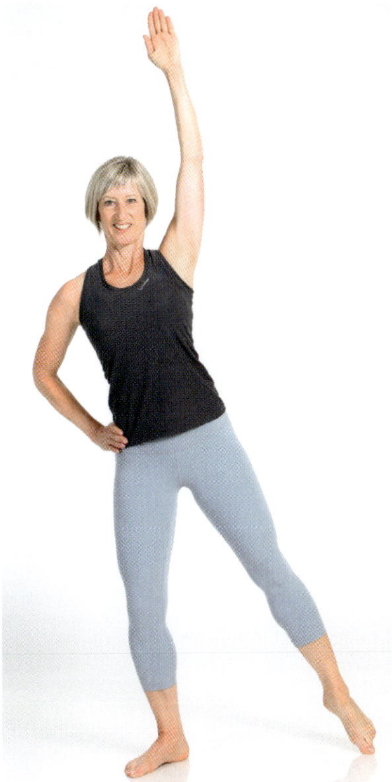

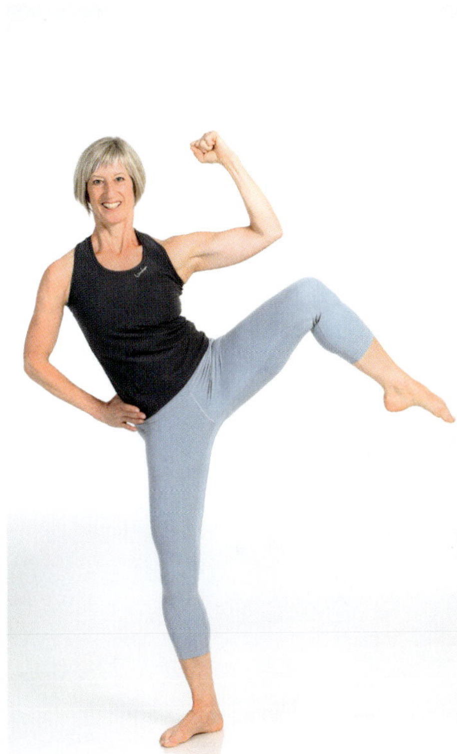

Ausgangsposition: Grätschstand.

Übungsbeschreibung: Heben Sie ein Bein zur Seite an und führen Sie den gleichseitigen Ellbogen in Richtung Knie. Dabei den Rumpf zur Seite neigen. Dann den Fuß wieder mit der Fußspitze am Boden auftippen.

Variation: Als Erschwerung das Bein nie ganz absetzen.

Übungsdauer: Je Seite 10-15 Wiederholungen der Übung absolvieren. 2-3 Sätze durchführen.

Kräftigung der schrägen Bauchmuskulatur I

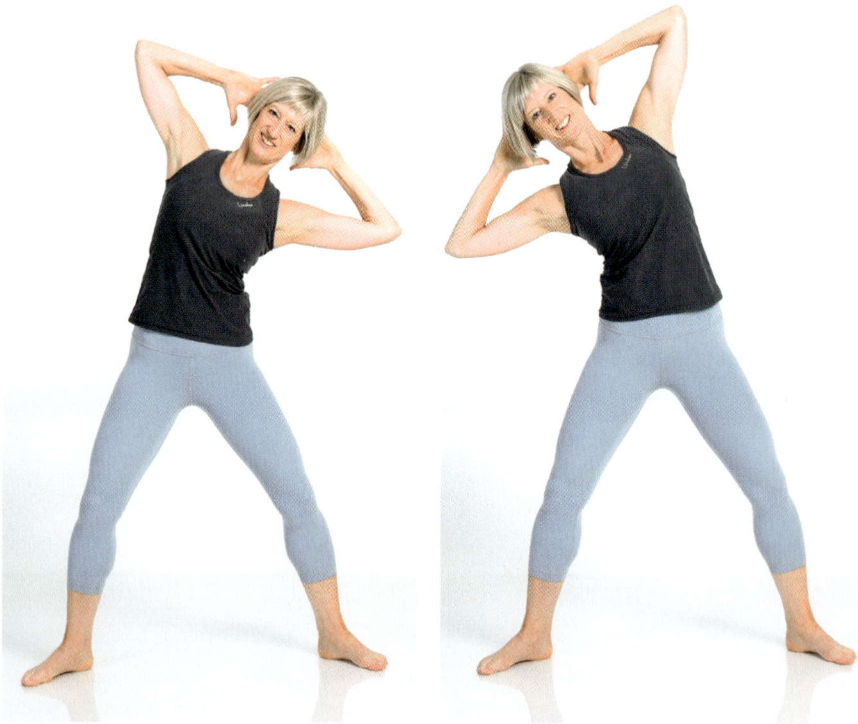

Ausgangsposition: Grätschstand.

Übungsbeschreibung: Legen Sie die Fingerspitzen an den Hinterkopf. Dabei zeigen die Ellbogen leicht nach vorne, sodass der Nacken entspannt sein kann. Nun den Oberkörper von rechts nach links bewegen.

Übungsdauer: Zu jeder Seite die Übung 10-15-mal durchführen. 2-3 Sätze absolvieren.

Kräftigung des Beckenbodens und der Oberschenkelinnenseiten

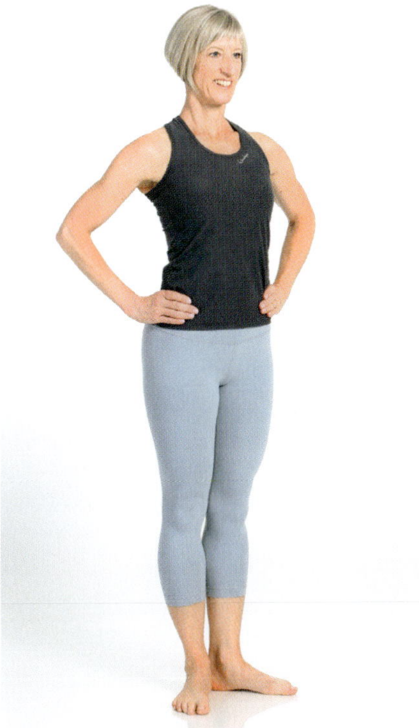

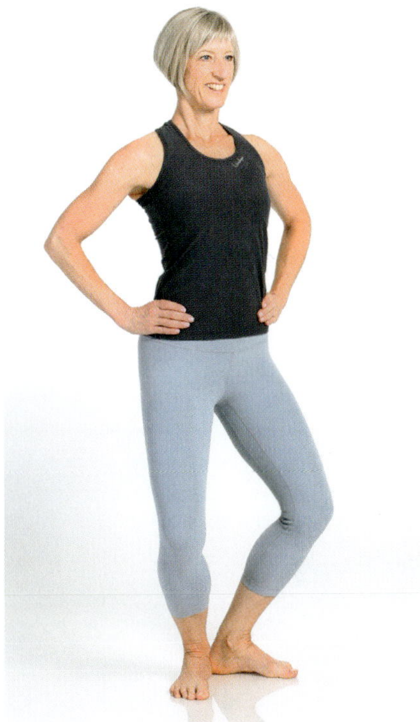

Ausgangsposition: Enger Stand mit geschlossenen Fersen. Das Gesäß anspannen, dabei die rutschen die Fußspitzen in die leichte Außenrotation.

Übungsbeschreibung: Beugen Sie die Knie mit dem Einatmen und strecken Sie die Knie mit dem Ausatmen. Dabei die Fersen bewusst in den Boden schieben und die Oberschenkel zueinander führen.

Hinweis: Achten Sie darauf, die Knie in Richtung Fußspitzen zu schieben und das Steißbein in Richtung Boden.

Übungsdauer: 10-15 Wiederholungen der Übung durchführen. 2-3 Sätze absolvieren.

Kräftigung der Rückenstrecker und der Gesäßmuskulatur

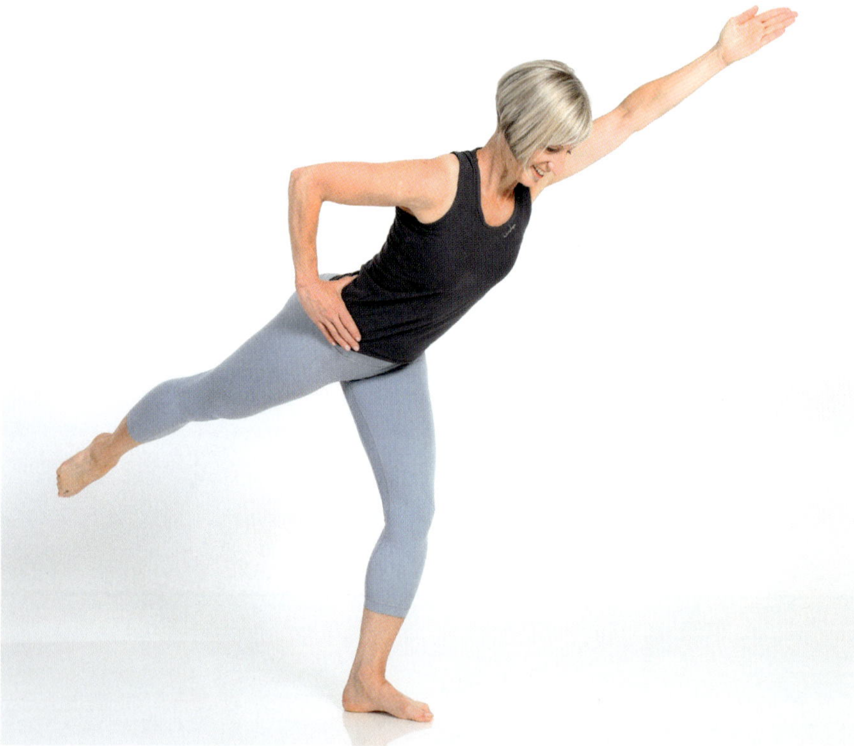

Ausgangsposition: Hüftbreiter Stand.

Übungsbeschreibung: Strecken Sie ein Bein nach hinten und den gegenüberliegenden Arm nach vorne aus. Nun kleine, schnelle Bewegungen mit Arm und Bein in Richtung Decke ausführen.

Hinweis: Halten Sie dabei das Becken stabil parallel über dem Boden und den Rücken ruhig.

Übungsdauer: Je Seite circa 30 Sekunden lang die Übung ausführen. 2-3 Sätze absolvieren.

Kräftigung des Beckenbodens und der Oberschenkelinnenseiten

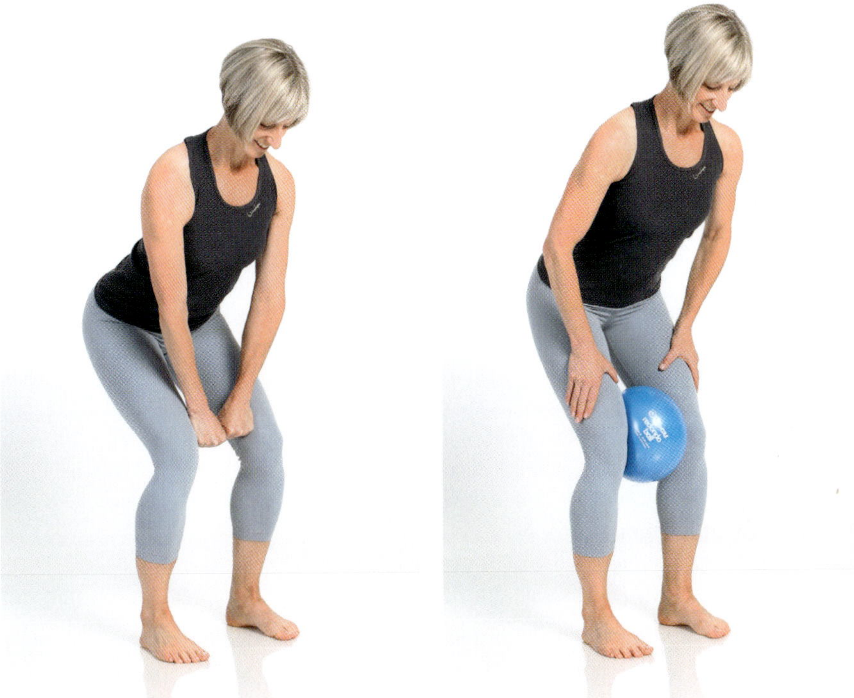

Ausgangsposition: Hüftschmaler Stand.

Übungsbeschreibung: Setzen Sie das Gesäß in Richtung Fersen nach hinten unten. Den Oberkörper dabei leicht nach vorne neigen. Beide Hände zu Fäusten geballt zwischen den Oberschenkeln halten. Nun mit beiden Beinen Druck auf die Fäuste ausüben.

Übungsdauer: Die Position circa 20 Sekunden lang halten. Drei Wiederholungen je Seite durchführen. 2-3 Sätze absolvieren.

Kräftigung der Rückenstreckmuskulatur I

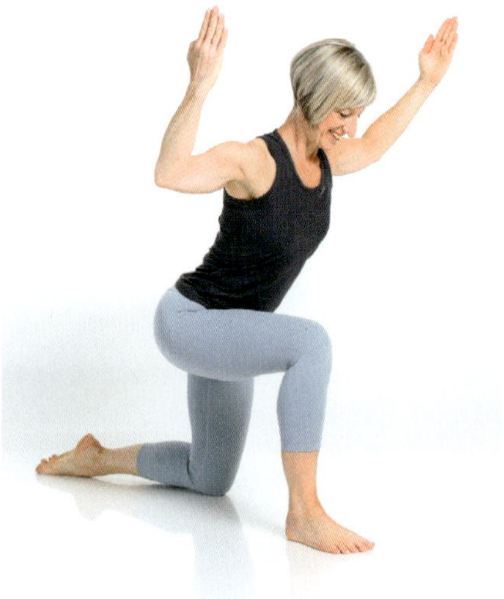

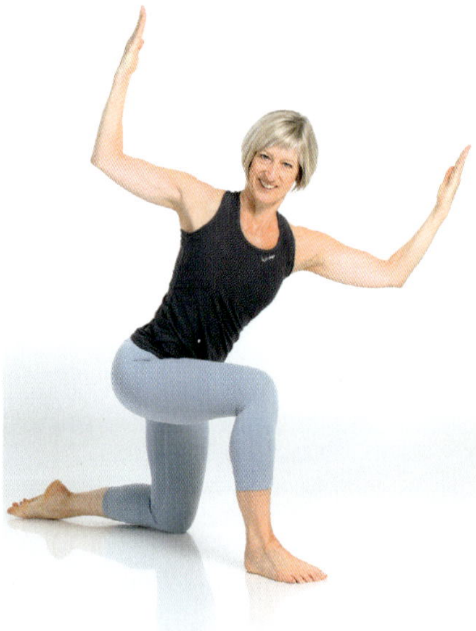

Ausgangsposition: Kniestand.

Übungsbeschreibung: Setzen Sie ein Bein nach vorne mit der Ferse unterhalb des Kniegelenks. Den Oberkörper gerade leicht nach vorne neigen. Beide Arme rechtwinklig zur Seite heben. Nun den Oberkörper mit dem Ausatmen zur Seite des aufgestellten Beins drehen.

Übungsdauer: Je Seite 8-10 Wiederholungen der Übung ausführen. 2-3 Sätze absolvieren.

Kräftigung der Rückenstreckmuskulatur II

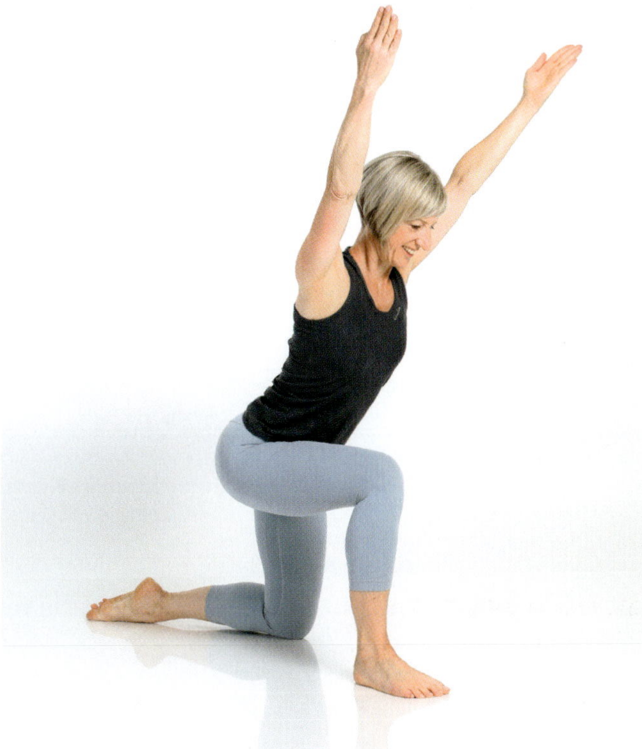

Variation: Als Steigerung beim Zurückdrehen zur Mitte die Arme in Verlängerung des Oberkörpers diagonal nach oben ausstrecken.

Hinweis: Dabei zeigen die Handflächen zueinander, die Schultern entspannt halten!

Kräftigung der tiefen Bauch- und Rückenmuskulatur I

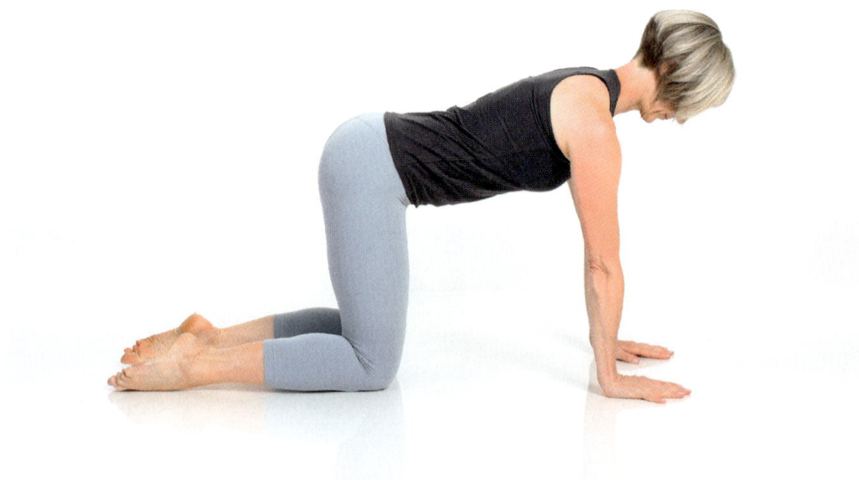

Ausgangsposition: Vierfüßlerstand. Setzen Sie beide Hände unter die Schultergelenke, beide Knie befinden sich unter den Hüftgelenken. Den Kopf in Verlängerung zur Wirbelsäule halten.

Übungsbeschreibung: Nun mit dem Ausatmen mit der rechten Hand und dem linken Knie Druck auf den Boden ausüben. Einatmen und lösen, dann ausatmen und mit der anderen Seite Druck geben.

Hinweis: Der Rücken bleibt während der Übung möglichst ruhig!

Übungsdauer: Je Seite 8-10 Wiederholungen der Übung durchführen. 2-3 Sätze absolvieren.

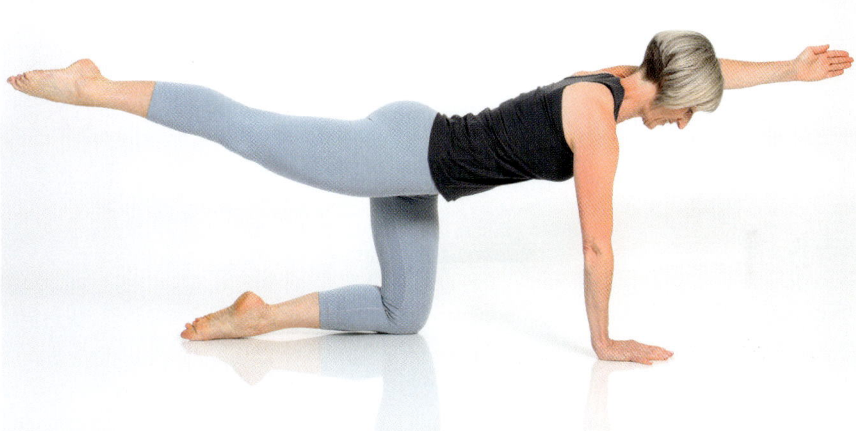

Variation: Als Steigerung strecken Sie Arm und Bein nach vorne und hinten aus.

Hinweis: Dabei den Rücken möglichst ruhig halten.

Übungsdauer: Je Seite 8-10 Wiederholungen der Übung durchführen. 2-3 Sätze absolvieren.

Kräftigung der tiefen Bauch- und Rückenmuskulatur II

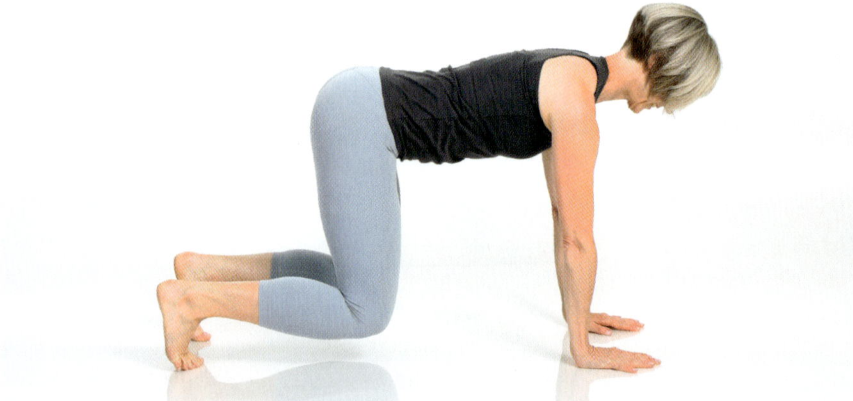

Ausgangsposition: Vierfüßlerstand. Setzen Sie beide Hände unter die Schultergelenke, beide Knie befinden sich unter den Hüftgelenken. Den Kopf in Verlängerung zur Wirbelsäule halten.

Übungsbeschreibung: Nun mit dem Ausatmen die Knie etwas vom Boden abheben, mit dem Einatmen sie wieder absenken.

Hinweis: Der Rücken bleibt während der Übung möglichst ruhig!

Übungsdauer: 8-10 Wiederholungen der Übung ausführen. 2-3 Sätze absolvieren.

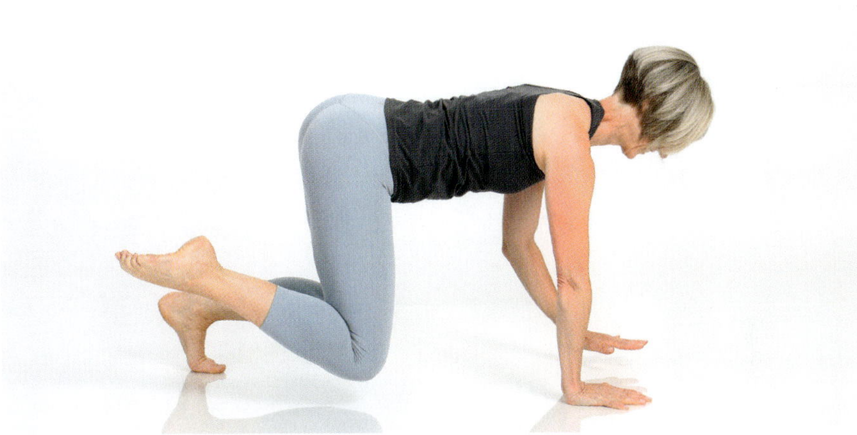

Variation: Als Steigerung die Fußspitzen aufstellen und die Knie vom Boden lösen. Heben Sie nun immer die Seite, die gerade keinen Druck auf den Boden gibt, etwas vom Boden ab.

Übungsdauer: Circa 30 Sekunden lang immer im Wechsel die Übung ausführen. 2-3 Sätze absolvieren.

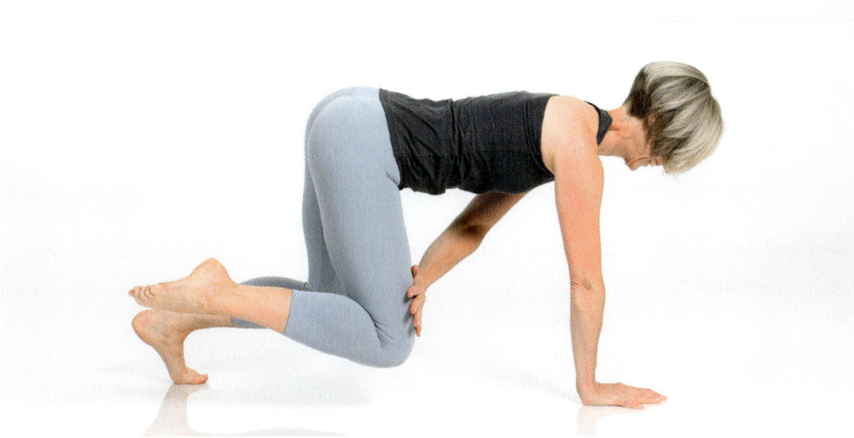

Variation: Als Steigerung mit der abgehobenen Hand mit dem Ausatmen gegen den Oberschenkel drücken. Danach die Seite wechseln.

Übungsdauer: Circa 30 Sekunden lang immer im Wechsel die Übung ausführen. 2-3 Sätze absolvieren.

Kräftigung der Rumpfstabilisatoren (tiefe Bauch- und Rückenmuskulatur und Beckenboden)

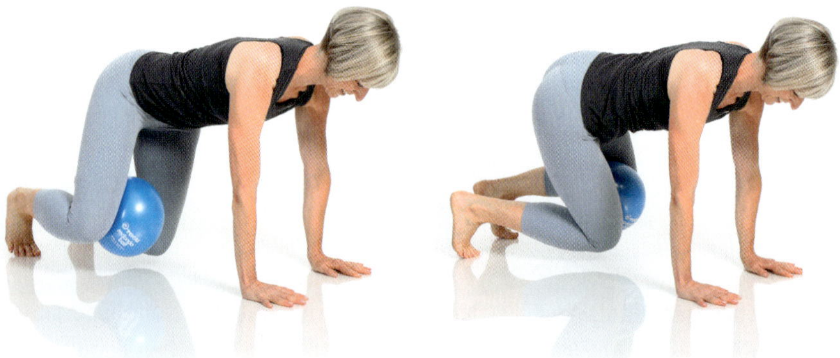

Ausgangsposition: Vierfüßlerstand. Setzen Sie beide Hände unter die Schultergelenke, beide Knie befinden sich unter den Hüftgelenken. Den Kopf in Verlängerung zur Wirbelsäule halten.

Übungsbeschreibung: Stellen Sie die Fußspitzen auf dem Boden auf. Nun mit dem Ausatmen die Knie vom Boden abheben und die Knie in kleinen Bewegungen nach rechts und links pendeln.

Variation: Um die Körperspannung zu erhöhen, einen kleinen Ball zwischen die Knie nehmen und ihn sanft zusammendrücken.

Übungsdauer: Circa 30 Sekunden lang die Übung ausführen. 2-3 Sätze absolvieren.

Kräftigung der gesamten Körpervorderseite und der Stützkraft

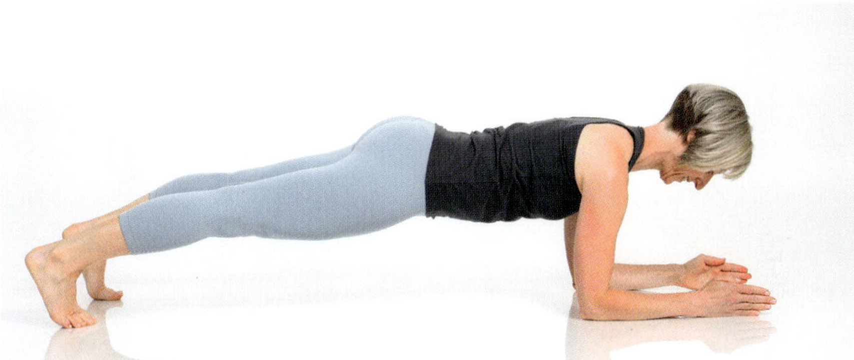

Ausgangsposition: Ellbogenstütz. Die Ellbogen befinden sich senkrecht unter den Schultergelenken.

Übungsbeschreibung: Beide Beine ausstrecken. Der ganze Körper bildet eine Linie.

Übungsdauer: Diese Position circa 30 Sekunden lang halten. 2-3 Sätze absolvieren.

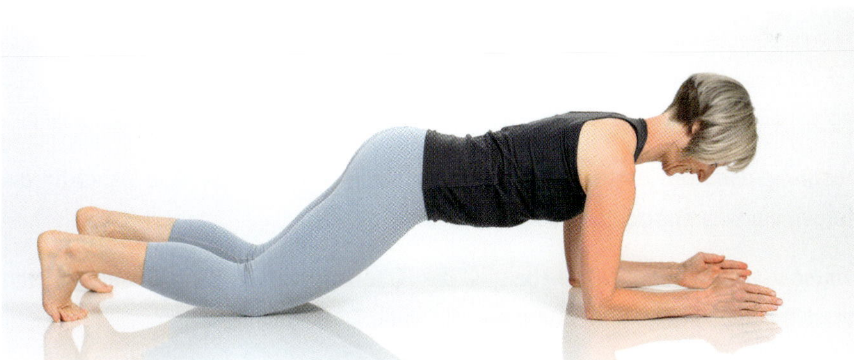

Variation: Als Erleichterung beide Knie auf dem Boden ablegen.

Kräftigung der Rückenmuskulatur

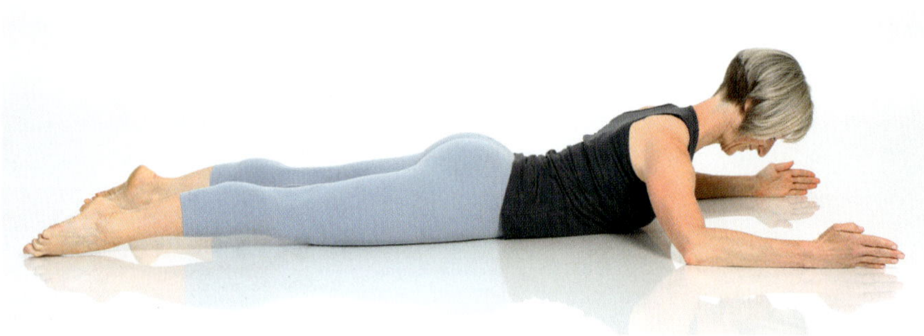

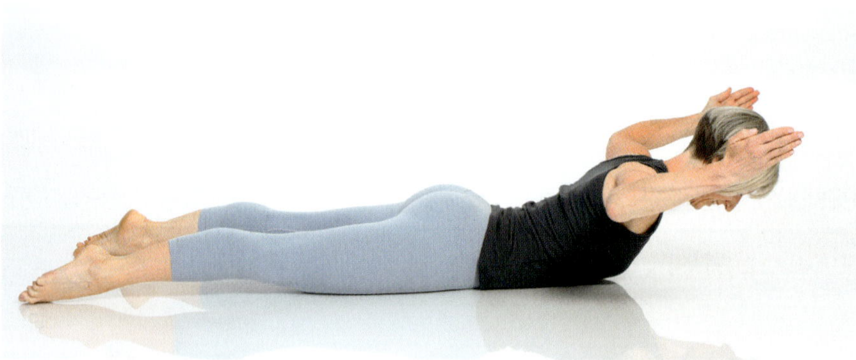

Ausgangsposition: Bauchlage. Halten Sie beide Arme rechtwinklig neben Ihrem Körper, die Daumen zeigen dabei in Richtung Decke.

Übungsbeschreibung: Nun heben Sie den Oberkörper etwas vom Boden ab. Nun mit den Armen kleine Bewegungen in Richtung Decke ausführen.

Hinweis: Den Blick zum Boden behalten!

Übungsdauer: Die Übung 30 Sekunden lang ausführen. 2-3 Sätze absolvieren.

Kräftigung der tiefen Bauchmuskulatur, der Oberschenkelvorderseite

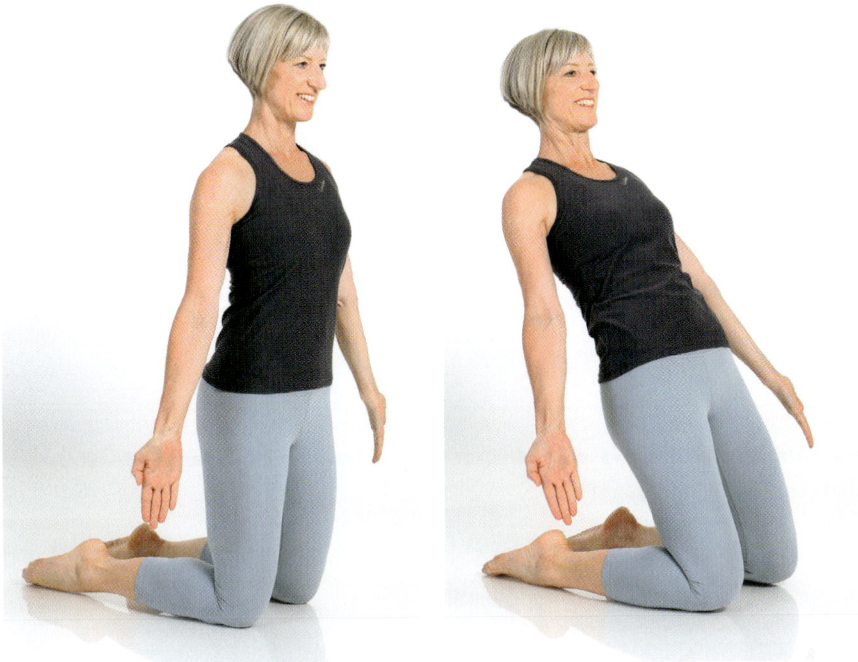

Ausgangsposition: Kniestand. Halten Sie beide Arme neben dem Körper. Der Oberkörper und die Oberschenkel bilden eine Linie.

Übungsbeschreibung: Spannen Sie das Gesäß an. Nun neigen Sie mit dem Ausatmen den Rumpf etwas nach hinten, mit dem Einatmen wieder nach vorne.

Übungsdauer: 8-10 Wiederholungen der Übung ausführen. 2-3 Sätze absolvieren.

Kräftigung der schrägen Bauchmuskulatur II

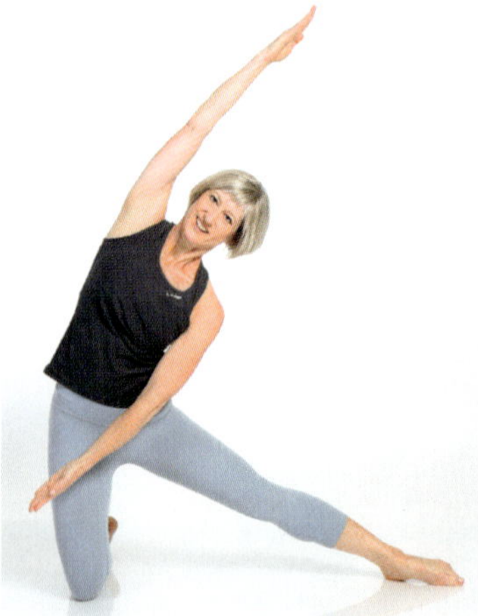

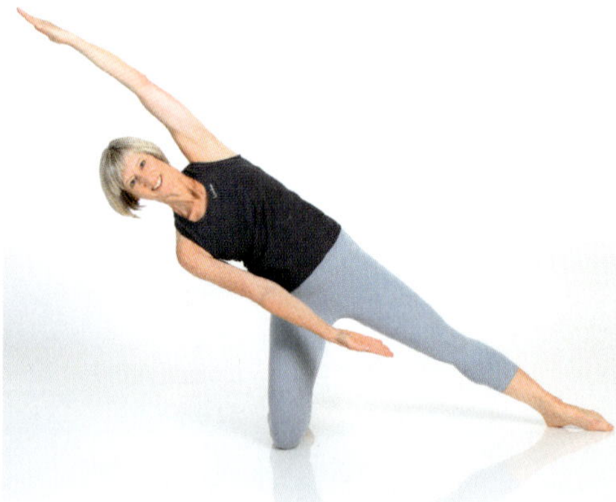

Ausgangsposition: Kniestand. Strecken Sie ein Bein zur Seite aus. Der Oberkörper und das Bein bilden eine Linie.

Übungsbeschreibung: Nun bewegen Sie die gestreckten Arme über den Kopf und diagonal nach unten. Dann zur anderen Seite.

Hinweis: Dabei neigt sich der Rumpf so weit wie möglich zur Seite.

Übungsdauer: Je Seite 8-10 Wiederholungen der Übung ausführen. 2-3 Sätze absolvieren.

Kräftigung der Bauchmuskulatur und der Stützkraft

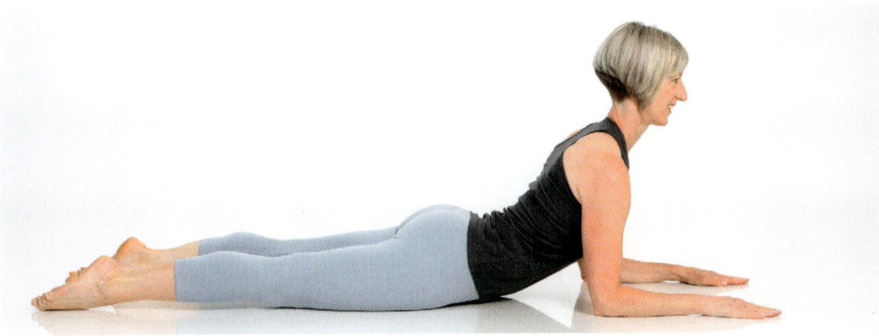

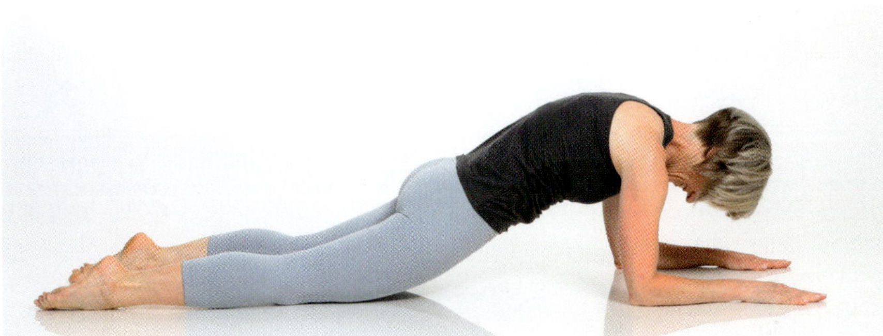

Ausgangsposition: Bauchlage mit aufgestützten Ellbogen.

Übungsbeschreibung: Aktivieren Sie Ihre Bauchmuskulatur, heben Sie mit dem Einatmen das Brustbein und richten Sie den Blick nach vorne. Nun atmen Sie aus und rollen das Kinn in Richtung Brustbein und heben das Becken vom Boden ab.

Übungsdauer: 8-10 Wiederholungen dieser Übung ausführen. 2-3 Sätze absolvieren.

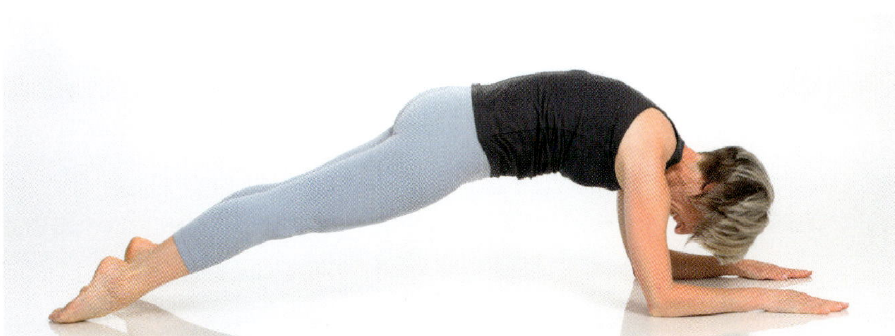

Variation: Als Steigerung heben Sie auch die Knie vom Boden ab.

Kräftigung der seitlichen Rumpfmuskulatur und der Stützkraft

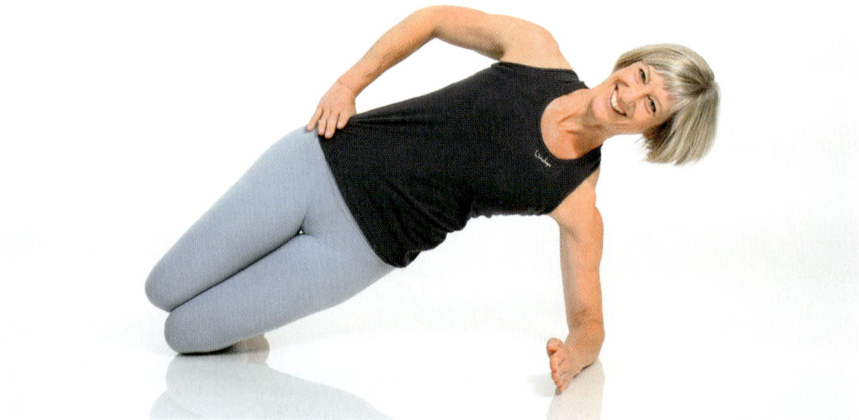

Ausgangsposition: Seitlicher Ellbogenstütz. Platzieren Sie den Ellbogen unter das Schultergelenk und beugen Sie die Knie. Oberkörper und Oberschenkel befinden sich auf einer Linie.

Übungsbeschreibung: Nun bewegen Sie das Becken in kleinen Bewegungen nach oben und wieder zurück zur Mitte.

Übungsdauer: Je Seite absolvieren Sie 15-20 Wiederholungen der Übung. 2-3 Sätze durchführen.

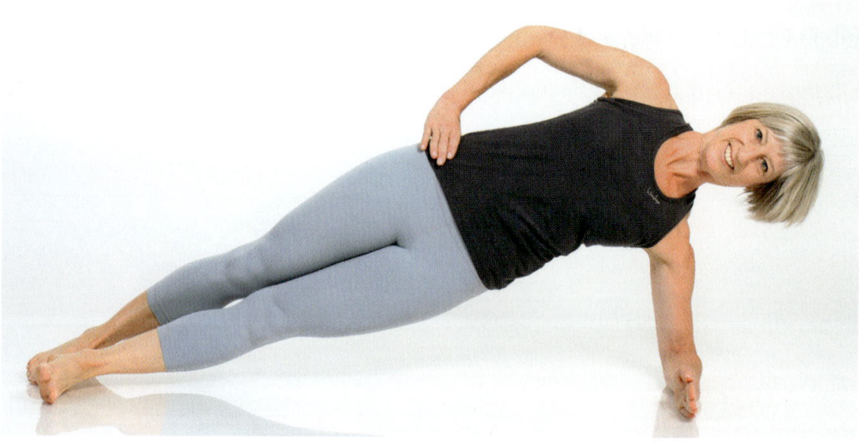

Variation: Als Steigerung strecken Sie beide Beine aus.

Kräftigung der seitlichen Rumpfmuskulatur

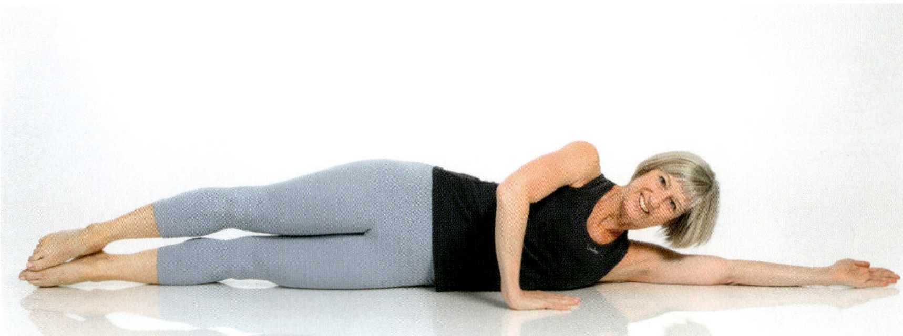

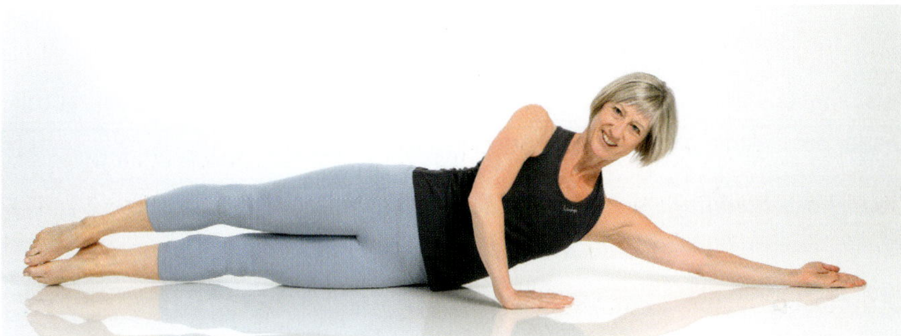

Ausgangsposition: Seitlage. Strecken Sie beide Beine und den unteren Arm in einer Linie mit Ihrem Oberkörper aus. Die Handfläche zeigt in Richtung Decke.

Übungsbeschreibung: Versuchen Sie nun, mit etwas Unterstützung des aufgestellten Arms, den Oberkörper zu heben und zu senken.

Übungsdauer: Je Seite 10-15 Wiederholungen der Übung ausführen. 2-3 Sätze absolvieren.

Kräftigung der geraden Bauchmuskulatur I

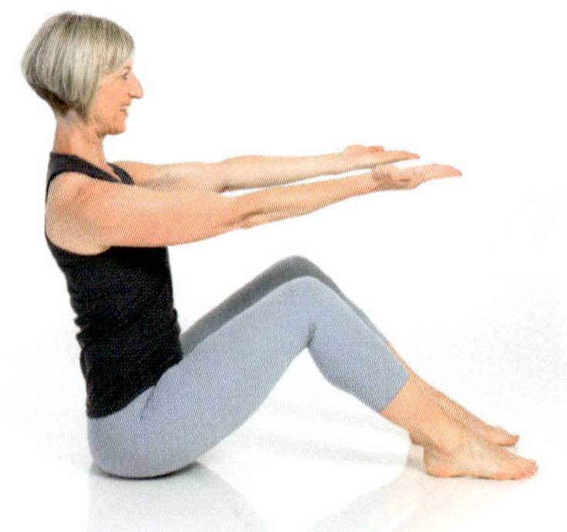

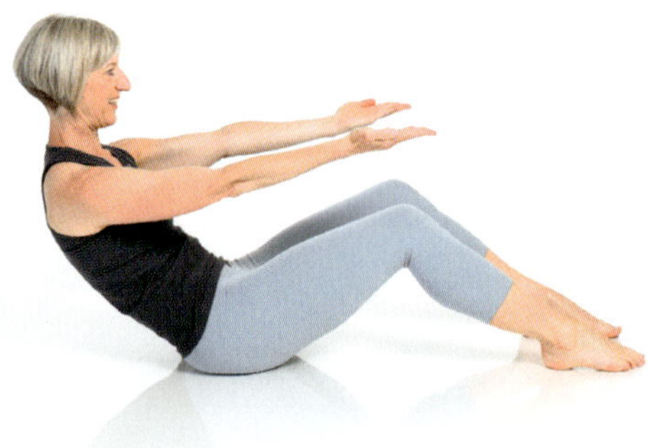

Ausgangsposition: Sitz. Setzen Sie sich aufrecht mit aufgestellten Beinen auf die Matte. Beide Arme nach vorne ausstrecken.

Übungsbeschreibung: Sich nun mit dem Ausatmen im Oberkörper etwas zurücklehnen. Das Brustbein bleibt gehoben! Mit dem Einatmen den Oberkörper wieder aufrichten.

Übungsdauer: 10-15 Wiederholungen der Übung absolvieren. 2-3 Sätze durchführen.

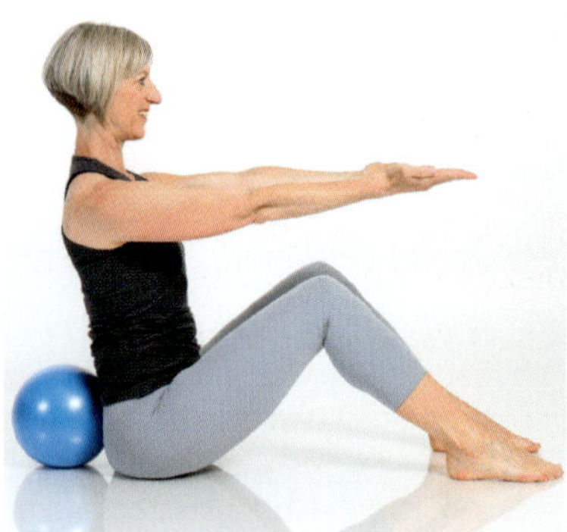

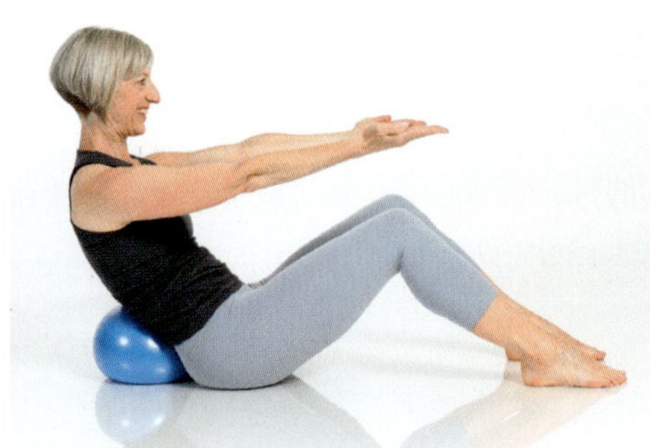

Variation: Als Erleichterung einen Ball unter den unteren Rücken legen.

Kräftigung der gesamten Körperrückseite und der Stützkraft

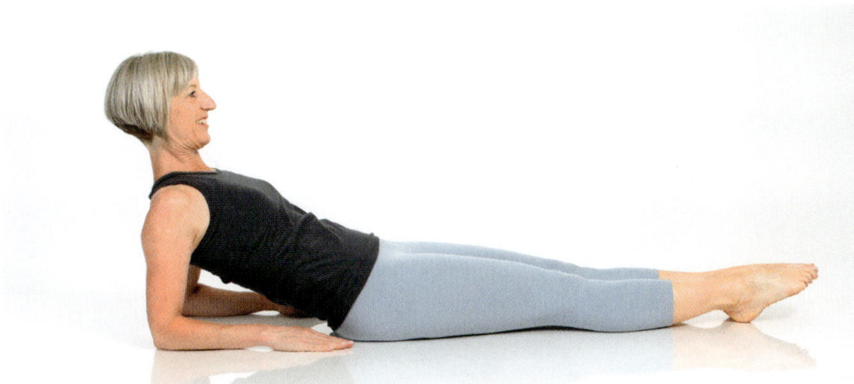

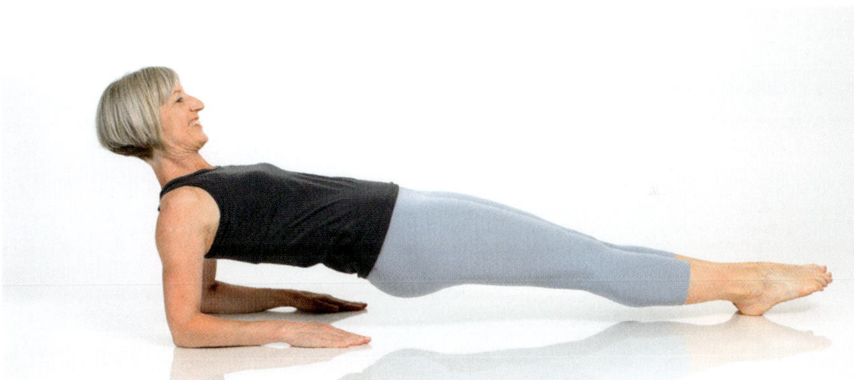

Ausgangsposition: Umgekehrter Ellbogenstütz. Platzieren Sie Ihre Ellbogen senkrecht unter Ihre Schultergelenke.

Übungsbeschreibung: Strecken Sie die Beine aus und heben Sie das Gesäß vom Boden ab, das Brustbein in Richtung Decke heben. Diese Position halten.

Übungsdauer: Diese Position 30 Sekunden lang halten. 2-3 Sätze absolvieren.

Kräftigung der tiefen Bauchmuskulatur und des Beckenbodens

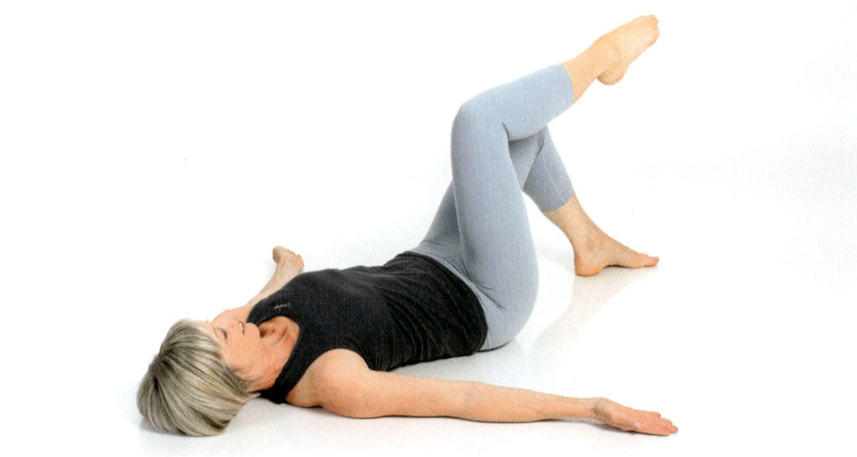

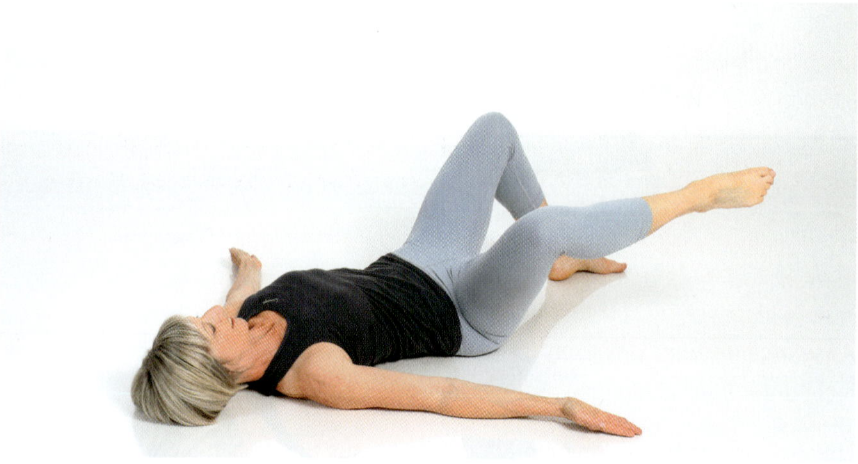

Ausgangsposition: Rückenlage mit aufgestellten Beinen.

Übungsbeschreibung: Heben Sie ein Bein rechtwinklig an und kippen Sie das Knie etwas zur Seite.

Hinweis: Das Becken dabei ruhig halten!

Übungsdauer: Je Seite 10-15 Wiederholungen der Übung ausführen. 2-3 Sätze absolvieren.

Kräftigung der tiefen Bauchmuskulatur und des Beckenbodens II

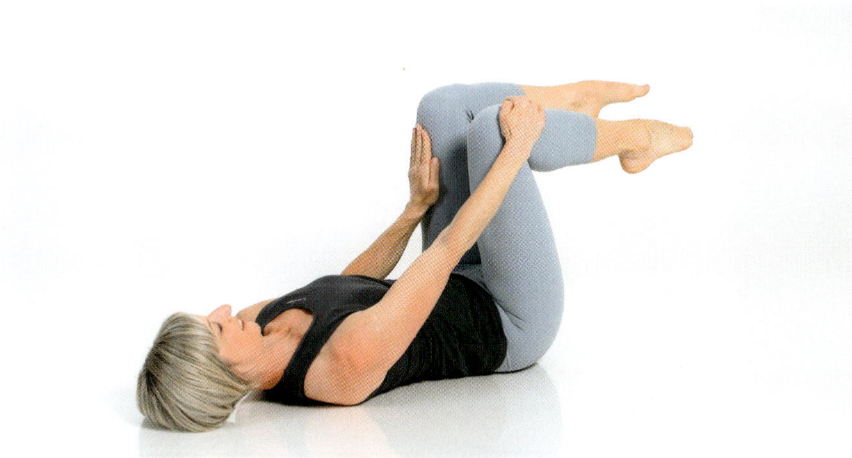

Ausgangsposition: Rückenlage. Heben Sie beide Beine rechtwinklig an.

Übungsbeschreibung: Eine Hand fasst den Unterschenkel knapp unterhalb des Knies und zieht, die andere Hand drückt mit dem Handballen gegen den Oberschenkel und drückt. Einen Atemzug lang halten und dann die Seite wechseln.

Übungsdauer: Je Seite 6-8 Wiederholungen der Übung durchführen. 2-3 Sätze absolvieren.

Kräftigung der tiefen Bauchmuskulatur I

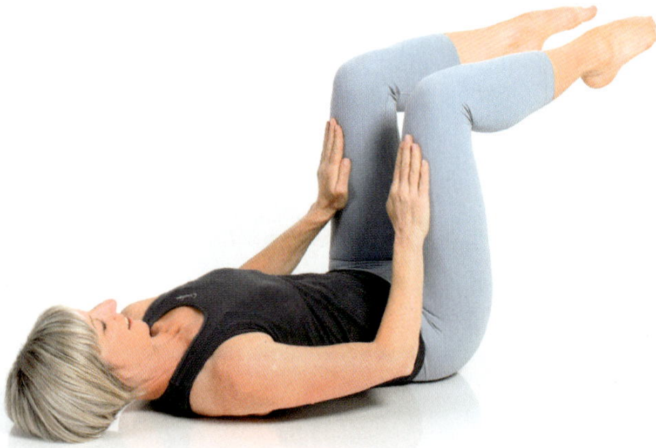

Ausgangsposition: Rückenlage. Heben Sie beide Beine rechtwinklig an.

Übungsbeschreibung: Nun drücken Sie mit dem Ausatmen mit den Handballen auf jeweils den gleichseitigen Oberschenkel. Dann einatmen und die Spannung wieder lösen.

Übungsdauer: 10-15 Wiederholungen der Übung durchführen. 2-3 Sätze absolvieren.

Kräftigung der tiefen Bauchmuskulatur II

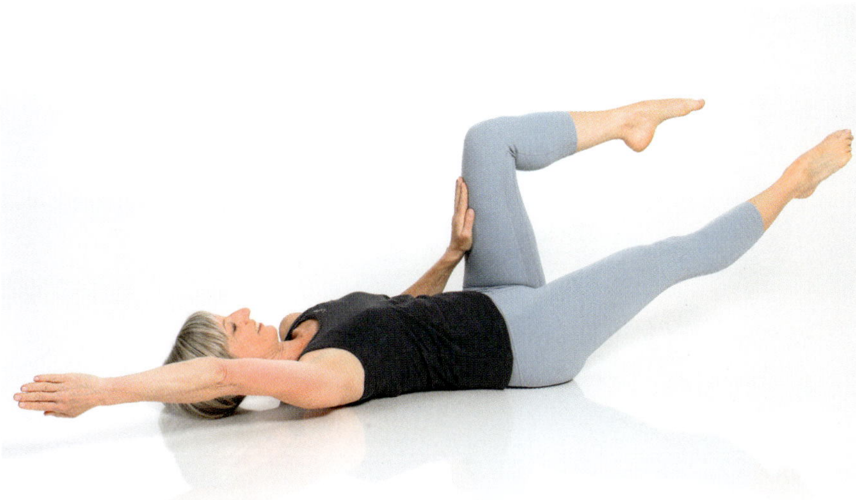

Variation: Als Steigerung nur auf einen Oberschenkel drücken, den anderen Arm und das andere Bein dabei strecken. Den Rücken in einer neutralen Position halten!

Übungsdauer: Je Seite 6-8 Wiederholungen der Übung durchführen. 2-3 Sätze absolvieren.

Kräftigung der geraden Bauchmuskulatur II

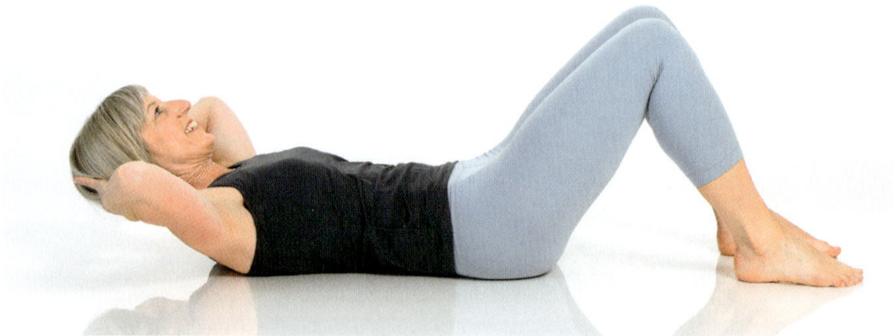

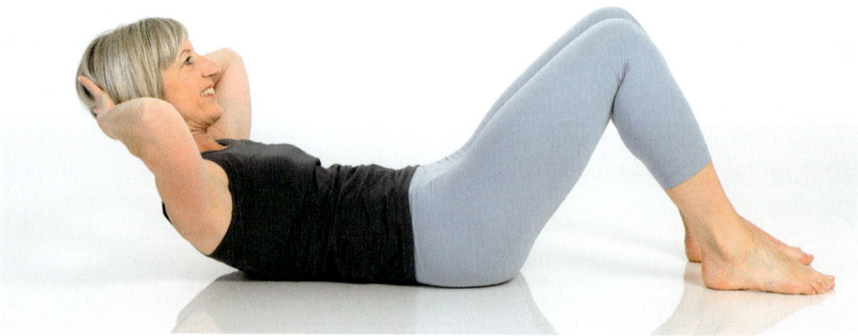

Ausgangsposition: Rückenlage mit aufgestellten Beinen. Stützen Sie Ihre Hände an den Hinterkopf. Die Ellbogen zeigen leicht nach vorne, sodass die Schultern entspannt bleiben können. Zwischen Kinn und Brustbein circa eine Faust breit Platz halten.

Übungsbeschreibung: Nun mit dem Ausatmen den Oberkörper anheben. Dabei die Rippenbögen und Beckenknochen einander annähern. Einatmen und den Oberkörper wieder absenken. Kurz vor dem Boden anhalten.

Hinweis: Achten Sie auf die neutrale Position Ihrer Wirbelsäule, das heißt, der untere Rücken bleibt leicht vom Boden abgehoben.

Übungsdauer: 10-15 Wiederholungen der Übung ausführen. 2-3 Sätze absolvieren.

Kräftigung der schrägen Bauchmuskulatur III

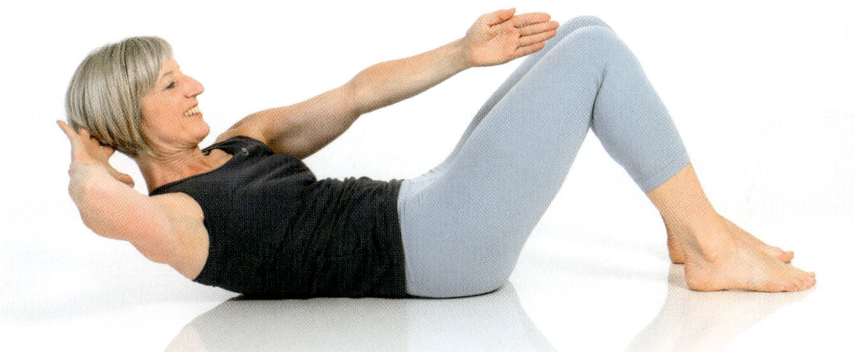

Ausgangsposition: Rückenlage mit aufgestellten Beinen. Stützen Sie Ihre Hände an den Hinterkopf. Die Ellbogen zeigen leicht nach vorne, sodass die Schultern entspannt bleiben können. Zwischen Kinn und Brustbein circa eine Faust breit Platz halten.

Übungsbeschreibung: Nun mit dem Ausatmen den Oberkörper diagonal nach oben anheben. Die Hand in Richtung gegenüberliegendes Knie bewegen. Dabei die Rippenbögen und Beckenknochen diagonal einander annähern. Einatmen und den Oberkörper wieder absenken. Kurz vor dem Boden anhalten und sich dann zur anderen Seite bewegen.

Übungsdauer: Je Seite 10-15 Wiederholungen der Übung durchführen. 2-3 Sätze absolvieren.

Kräftigung der schrägen Bauchmuskulatur IV

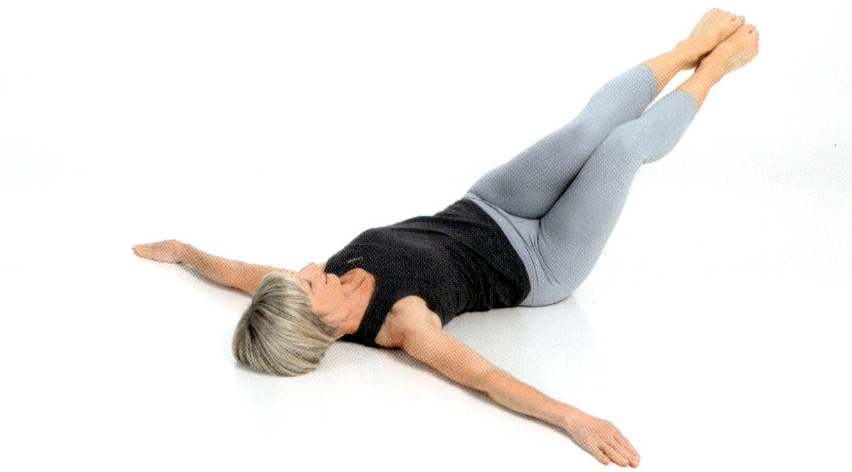

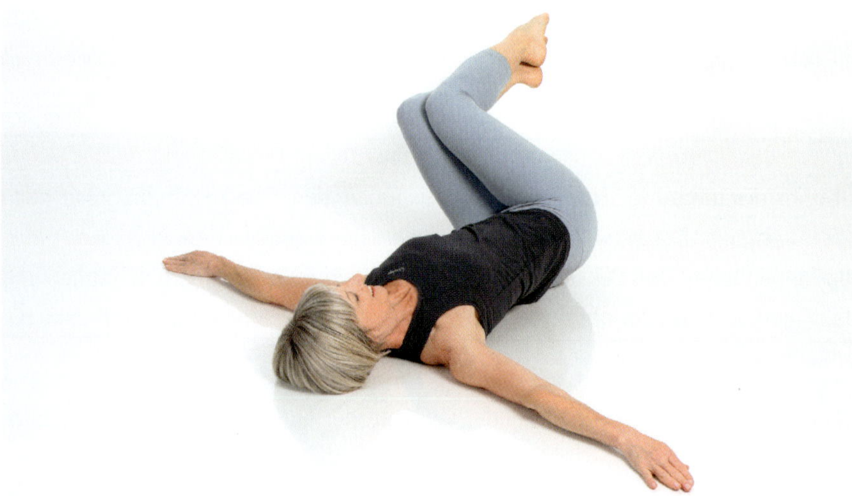

Ausgangsposition: Rückenlage. Heben Sie beide Beine rechtwinklig an. Die Arme zur Seite abspreizen.

Übungsbeschreibung: Nun die Knie mit dem Ausatmen nach rechts, mit dem Einatmen wieder zur Mitte, und mit dem nächsten Ausatmen nach links bewegen.

Hinweis: Die Schultern dabei auf dem Boden halten!

Übungsdauer: Je Seite 6-8 Wiederholungen der Übung durchführen. 2-3 Sätze absolvieren.

5.4.2 Kräftigung - Beine und Gesäß

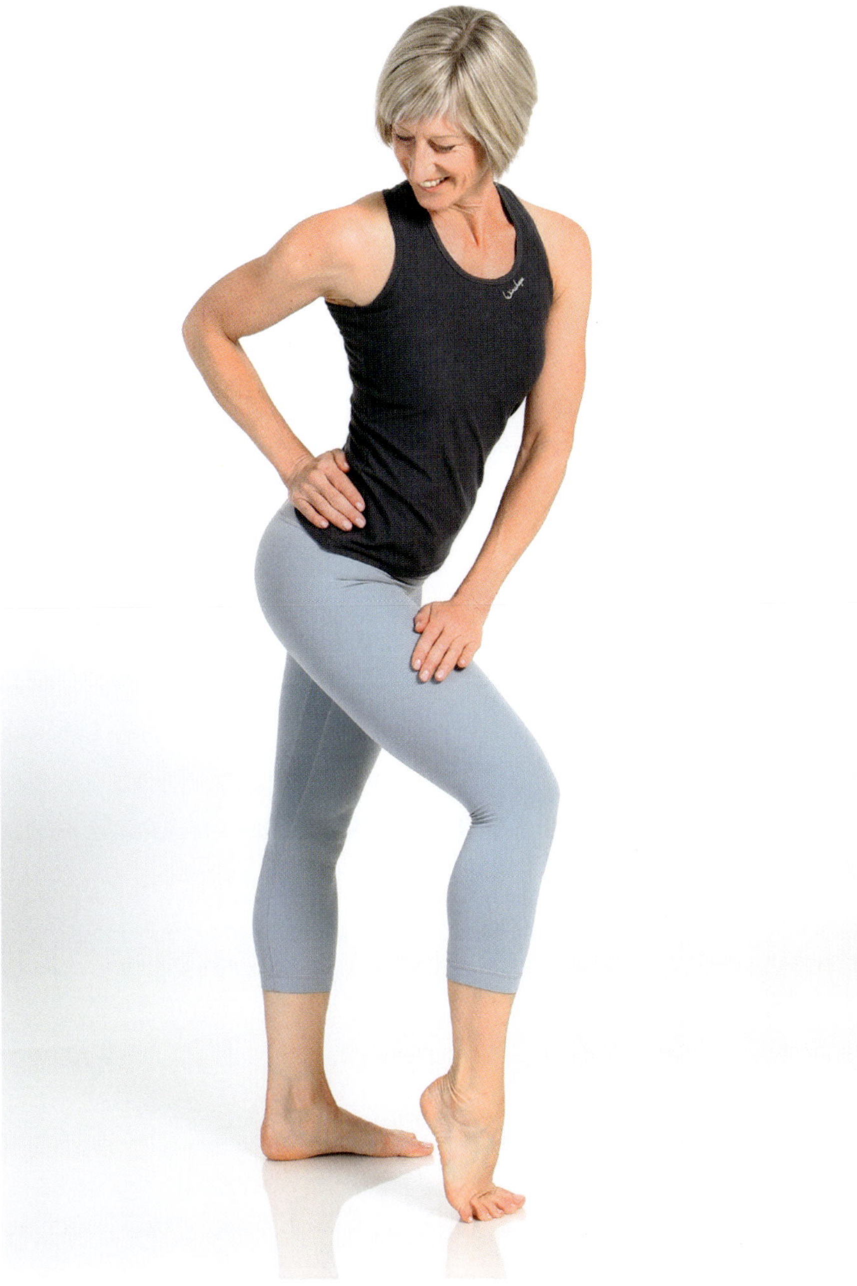

Kräftigung der Oberschenkel- und Gesäßmuskulatur

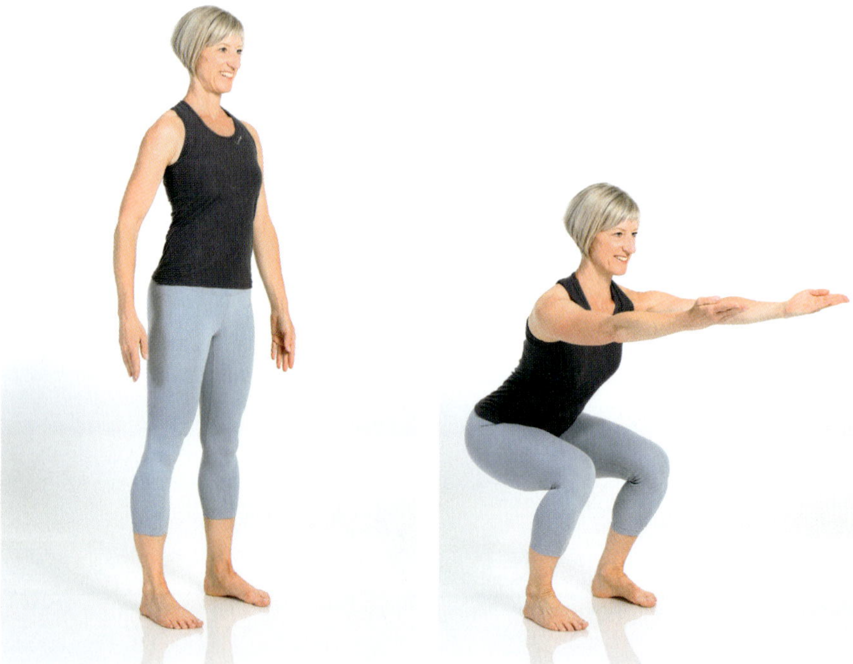

Ausgangsposition: Hüftbreiter Stand.

Übungsbeschreibung: Setzen Sie das Gesäß weit nach hinten unten ab. Dabei die Füße gleichmäßig belasten.

Hinweise: Achten Sie darauf, während der Bewegung die Oberschenkel parallel zueinander zu halten.

Gehen Sie so tief wie möglich, die Fersen am Boden behalten!

Übungsdauer: 15-20 Wiederholungen der Übung durchführen. 2-3 Sätze absolvieren.

Kräftigung der Oberschenkelaußenseite und Verbesserung des Gleichgewichts

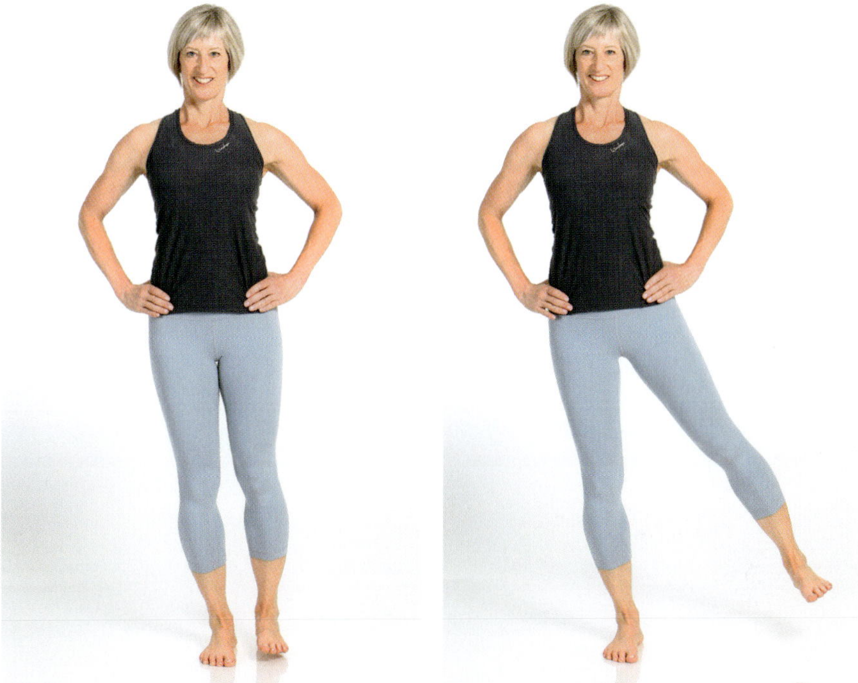

Ausgangsposition: Hüftbreiter Stand.

Übungsbeschreibung: Heben Sie ein Bein zur Seite ab, die Fußspitze zeigt nach vorne. Nun bewegen Sie das Bein hoch und tief.

Hinweise: Das Becken stabil halten!

Das Standknie bleibt leicht gebeugt.

Übungsdauer: 15-20 Wiederholungen je Seite ausführen. 2-3 Sätze absolvieren.

Kräftigung der Gesäßmuskulatur und Verbesserung des Gleichgewichts

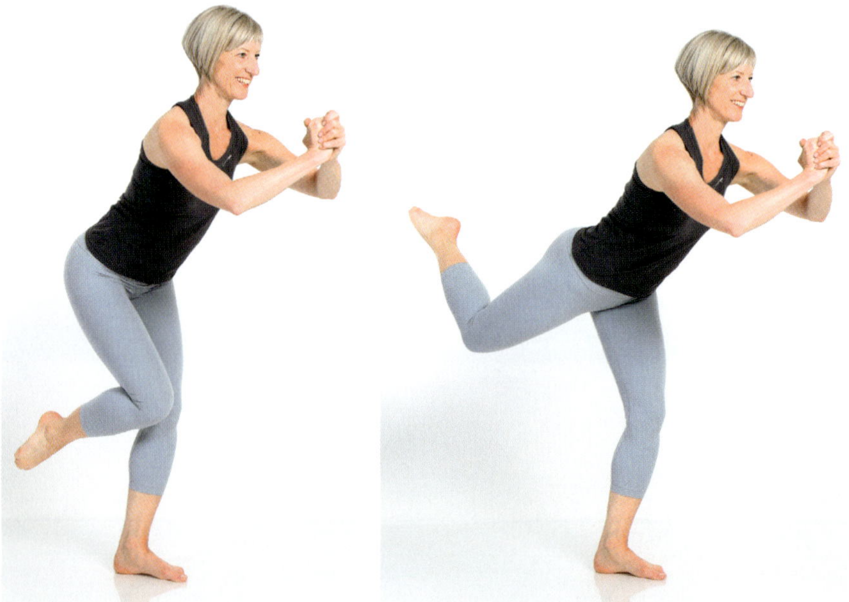

Ausgangsposition: Hüftbreiter Stand. Neigen Sie den Oberkörper etwas nach vorne.

Übungsbeschreibung: Beide Hände in Brustbeinhöhe fassen, die Handballen zusammendrücken. Nun heben Sie ein Bein rechtwinklig vom Boden ab und bewegen das Bein hoch und tief.

Hinweise: Beide Beckenknochen parallel über dem Boden halten.

Den Rücken möglichst ruhig halten!

Das Standknie bleibt leicht gebeugt.

Übungsdauer: Je Seite 10-15 Wiederholungen der Übung ausführen. 2-3 Sätze absolvieren.

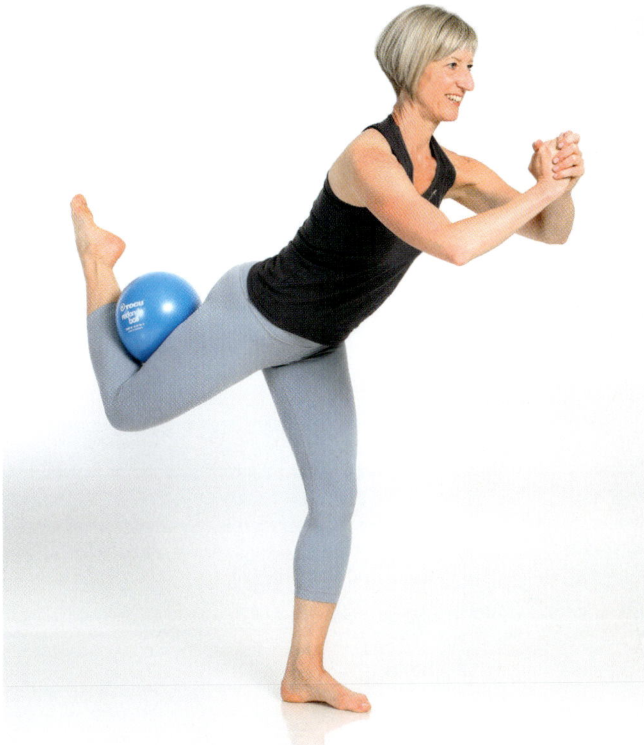

Variation: Alternativ einen kleinen Ball in der Kniekehle halten.

Kräftigung der Beinmuskulatur I

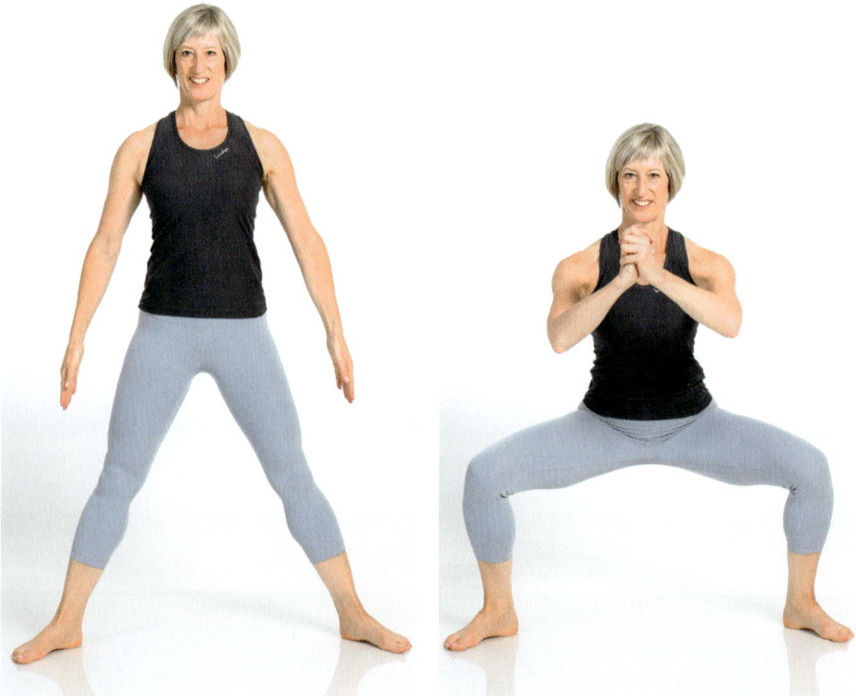

Ausgangsposition: Grätschstand. Fassen Sie beide Hände vor dem Brustbein.

Übungsbeschreibung: Die Knie tief anbeugen und wieder strecken. Dabei die Hände öffnen. Die Knie in Richtung zweitgrößten Zeh schieben, maximal bis die Oberschenkel sich parallel über dem Boden befinden.

Hinweis: Den Oberköper aufrecht halten!

Übungsdauer: 15-20 Wiederholungen der Übung ausführen. 2-3 Sätze absolvieren.

Kräftigung der Beinmuskulatur II

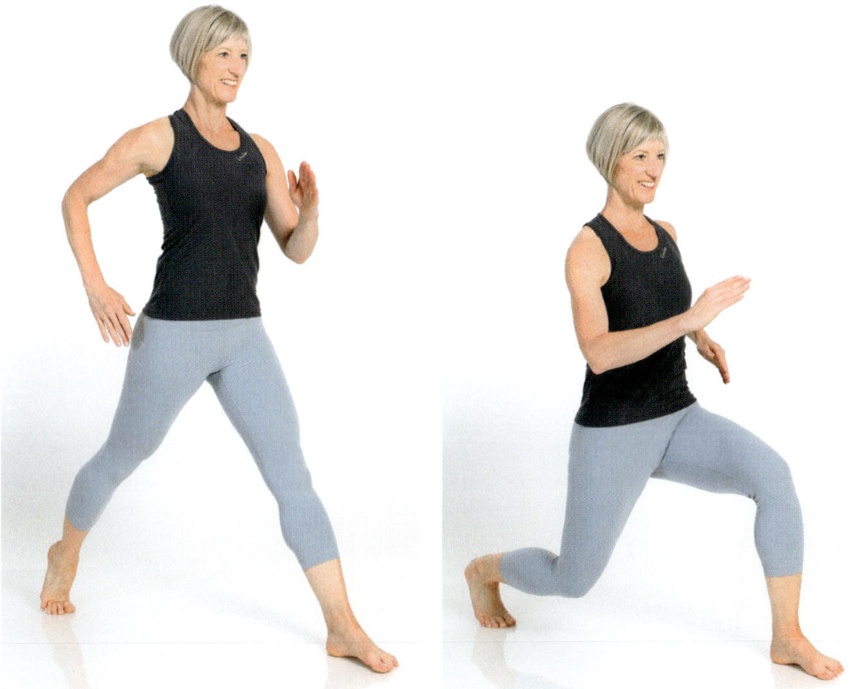

Ausgangsposition: Ausfallschritt. Beide Fußspitzen zeigen nach vorne. Die Beine sind etwa hüftbreit geöffnet.

Übungsbeschreibung: Die hintere Ferse vom Boden abheben. Beugen Sie nun beide Knie und senken Sie das hintere Knie in Richtung Boden. Dabei bleibt das vordere Knie über der Ferse.

Hinweise: Der Oberkörper bleibt aufgerichtet!

Die Arme schwingen locker mit.

Übungsdauer: Je Seite 15-20 Wiederholungen durchführen. 2-3 Sätze absolvieren.

Kräftigung der Gesäßmuskulatur I

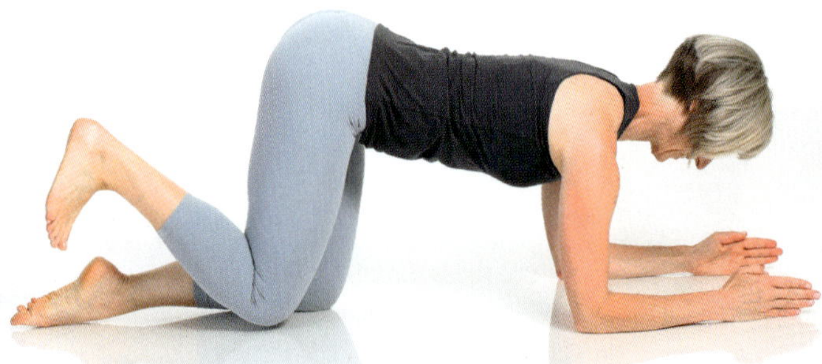

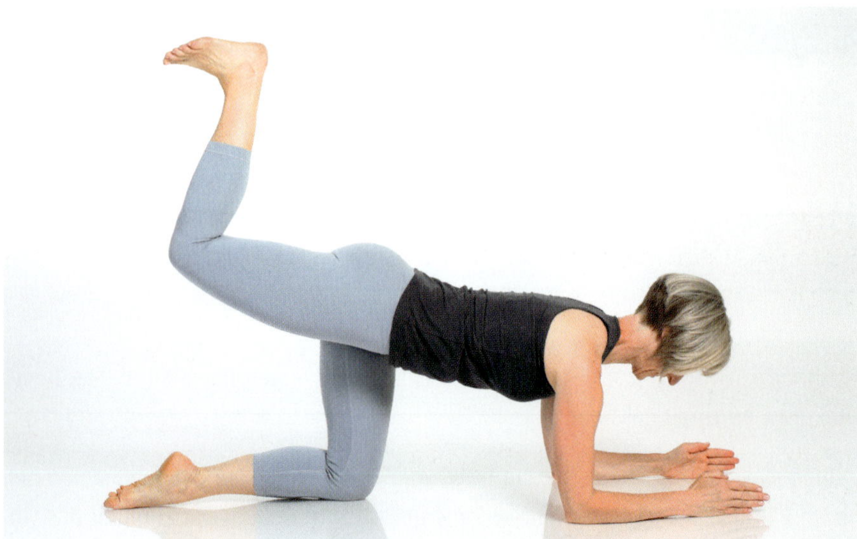

Ausgangsposition: Ellbogenstütz mit aufgestellten Knien. Platzieren Sie die Knie unter den Hüftgelenken, die Ellbogen sind senkrecht unter den Schultergelenken.

Hinweis: Den Rücken ruhig und gerade halten!

Übungsbeschreibung: Nun ein Bein rechtwinklig vom Boden abheben. Die Ferse in Richtung Decke schieben und das Bein wieder zurückführen.

Übunsgdauer: Je Seite 15-20 Wiederholungen der Übung ausführen. 2-3 Sätze durchführen.

Kräftigung der Gesäßmuskulatur II

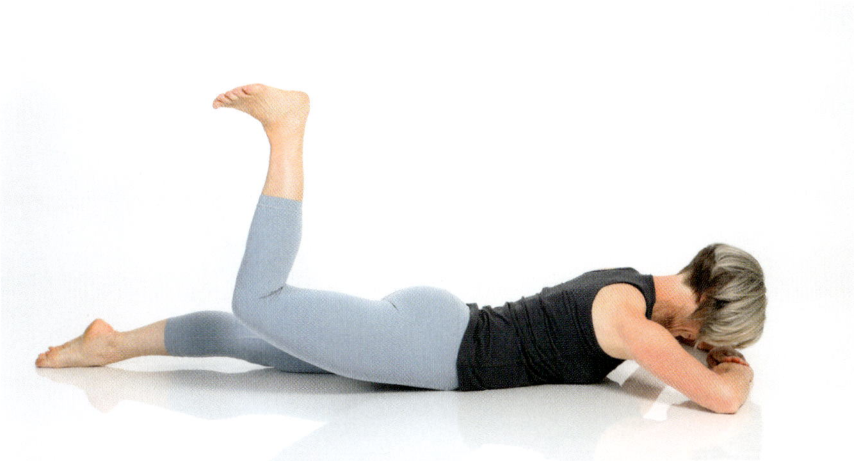

Ausgangsposition: Bauchlage. Legen Sie die Hände unter die Stirn.

Übungsbeschreibung: Den tiefen Bauchmuskel aktivieren, indem Sie den Bauchnabel sanft nach innen oben ziehen (vom Boden weg). Heben Sie nun ein Bein rechtwinklig an und bewegen Sie das Bein in kleinen, schnellen Bewegungen in Richtung Decke.

Hinweis: Immer in der Spannung halten, das heißt, den Oberschenkel nie auf dem Boden ablegen.

Übungsdauer: Je Bein 20-30 Wiederholungen der Übung durchführen. 2-3 Sätze absolvieren.

Kräftigung der seitlichen Rumpfmuskultur und der Gesäßmuskulatur, Verbesserung der Stützkraft

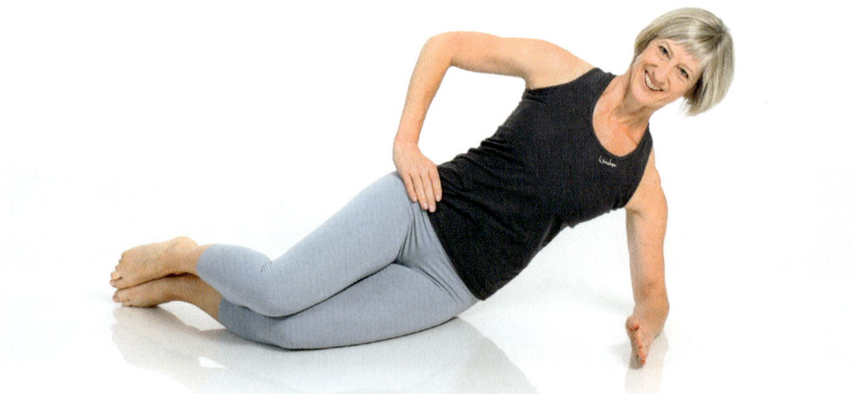

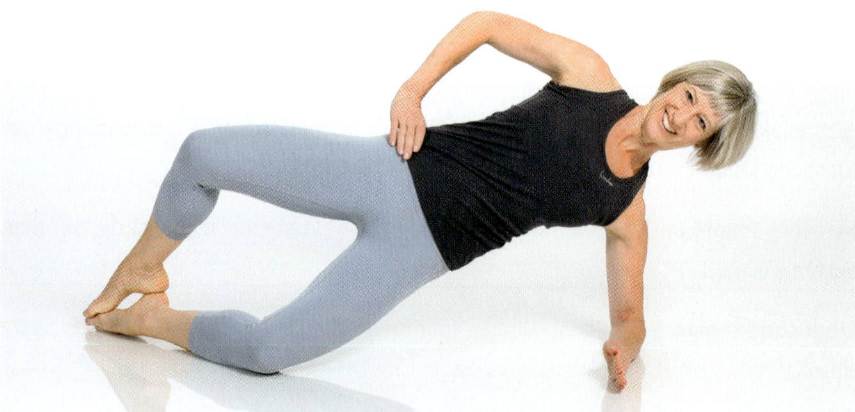

Ausgangsposition: Seitlicher Ellbogenstütz mit abgelegten Knien. Oberkörper und Fersen befinden sich ungefähr auf einer Linie. Die Knie etwas nach vorne ablegen. Platzieren Sie den Ellbogen senkrecht unter dem Schultergelenk. Die andere Hand in die Taille einstützen.

Übungsbescheibung: Nun heben Sie das Becken und öffnen gleichzeitig das obere Knie. Danach das Becken wieder etwas absenken.

Übungsdauer: Je Seite 10-15 Wiederholungen der Übung durchführen. 2-3 Sätze absolvieren.

Kräftigung der seitlichen Rumpfmuskulatur, der Oberschenkelaußenseite und der Gesäßmuskulatur, Verbesserung der Stützkraft

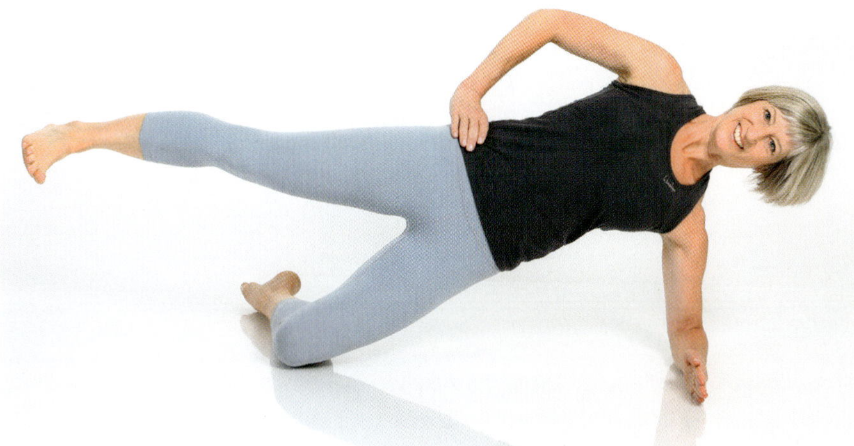

Ausgangsposition: Seitlicher Ellbogenstütz mit abgelegten Knien. Oberkörper und Oberschenkel befinden sich auf einer Linie.

Übungsbeschreibung: Heben Sie das Becken vom Boden ab und heben Sie gleichzeitig das obere Bein gestreckt an. Die Fußspitze zeigt nach vorne. Nun heben und senken Sie das gestreckte Bein.

Hinweis: Das Becken dabei ruhig oben halten!

Übungsdauer: Je Seite 15-20 Wiederholungen der Übung ausführen. 2-3 Sätze durchführen.

Kräftigung der Gesäßmuskulatur III

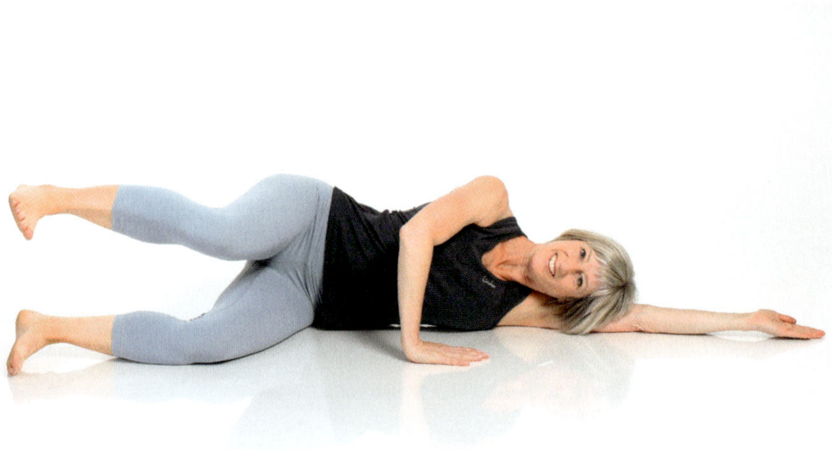

Ausgangsposition: Seitlage mit angewinkelten Beinen. Legen Sie sich auf die Seite, die Beine sind rechtwinklig gebeugt und den Kopf auf dem Oberarm ablegen.

Übungsbeschreibung: Nun heben und senken Sie das obere Bein. Beim Nach-unten-Bewegen stellen Sie sich vor, Sie drücken ein Kissen zwischen den Oberschenkeln zusammen.

Übungsdauer: Je Seite 15-20 Wiederholungen der Übung ausführen. 2-3 Sätze durchführen.

Kräftigung der Oberschenkelinnenseiten

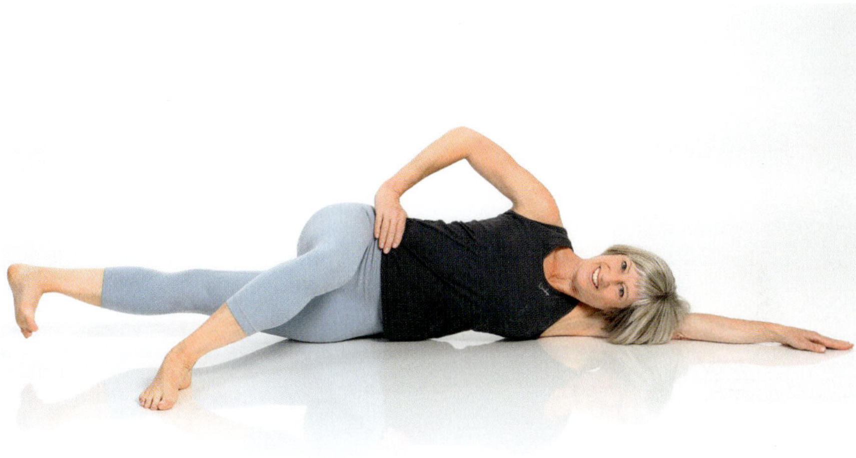

Ausgangsposition: Seitlage. Legen Sie den Kopf auf den Oberarm und stellen Sie das obere Bein nach vorne auf. Der Oberschenkel befindet sich parallel zum Boden.

Übungsbeschreibung: Das untere Bein strecken, die Fußspitze anziehen und kleine Bewegungen hoch und tief ausführen.

Hinweis: Das Bein immer in der Spannung etwas vom Boden abgehoben halten!

Übungsdauer: Je Seite 20-30 Wiederholungen der Übung ausführen. 2-3 Sätze absolvieren.

Kräftigung der Oberschenkelrückseite und der Gesäßmuskulatur

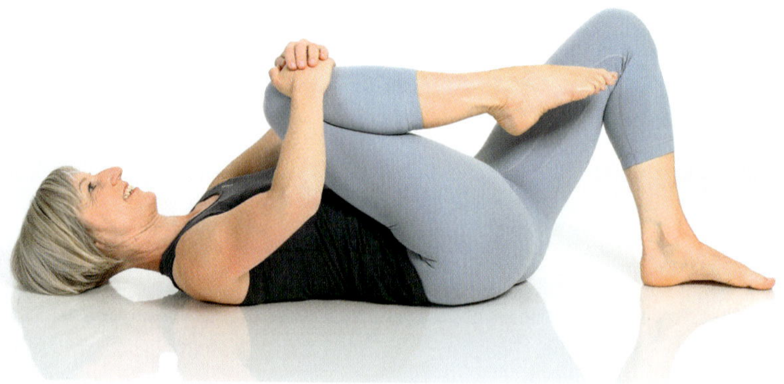

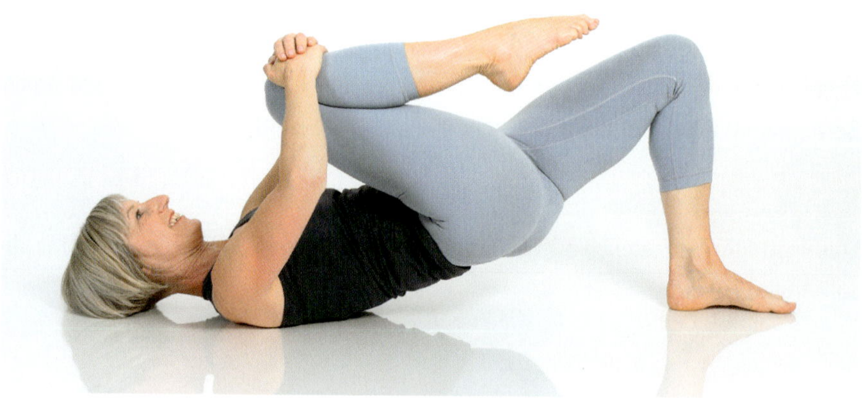

Ausgangsposition: Rückenlage mit aufgestellten Beinen. Fassen Sie ein Bein knapp unterhalb des Knies und ziehen Sie es fest zu sich heran.

Übungsbeschreibung: Nun das Becken heben und senken. Immer etwas in der Schwebe bleiben!

Hinweis: Die Ferse des aufgestellten Beins befindet sich circa senkrecht unter dem Knie.

Übungsdauer: Je Seite 20-30 Wiederholungen der Übung durchführen. 2-3 Sätze absolvieren.

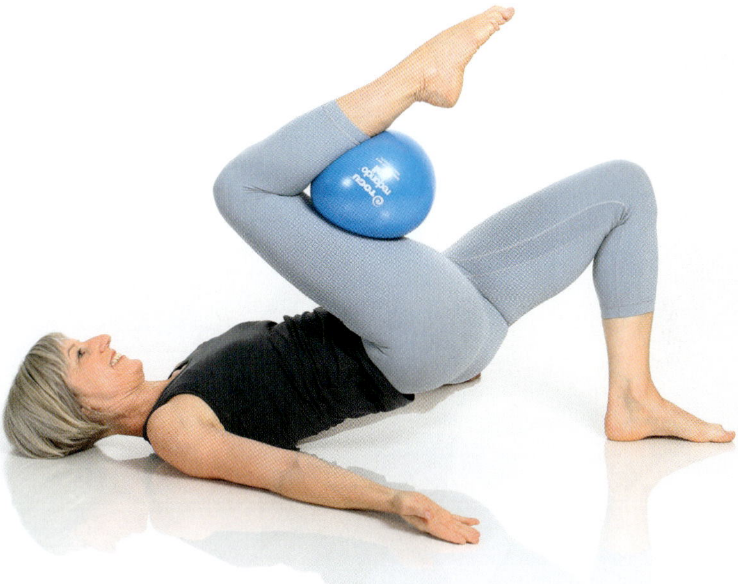

Variation: Alternativ einen kleinen Ball in die Kniekehle klemmen.

5.4.3 Kräftigung – Schultern und Arme

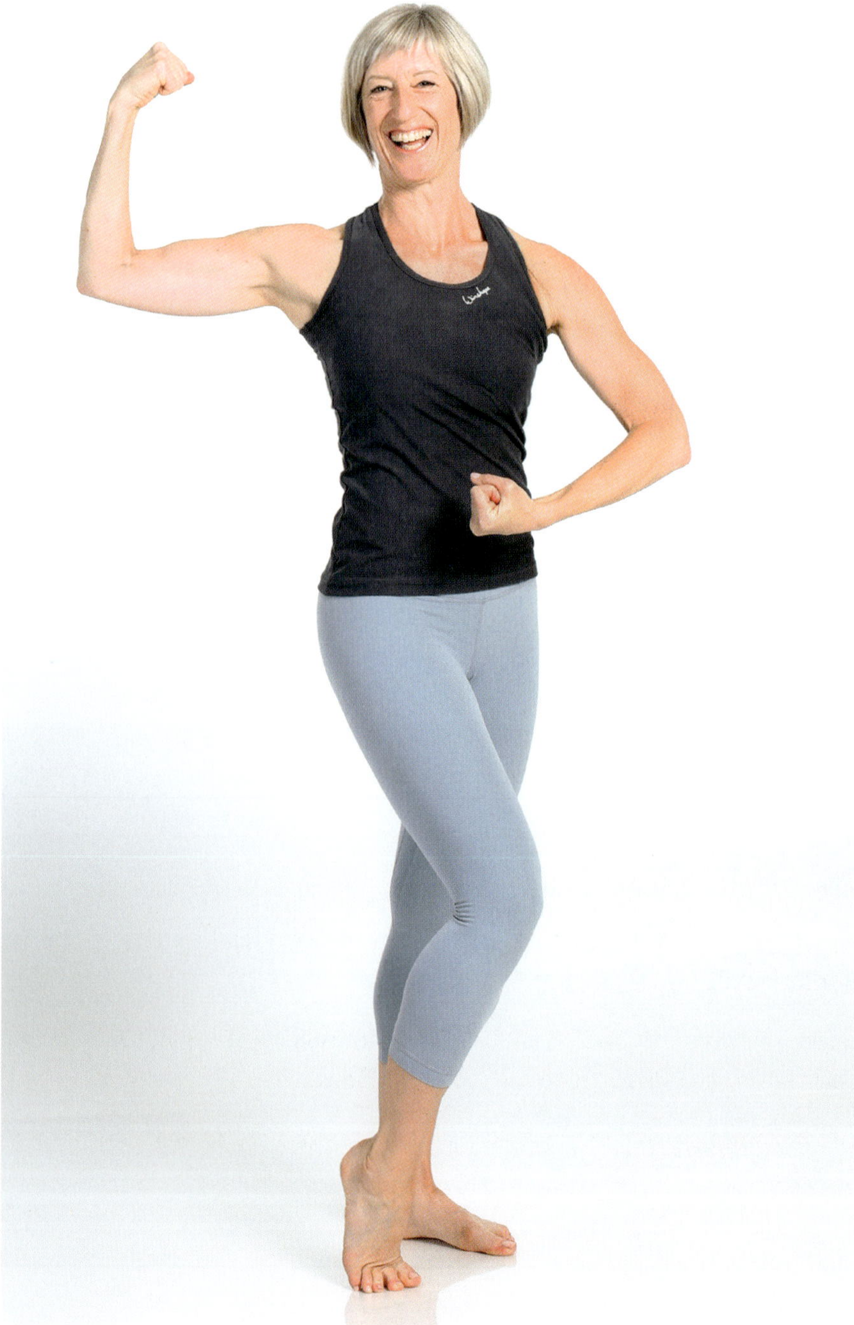

Kräftigung der Schultermuskulatur I

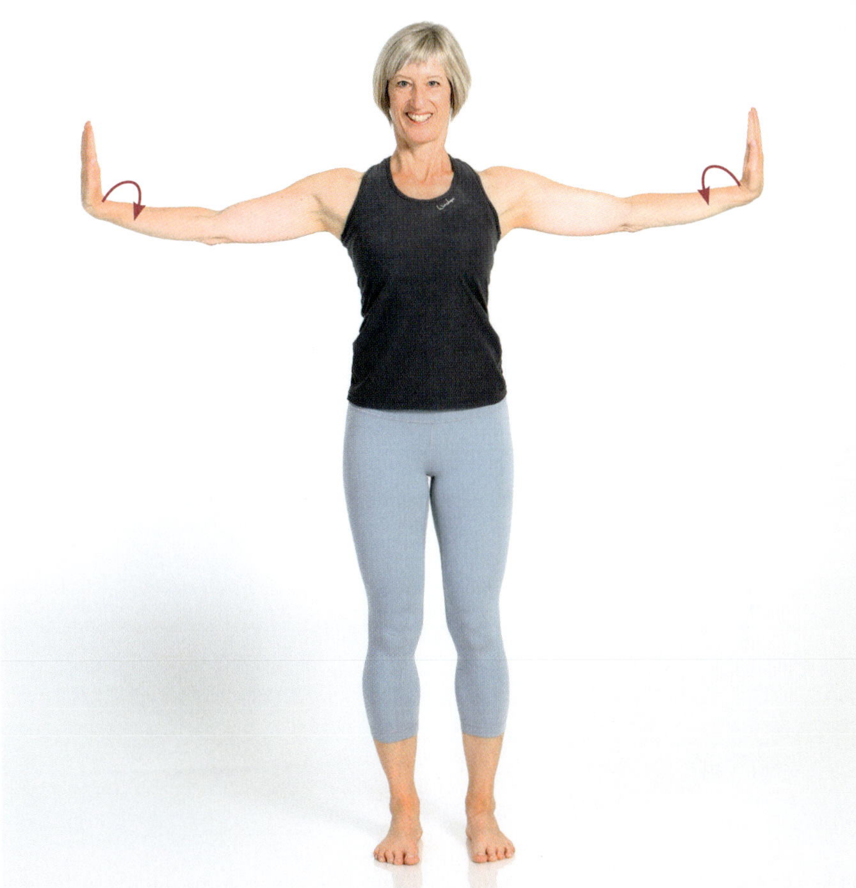

Ausgangsposition: Hüftbreiter Stand. Sie beugen leicht die Knie und richten das Brustbein auf.

Übungsbeschreibung: Nun die Arme zur Seite ausstrecken, die Handflächen zeigen nach außen. Nun kleine Kreise nach vorne ausführen.

Übungsdauer: Nach circa 30 Wiederholungen Kreise zurück ausführen. 2-3 Sätze absolvieren.

Kräftigung der Schultermuskulatur und des Bizeps

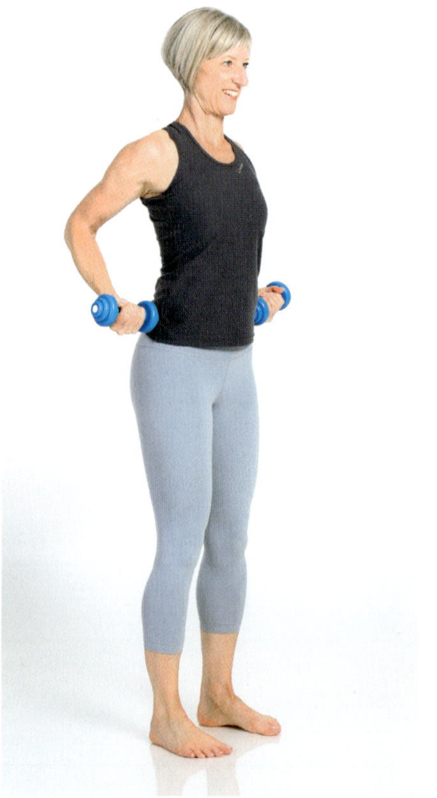

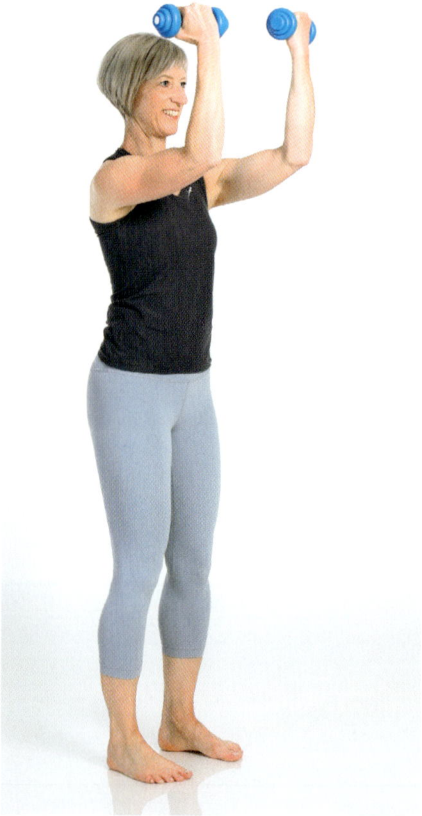

Ausgangsposition: Hüftbreiter Stand. Winkeln Sie beide Arme rechtwinklig an. Nehmen Sie Gewichte (gefüllte Wasserflaschen, TOGU Brasils®, Hanteln, . . .) in beide Hände. Halten Sie die Handgelenke stabil.

Übungsbeschreibung: Nun die Arme anheben, bis die Oberarme sich waagerecht über dem Boden befinden. Dann wieder die Arme absenken und die Ellbogen weit zurückziehen.

Übungsdauer: 15-30 Wiederholungen der Übung ausführen. 2-3 Sätze absolvieren.

Kräftigung des Bizeps (Armbeuger) I

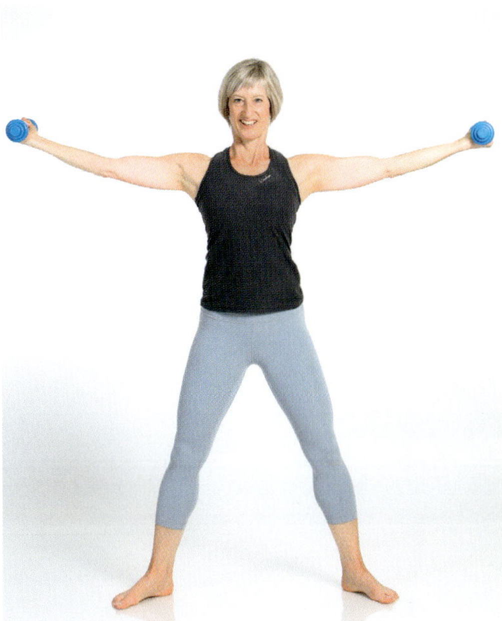

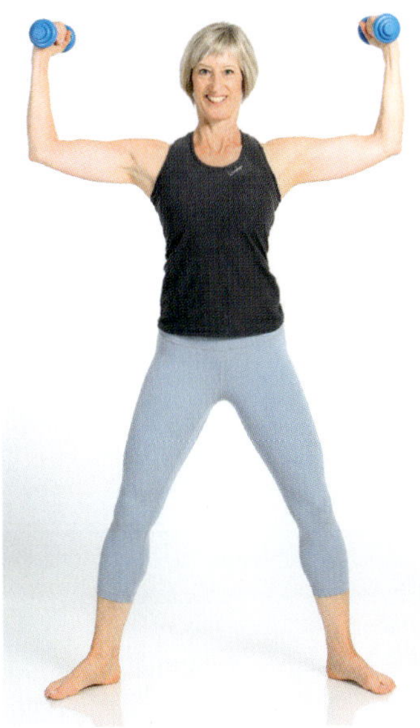

Ausgangsposition: Grätsche.

Übungsbeschreibung: Beide Arme leicht gebeugt zur Seite in Schulterhöhe ausstrecken. Nehmen Sie Gewichte (gefüllte Wasserflaschen, TOGU Brasils®, Hanteln, . . .) in beide Hände. Die Handflächen zeigen in Richtung Decke. Nun die Unterarme beugen und strecken.

Hinweis: Den Nacken entspannt halten.

Übungsdauer: 15-20 Wiederholungen der Übung ausführen. 2-3 Sätze absolvieren.

Kräftigung der Schultermuskulatur II

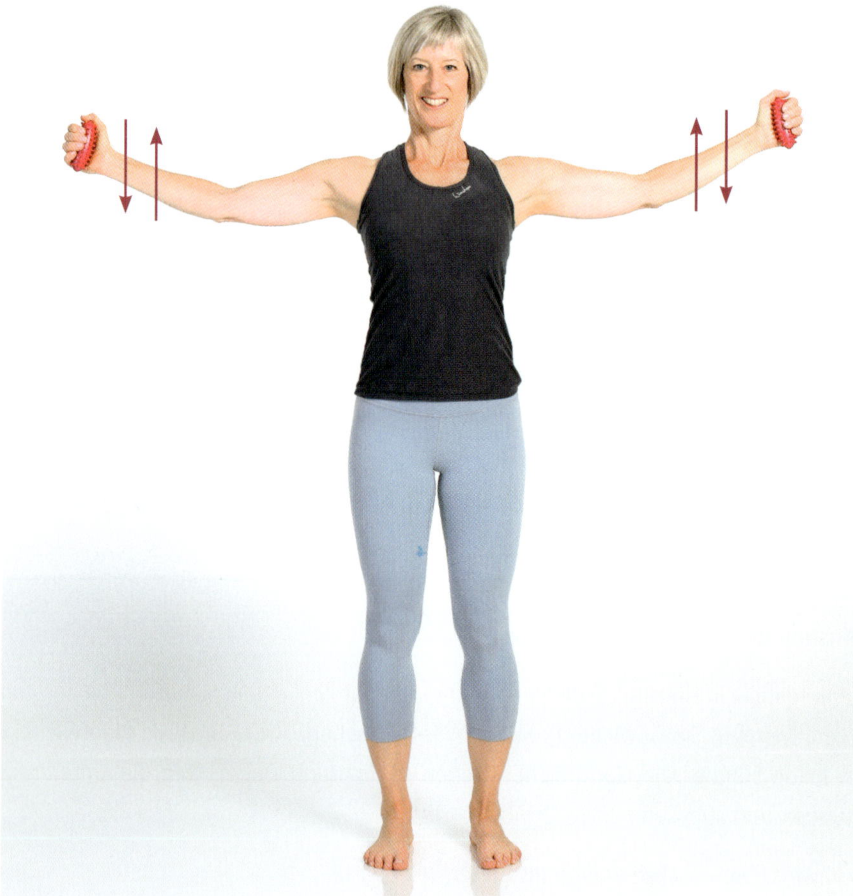

Ausgangsposition: Hüftbreiter Stand. Beide Arme leicht gebeugt zur Seite ausstrecken. Mit TOGU Brasils® den Daumen zur Decke richten, ohne TOGU Brasils® die Handflächen zum Boden zeigen lassen.

Übungsbeschreibung: Nun kleine, schnelle Hoch- und Tiefbewegungen ausführen.

Hinweis: Den Nacken entspannt halten.

Übungsdauer: Die Übung 30 Sekunden lang durchführen. 2-3 Sätze absolvieren.

Kräftigung der Schultermuskulatur III

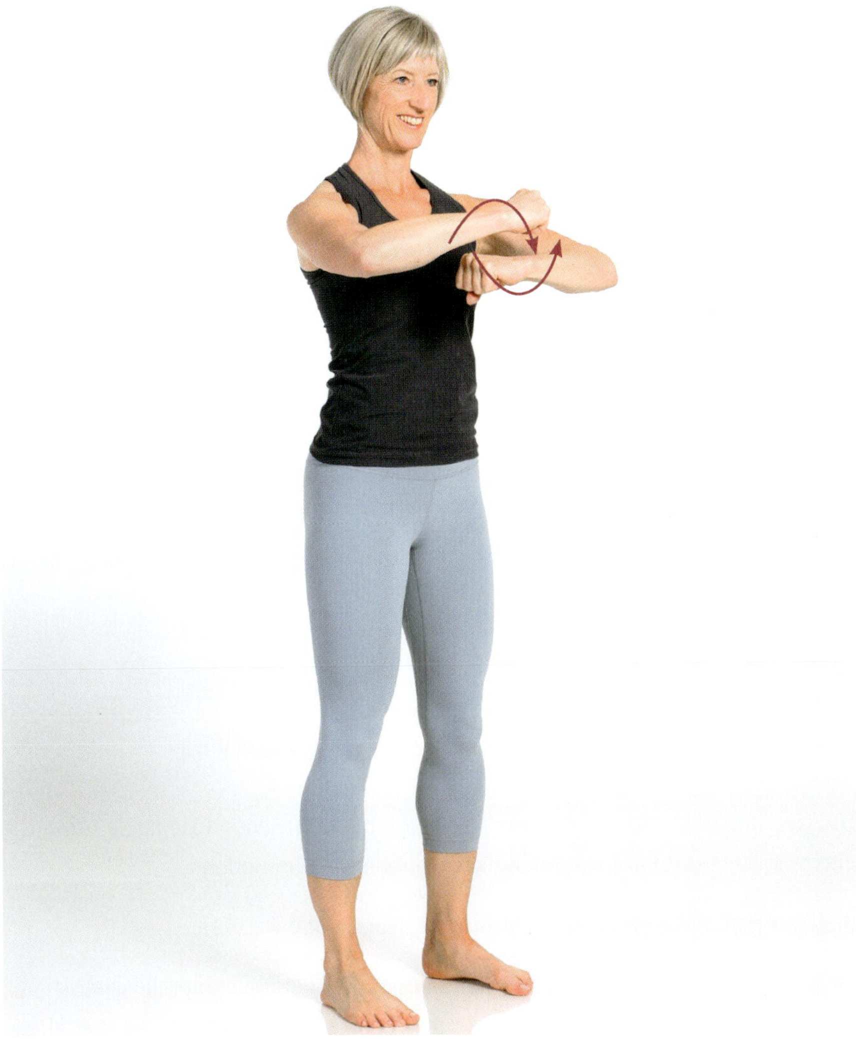

Ausgangsposition: Hüftbreiter Stand. Heben Sie beide Ellbogen zur Seite an.

Übungsbeschreibung: Die Hände nun schnell vor dem Brustbein umeinander kreisen lassen.

Hinweis: Die Schultern bleiben entspannt!

Übungsdauer: 30 Sekunden lang die Übung ausführen. 2-3 Sätze absolvieren.

Kräftigung des Trizeps (Armstrecker) I

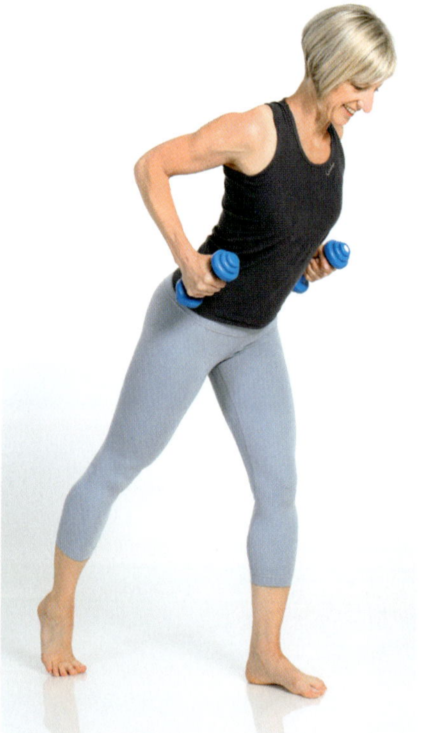

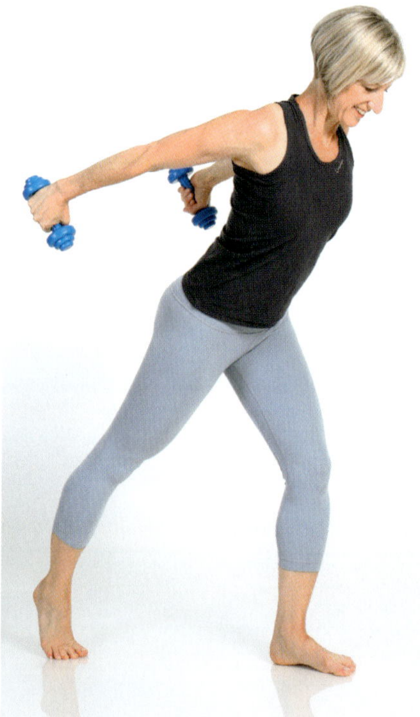

Ausgangsposition: Ausfallschritt mit gebeugten Knien. Beugen Sie beide Arme, die Oberarme befinden sich, wenn möglich, waagerecht zum Boden.

Übungsbeschreibung: Nun die Unterarme beugen und strecken.

Hinweise: Die Schultern entspannt halten und die Oberarme statisch halten!

Die Übung mit oder ohne Gewichte (wie hier mit TOGU Brasils® oder mit gefüllten Wasserflaschen) ausführen.

Übungsdauer: 15-20 Wiederholungen der Übung ausführen. 2-3 Sätze absolvieren.

Kräftigung des Bizeps II (Armbeuger)

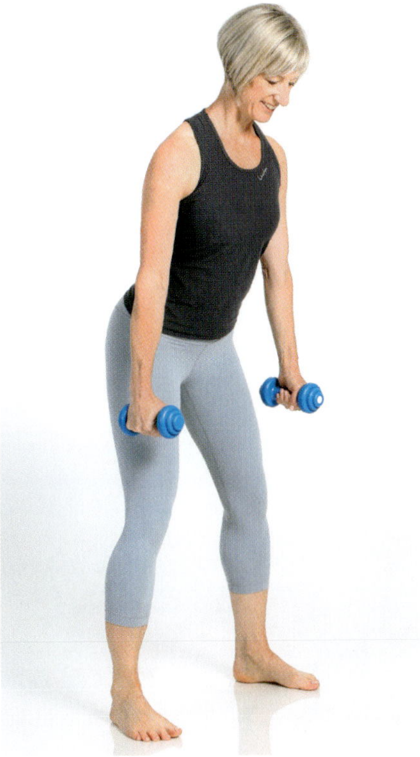

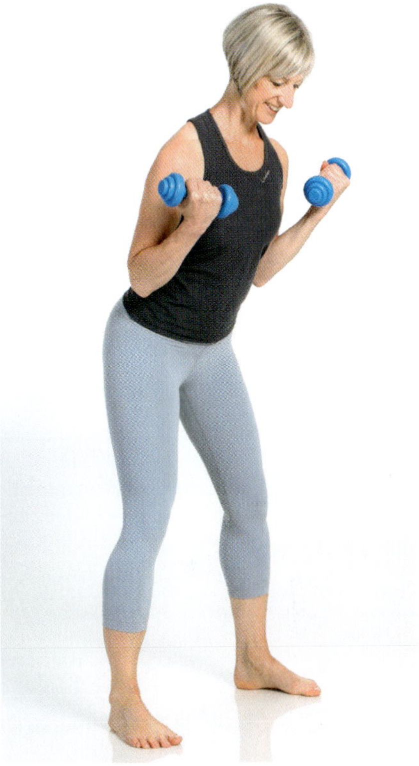

Ausgangsposition: Kleiner Grätschstand. Neigen Sie den Oberkörper etwas nach vorne, dabei den Rücken gerade halten.

Übungsbeschreibung: Nun beugen und strecken Sie die Arme.

Hinweise: Halten Sie dabei die Ellbogen am Körper.

Die Übung mit oder ohne Gewichte (wie hier mit TOGU Brasils® oder mit gefüllten Wasserflaschen) ausführen.

Übungsdauer: Je Seite 15-20 Wiederholungen der Übung ausführen. 2-3 Sätze absolvieren.

Kräftigung des Trizeps (Armstrecker) II

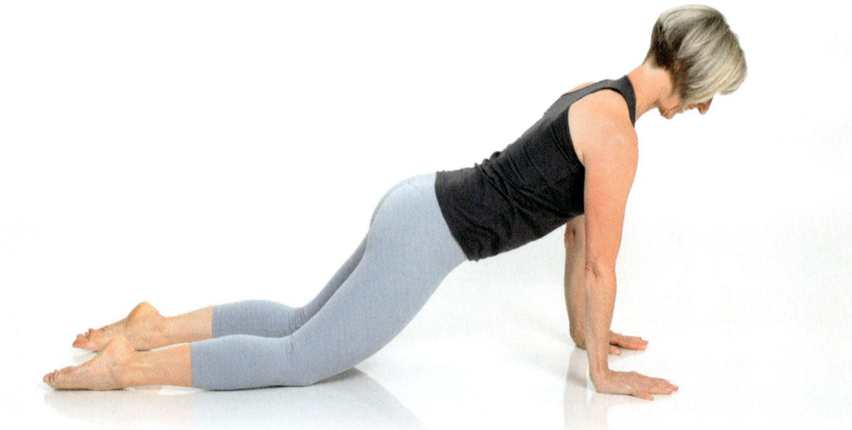

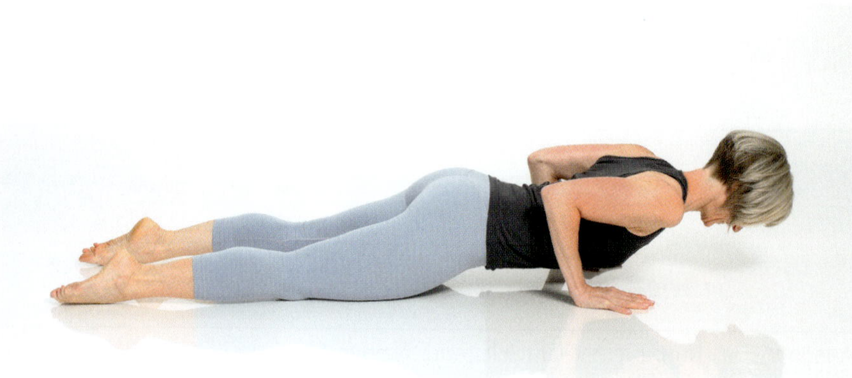

Ausgangsposition: Liegestützposition. Positionieren Sie Ihre Hände unter den Schultern. Der Oberkörper und die Oberschenkel bilden eine Linie.

Übungsbeschreibung: Nun das Brustbein in Richtung Boden absenken. Die Ellbogen nah am Körper entlangführen. Dann den Oberkörper wieder nach oben drücken in die Armstreckung.

Variation: Als Erschwerung die Knie vom Boden abheben beim Nach-unten-Ablegen, beim Nach-oben-Kommen die Knie wieder ablegen.

Übungsdauer: Je Seite 10-15 Wiederholungen der Übung ausführen. 2-3 Sätze absolvieren.

Kräftigung des Trizeps (Armstrecker) III

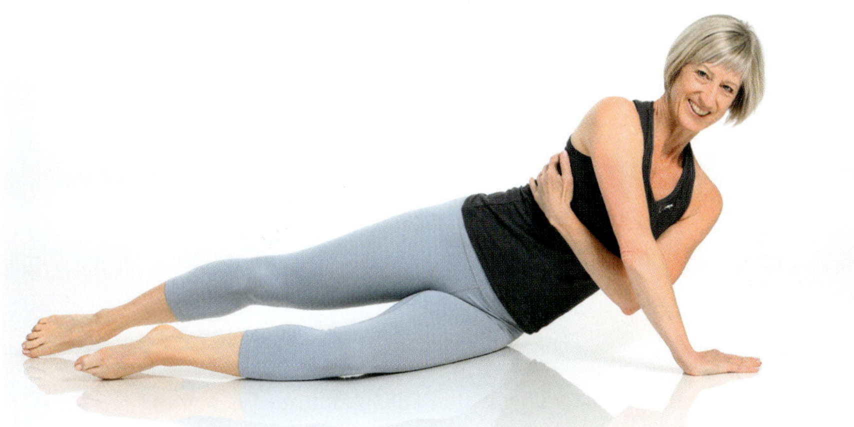

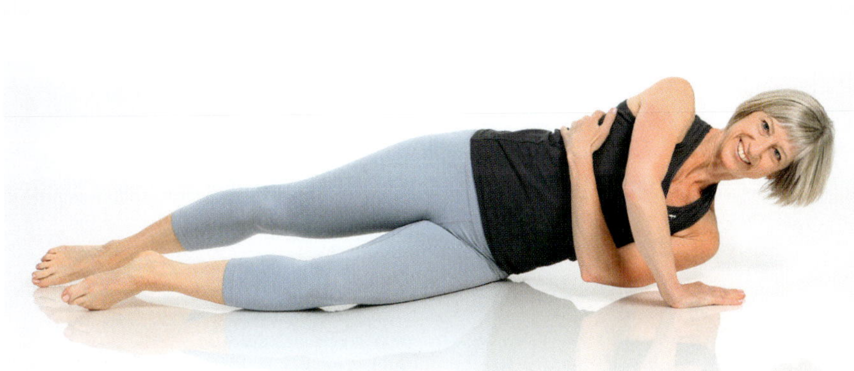

Ausgangsposition: Seitlage. Winkeln Sie beide Beine an und stützen Sie sich mit dem oberen Arm vor dem Körper ab. Der andere Arm umarmt den Oberkörper.

Übungsbeschreibung: Nun den Arm beugen und strecken.

Übungsdauer: 10-15 Wiederholungen der Übung ausführen. 2-3 Sätze absolvieren.

Kräftigung des Trizeps (Armstrecker) IV

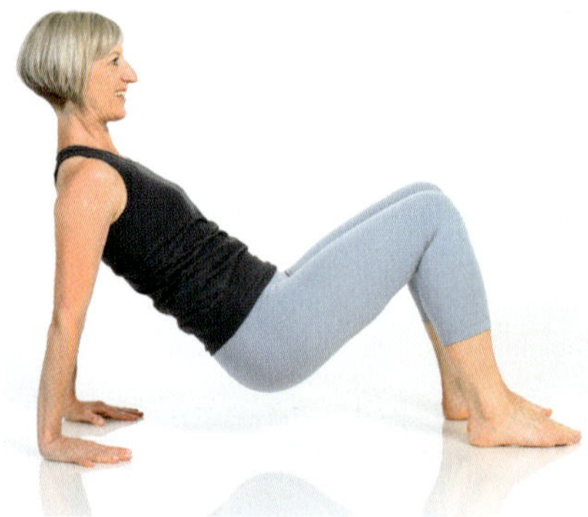

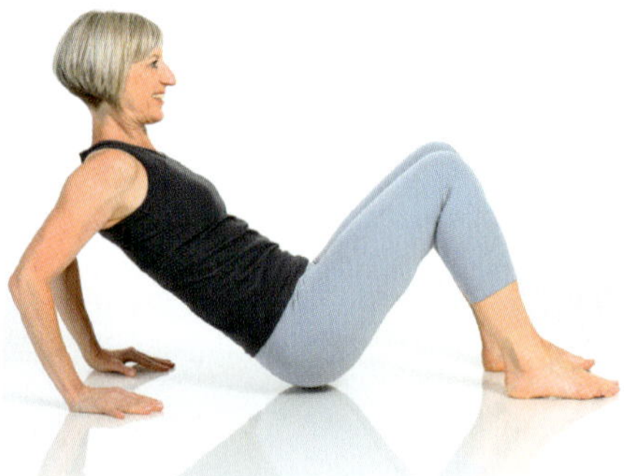

Ausgangsposition: Sitz mit aufgestellten Füßen. Stützen Sie sich mit beiden Händen hinter dem Körper ab. Die Fingerspitzen zeigen in Richtung Gesäß.

Übungsbeschreibung: Nun die Arme beugen und strecken.

Hinweis: Den Nacken entspannt halten, die Schultern tief ziehen!

Übungsdauer: 10-15 Wiederholungen der Übung durchführen. 2-3 Sätze absolvieren.

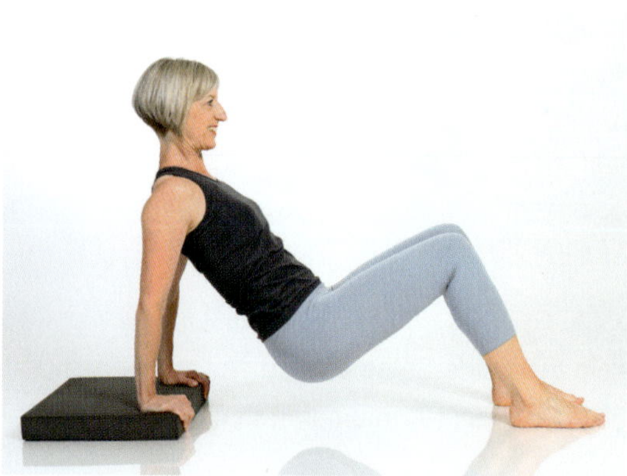

Variation: Als Erleichterung die Handballen auf dem Balance Pad abstützen.

5.5 Beweglichkeit und Dehnung

Das Training der Beweglichkeit ab 50 ist wichtig, um den Körper flexibel zu halten und die Beweglichkeit zu erhalten. Mit zunehmendem Alter kann der Körper an Elastizität und Flexibilität verlieren, was zu Einschränkungen in der Bewegungsfreiheit und zu Verletzungen führen kann. Das Training der Beweglichkeit unterstützt dabei, den Körper geschmeidig zu halten und das Risiko von Verletzungen zu reduzieren. Es kann auch helfen, die Gelenke gesund zu halten und die Körperhaltung zu verbessern.

Versuchen Sie, in die einzelnen Dehnpositionen „hineinzuschmelzen", das heißt, mit jedem Ausatmen weiter in die jeweilige Position zu sinken. Denken Sie daran, es gibt „nur" Ihren Weg, alles ist richtig.

Manche Menschen sind von Geburt an beweglicher als andere. Also orientieren Sie sich nicht an der Leistung anderer, sondern nehmen Sie sich selbst wahr.

Dehnung der Seitenlinie

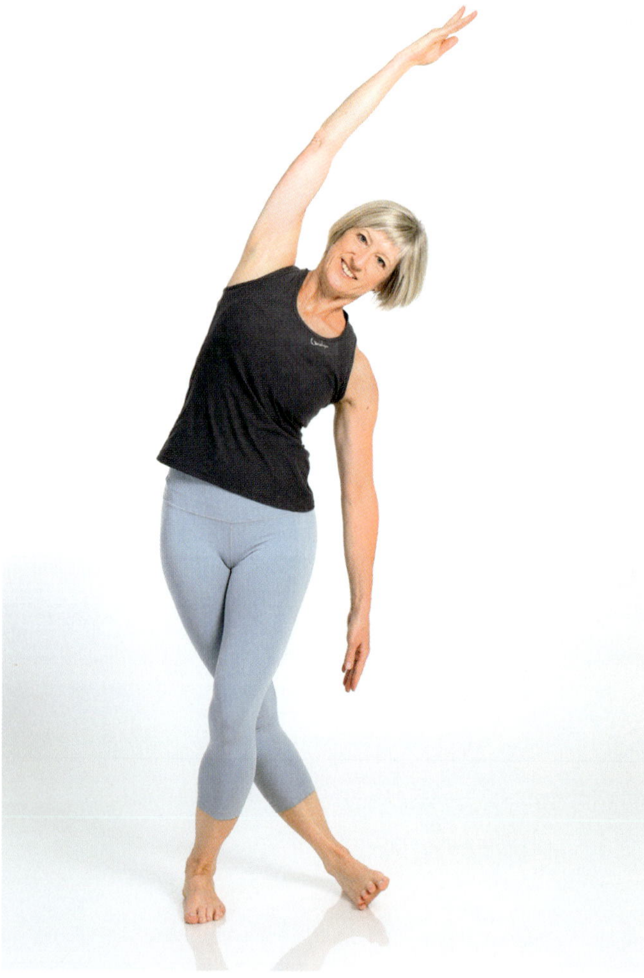

Ausgangsposition: Hüftbreiter Stand.

Übungsbeschreibung: Kreuzen Sie ein Bein hinter das andere Bein. Die Fußaußenkante aufstellen. Nun den Arm derselben Seite nach oben und zur Seite strecken.

Hinweis: Diese Position halten.

Übungsdauer: Je Seite 30 Sekunden lang in die Dehnung hineinschmelzen.

Dehnung der Brustmuskulatur

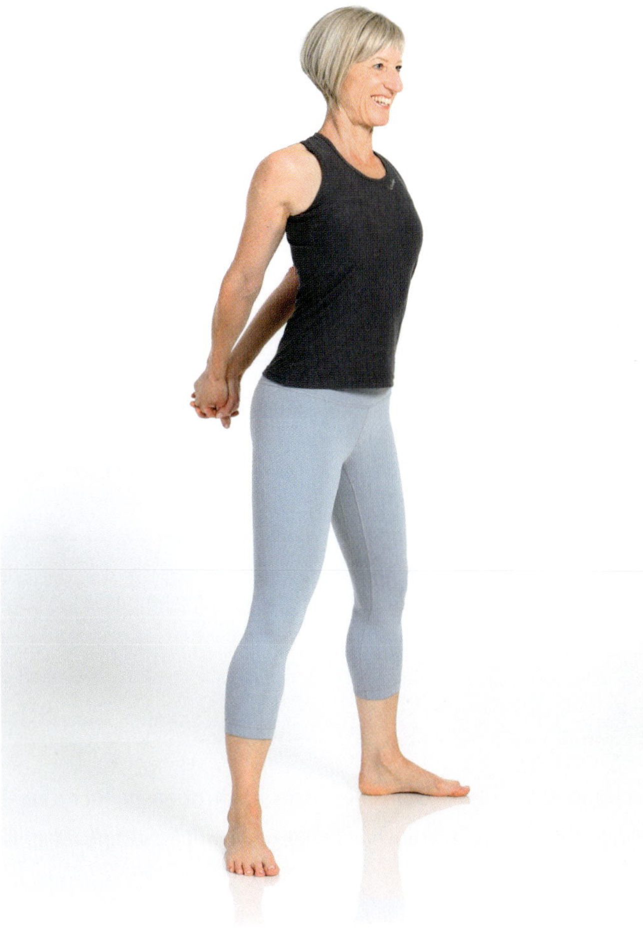

Ausgangsposition: Grätschstand.

Übungsbeschreibung: Fassen Sie beide Hände hinter dem Körper und ziehen Sie die Arme sanft nach hinten oben.

Hinweis: Das Brustbein gehoben halten.

Übungsdauer: Die Position 30 Sekunden lang halten.

Dehnung des Trizeps

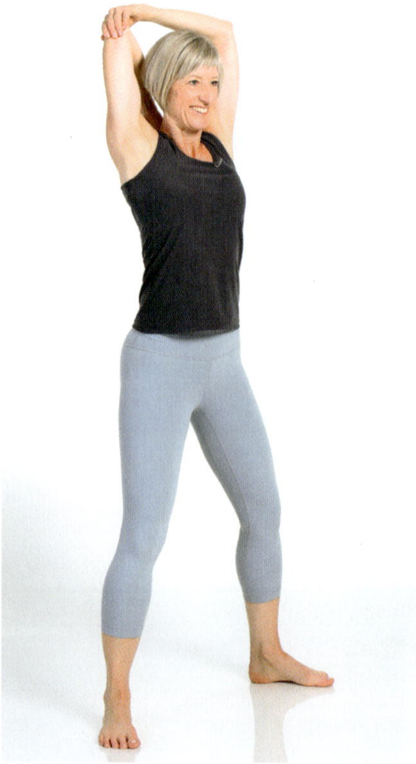

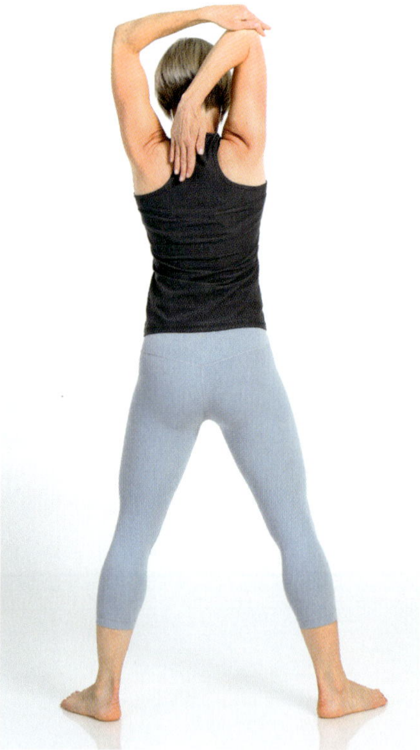

Ausgangsposition: Grätschstand.

Übungsbeschreibung: Führen Sie einen Arm nach oben in Richtung Decke und beugen Sie den Ellbogen. Die Hand dabei in Richtung Schulterblätter führen. Nun mit der anderen Hand sanft den Arm am Ellbogen in Richtung Gesäß schieben.

Übungsdauer: Je Seite die Position 30 Sekunden lang halten.

Dehnung der Schultermuskulatur

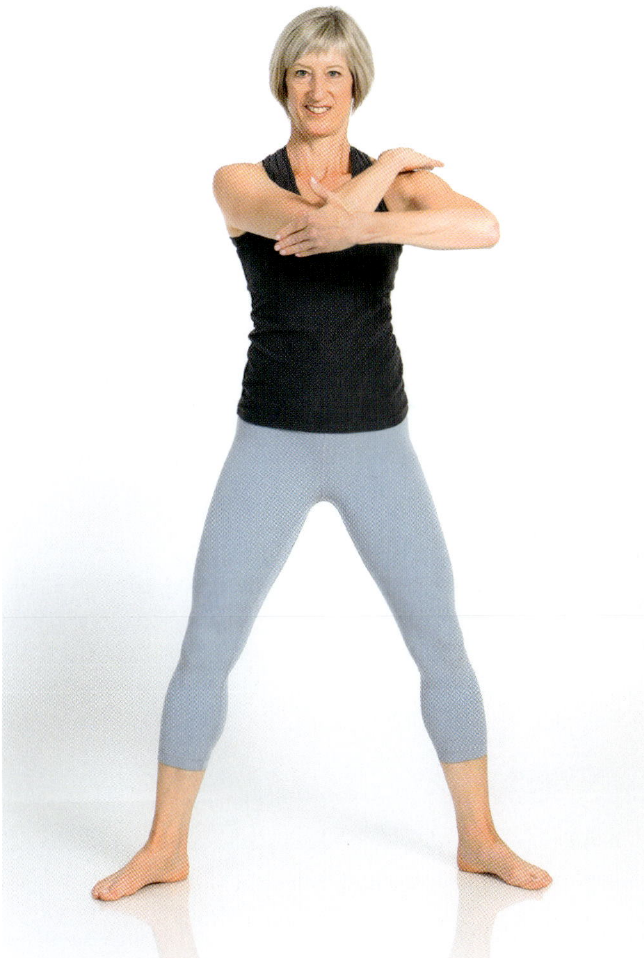

Ausgangsposition: Grätschstand

Übungsbeschreibung: Führen Sie eine Hand auf die gegenüberliegende Schulter. Nun mit der anderen Hand sanft den Ellbogen/Oberarm fassen und die Hand über die Schulter schieben.

Hinweis: Die Schultern tief halten.

Übungsdauer: Je Seite die Position 30 Sekunden lang halten.

Dehnung der Wadenmuskulatur

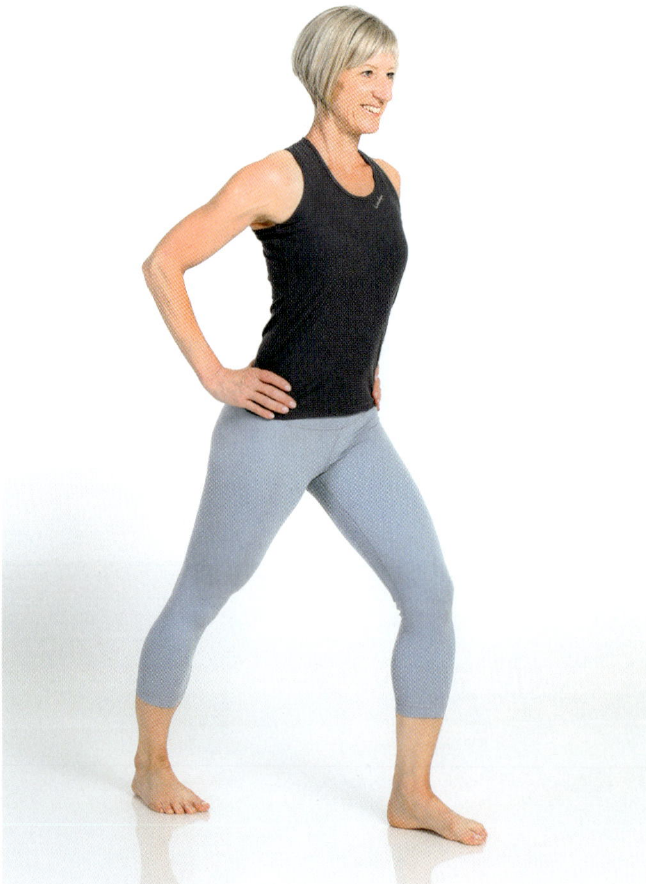

Ausgangsposition: Ausfallschritt.

Übungsbeschreibung: Beugen Sie das vordere Knie und strecken Sie das hintere Knie. Beide Fußspitzen zeigen in eine Richtung.

Hinweis: Den Oberkörper aufgerichtet halten.

Übungsdauer: Je Seite die Position 30 Sekunden lang halten.

Dehnung des Schollenmuskels

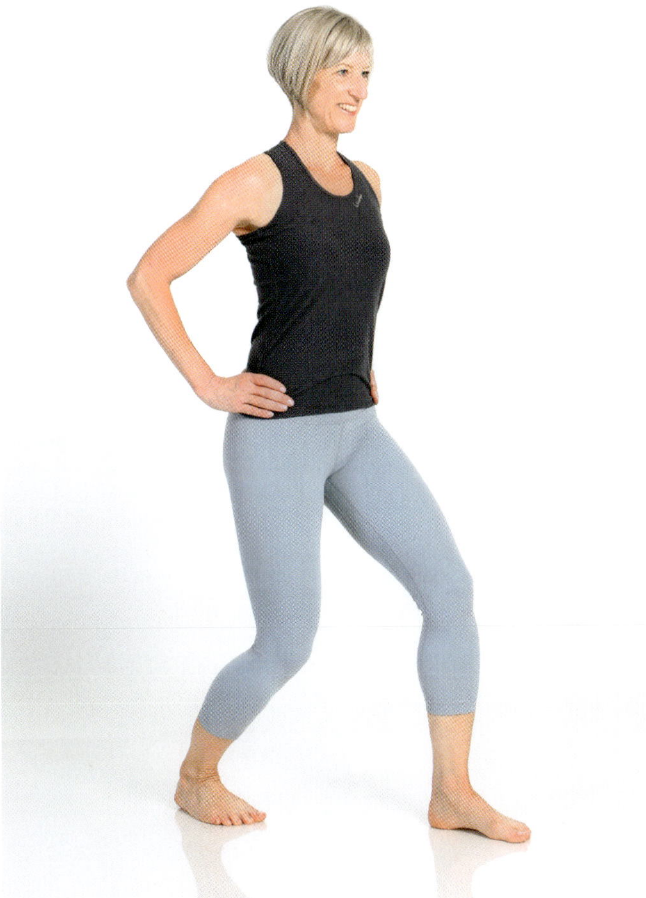

Ausgangsposition: Ausfallschritt.

Übungsbeschreibung: Beugen Sie das vordere Knie und strecken Sie das hintere Knie. Beide Fußspitzen zeigen in eine Richtung. Nun das hintere Knie etwas beugen.

Hinweise: Die Ferse bleibt dabei am Boden. Den Oberkörper aufgerichtet halten.

Übungsdauer: Je Seite die Position 30 Sekunden lang halten.

Dehnung der Oberschenkelvorderseite und des Hüftbeugemuskels

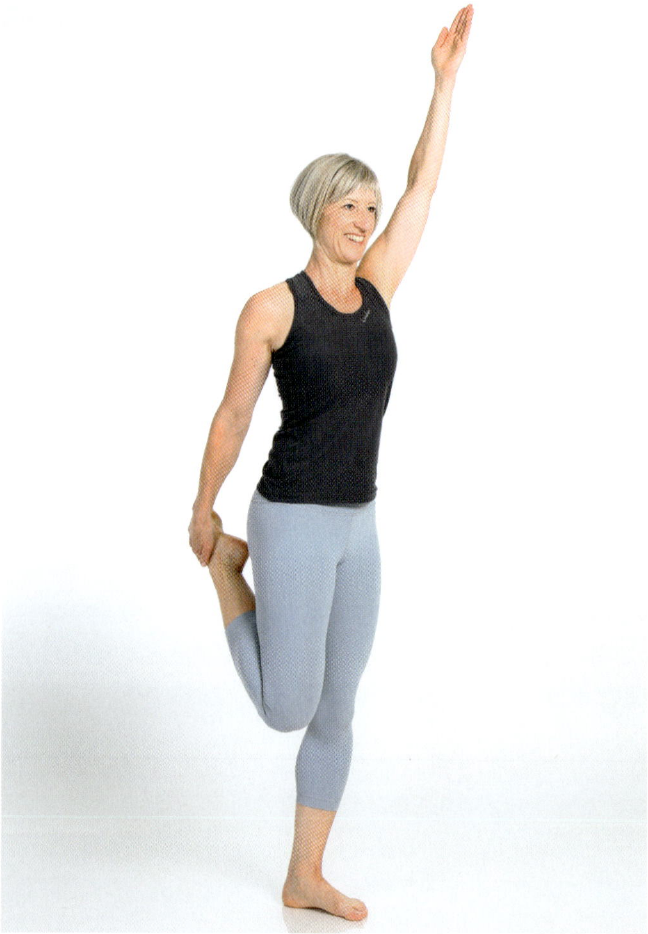

Ausgangsposition: Aufrechter Stand.

Übungsbeschreibung: Fassen Sie ein Bein am Fußgelenk oder Fußrücken und ziehen Sie den Unterschenkel nach hinten oben.

Hinweise: Die Knie bleiben auf einer Höhe. Nun den Fuß in die Hand drücken und das Gesäß anspannen.

Übungsdauer: Je Bein die Position circa 30 Sekunden lang halten.

Dehnung der Bauchmuskulatur und der Hüftbeugemuskulatur

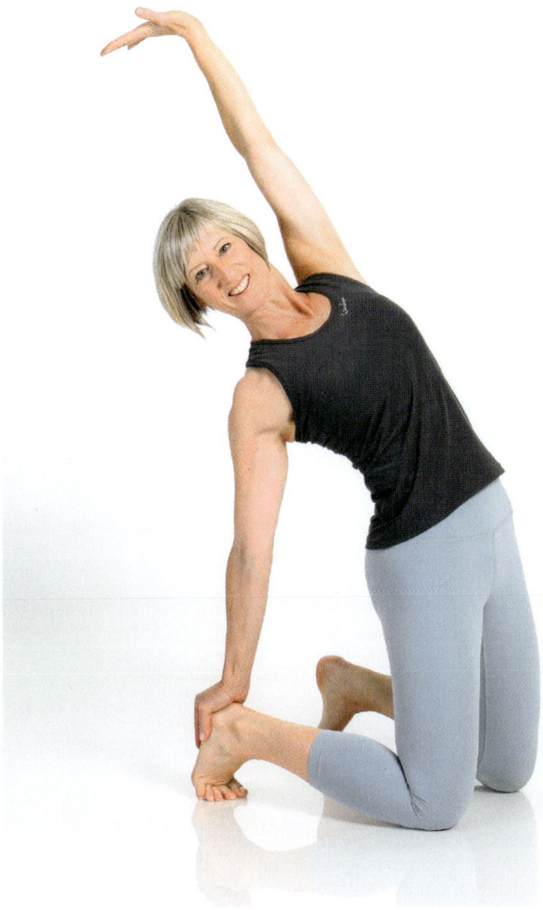

Ausgangsposition: Kniestand mit aufgestellten Fußspitzen. Halten Sie sich mit einer Hand an der Ferse fest. Die andere Hand in Richtung Decke strecken.

Übungsbeschreibung: Nun das Becken so weit wie möglich nach vorne schieben, die Handfläche schiebt zur Decke. Das Gesäß anspannen!

Übungsdauer: Je Seite diese Position circa 30 Sekunden lang halten und in die Dehnung „hineinschmelzen".

Dehnung des Hüftbeugemuskels I

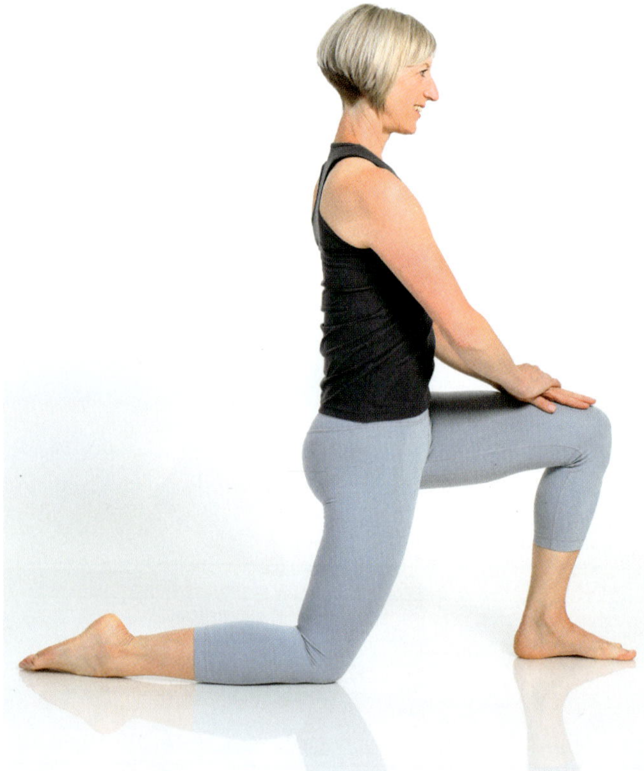

Ausgangsposition: Kniestand mit einem nach vorne aufgestellten Bein. Platzieren Sie das hintere Knie senkrecht unter dem Hüftgelenk, das vordere Knie senkrecht über der Ferse. Den Oberkörper aufrichten.

Übungsbeschreibung: Nun das Gesäß anspannen und das Becken sanft nach vorne schieben.

Übungsdauer: Je Seite diese Position circa 30 Sekunden lang halten und in die Dehnung „hineinschmelzen".

Dehnung der Oberschenkelvorderseite und des Hüftbeugemuskels

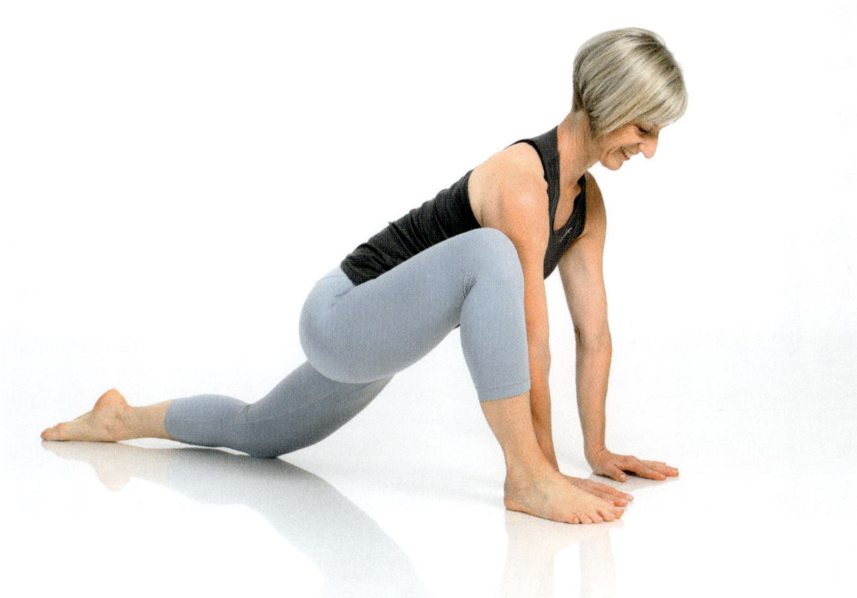

Ausgangsposition: Ausfallschritt mit abgelegtem Knie. Platzieren Sie das vordere Knie senkrecht über der Ferse. Die Hände neben dem Fuß abstützen.

Übungsbeschreibung: Nun das Becken sanft nach vorne schieben.

Übungsdauer: Auf beiden Seiten diese Position circa 30 Sekunden lang halten und in die Dehnung „hineinschmelzen".

Zusätzliche Hüftmobilisation

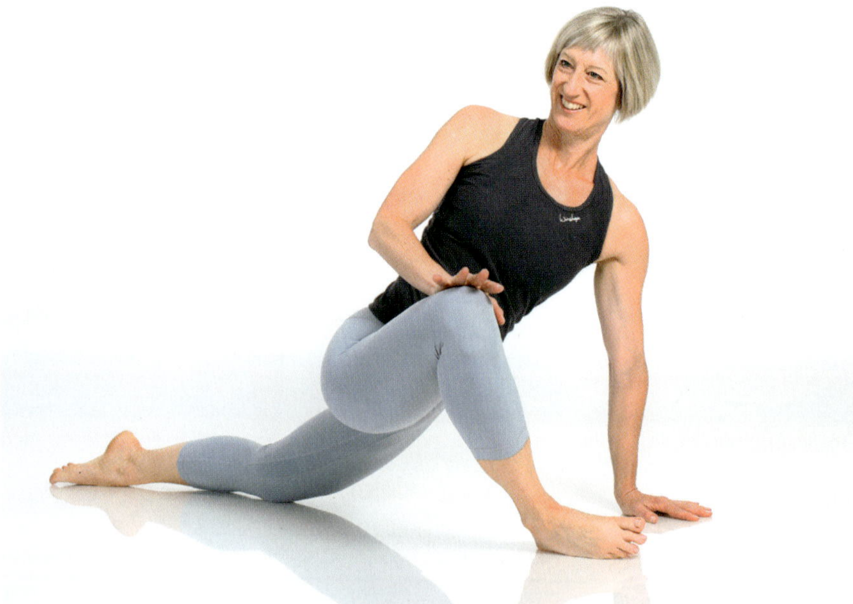

Variation: Als Erweiterung der Übung den vorderen Fuß auf die Außenkante kippen und das Knie sanft nach außen drücken.

Hinweis: Drehen Sie dabei den Oberkörper etwas zur Seite auf.

Übungsdauer: Auf beiden Seiten diese Position circa 30 Sekunden lang halten und in die Dehnung „hineinschmelzen".

Dehnung der Bauch-, Rückenmuskulatur, der Oberschenkelvorderseite und des Hüftbeugemuskels

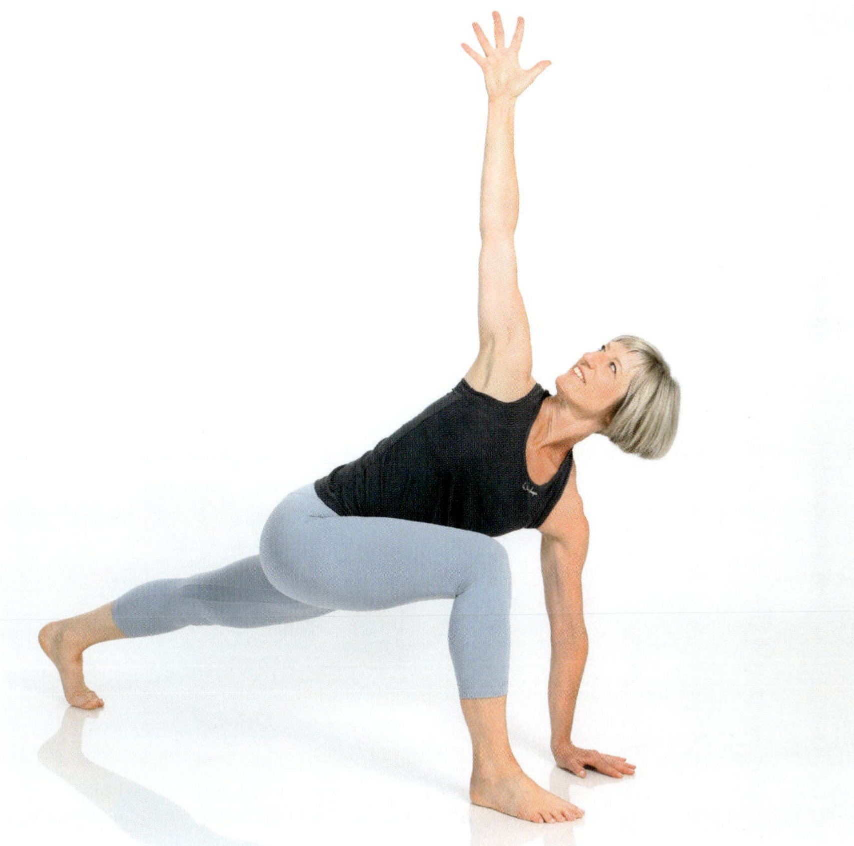

Ausgangsposition: Ausfallschritt. Strecken Sie das hintere Bein und platzieren Sie das vordere Knie über der Ferse. Eine Hand innen neben dem Fuß abstützen, die andere Hand in Richtung Decke strecken.

Übungsbeschreibung: Sich zum vorderen Bein drehen und den Blick in Richtung Decke richten.

Übungsdauer: Auf beiden Seiten diese Position circa 30 Sekunden lang halten und in die Dehnung „hineinschmelzen".

Dehnung der Brustmuskulatur und des Hüftbeugemuskels

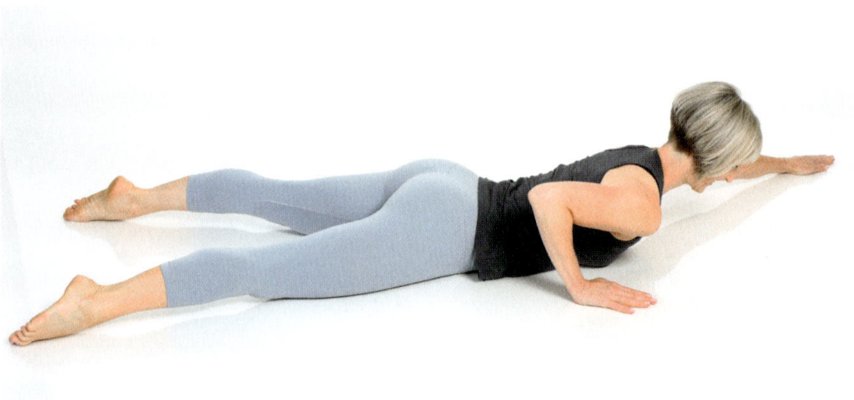

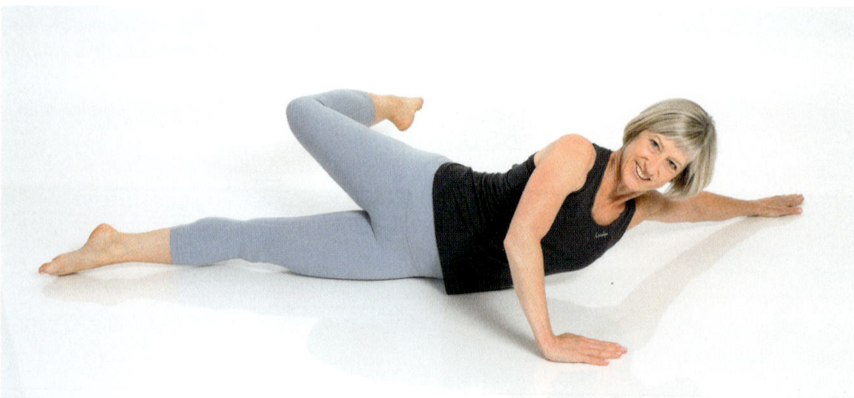

Ausgangsposition: Bauchlage. Stellen Sie eine Hand nah an die Schulter, den anderen Arm diagonal nach oben ablegen.

Übungsbeschreibung: Nun beugen Sie ein Bein und versuchen, weit über das andere Bein zu tippen. Dabei drückt die Hand den Körper zur Seite. So weit, bis Sie eine Dehnung in der Schulter- und Brustmuskultur wahrnehmen.

Hinweis: Variieren Sie die Höhe des diagonal abgelegten Arms.

Übungsdauer: Auf beiden Seiten diese Position jeweils 30 Sekunden lang halten.

Dehnung des unteren Rückens und der Oberschenkelinnenseiten

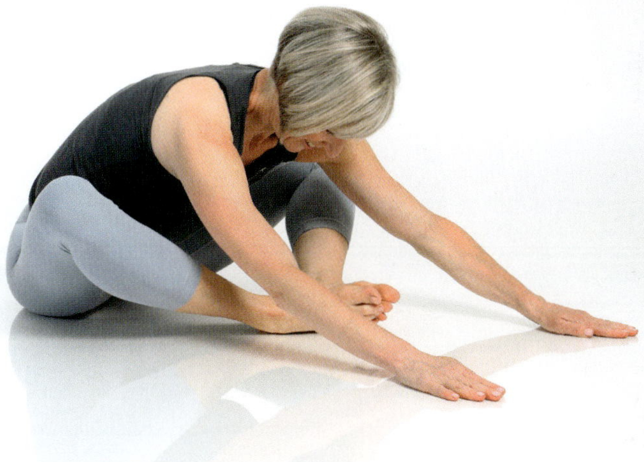

Ausgangsposition: Sitz mit geöffneten Knien und geschlossenen Fußsohlen.

Übungsbeschreibung: Neigen Sie nun Ihren Oberkörper so weit wie möglich nach vorne. Die Arme nach vorne ausstrecken.

Übungsdauer: Diese Position 30 Sekunden lang halten und in die Dehnung „hineinschmelzen".

Dehnung der Gesäß-, Rücken- und Bauchmuskulatur

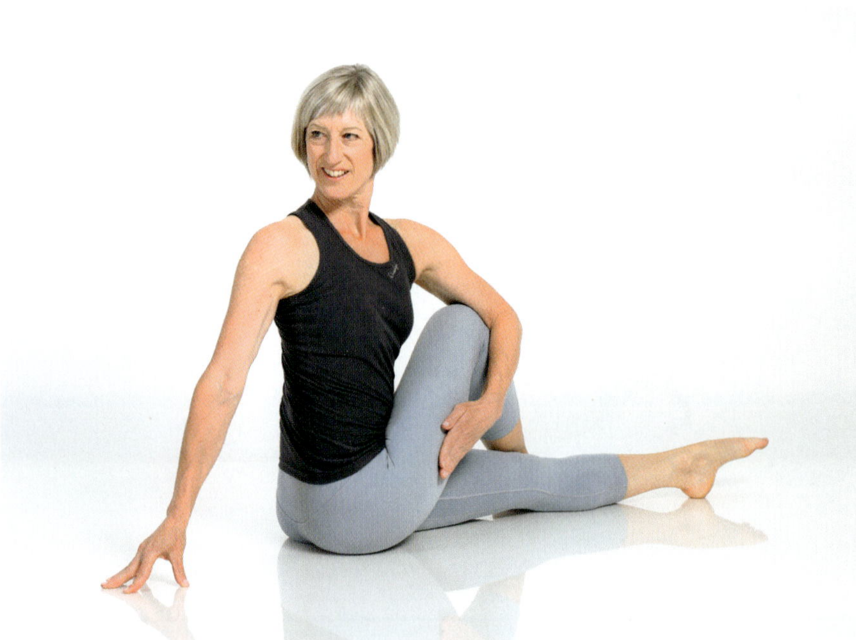

Ausgangsposition: Sitz mit gestreckten Beinen.

Übungsbeschreibung: Kreuzen Sie ein Bein über das andere. Nun fassen Sie den Oberschenkel mit der gegenüberliegenden Hand (oder mit dem Unterarm) und drehen den Oberkörper so weit wie möglich nach hinten. Die hintere Hand stützt sich am Boden ab.

Hinweise: Den Rücken dabei gerade halten!
Der Blick folgt der Bewegung.

Übungsdauer: Auf beiden Seiten diese Position jeweils 30 Sekunden lang halten und in die Dehnung „hineinschmelzen".

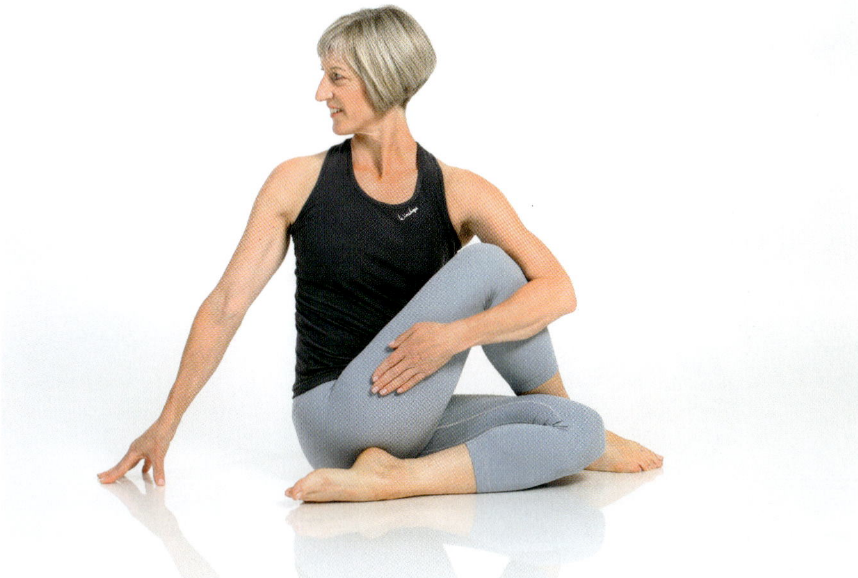

Variation: Als Steigerung das untere Bein anwinkeln.

Hinweis: Dabei auf beiden Sitzbeinhöckern sitzen!

Dehnung des unteren Rückens

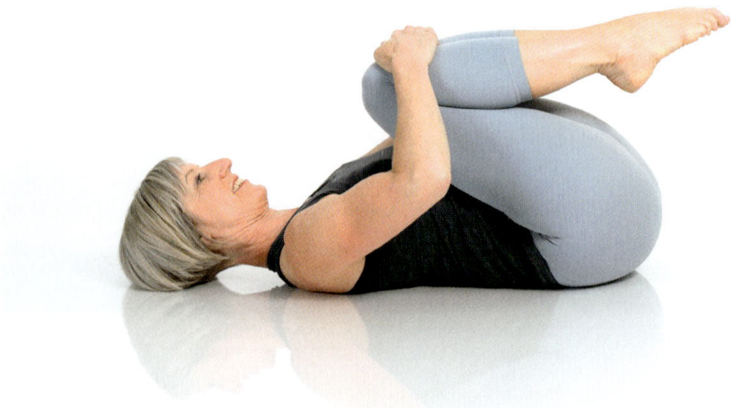

Ausgangsposition: Rückenlage mit angezogenen Beinen.

Übungsbeschreibung: Fassen Sie nun die Beine knapp unterhalb der Knie und ziehen Sie sie sanft in Richtung Brust, dann wieder lösen.

Übungsdauer: 20-30 Wiederholungen durchführen.

Dehnung des Hüftbeugemuskels II

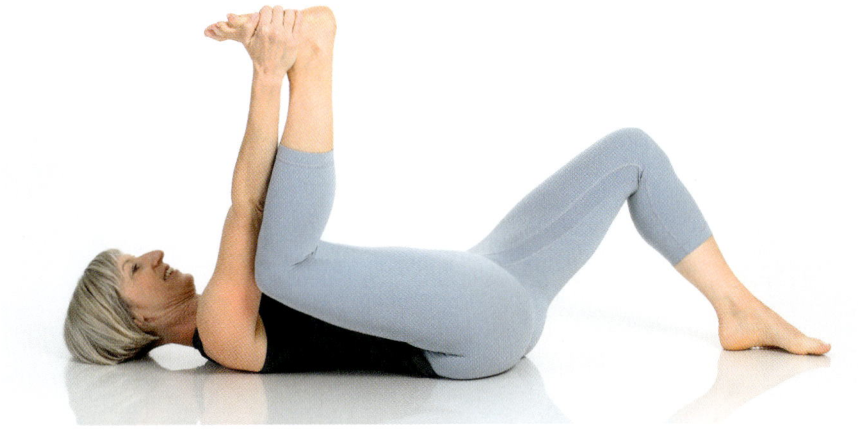

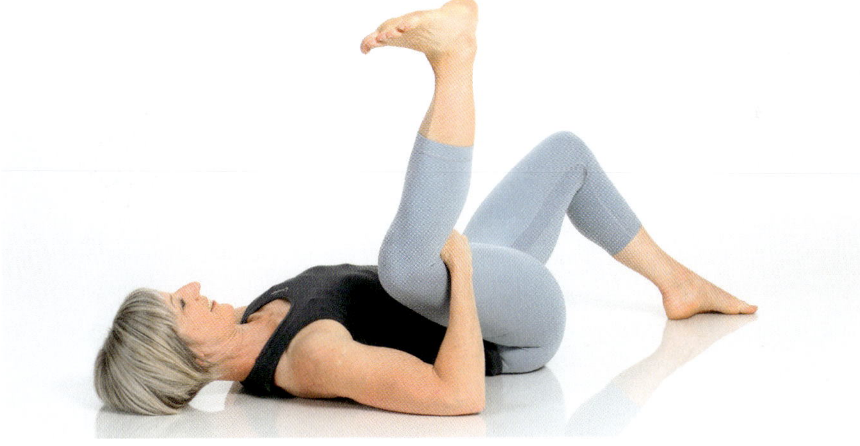

Ausgangsposition: Rückenlage mit aufgestellten Beinen.

Übungsbeschreibung: Fassen Sie ein Bein an der Fußaußenkante (oder am Oberschenkel, siehe Bild 2) und ziehen Sie das Knie neben Ihrem Körper in Richtung Boden.

Hinweis: Das Becken dabei stabil halten!

Übungsdauer: Auf beiden Seiten jeweils 30 Sekunden lang halten und in die Dehnung „hineinschmelzen".

Dehnung der Rücken-, Bauch-, Gesäß- und Brustmuskulatur

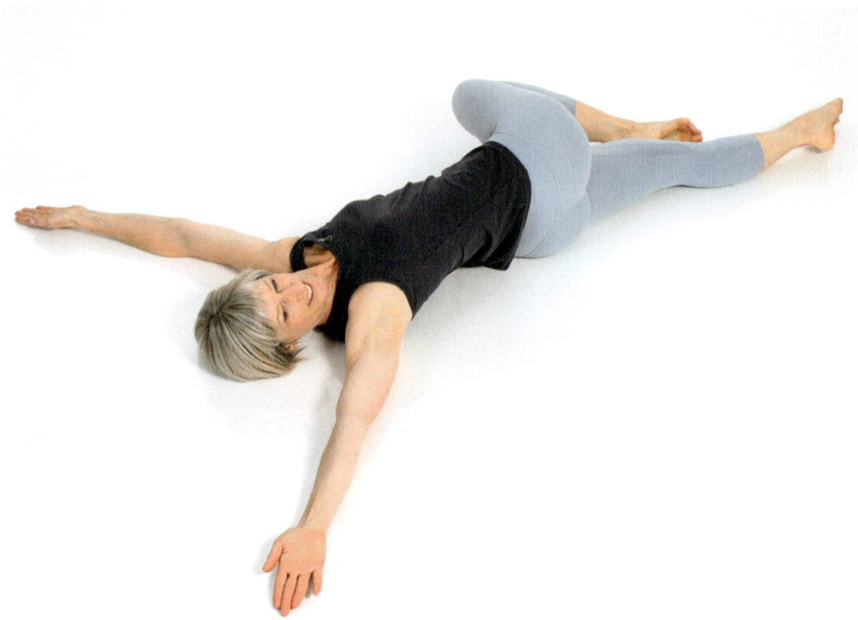

Ausgangsposition: Rückenlage mit aufgestellten Beinen. Stellen Sie zum Beispiel das rechte Bein auf und heben Sie das Becken an.

Übungsbeschreibung: Nun mit dem Becken ein kleines Stück nach rechts rutschen und es dann wieder ablegen. Dann das rechte Knie über das linke fallen lassen. Die Arme zur Seite ausbreiten.

Hinweise: Die Schultern bleiben am Boden! Den Kopf zur Gegenseite drehen.

Übungsdauer: Auf beiden Seiten jeweils 30 Sekunden lang halten und in die Dehnung „hineinschmelzen".

Entspannung des Beckenbodens und Dehnung der Oberschenkelinnenseiten

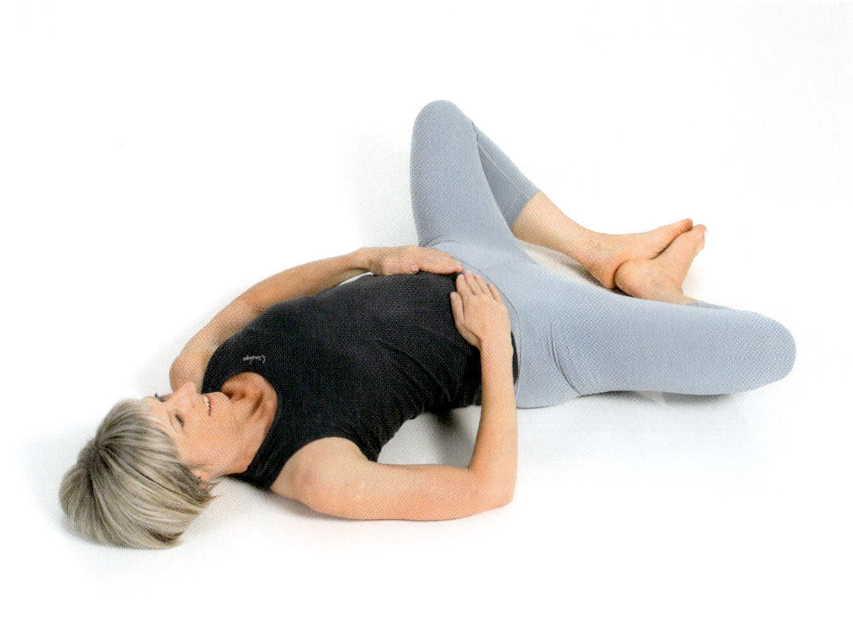

Ausgangsposition: Rückenlage mit aufgestellten Beinen.

Übungsbeschreibung: Lassen Sie nun die Knie locker nach außen fallen, die Fußsohlen schließen. Die Arme auf dem Unterbauch oder entspannt neben dem Körper ablegen.

Übungsdauer: Diese Position eine Minute lang halten.

Dehnung der Körperrückseite

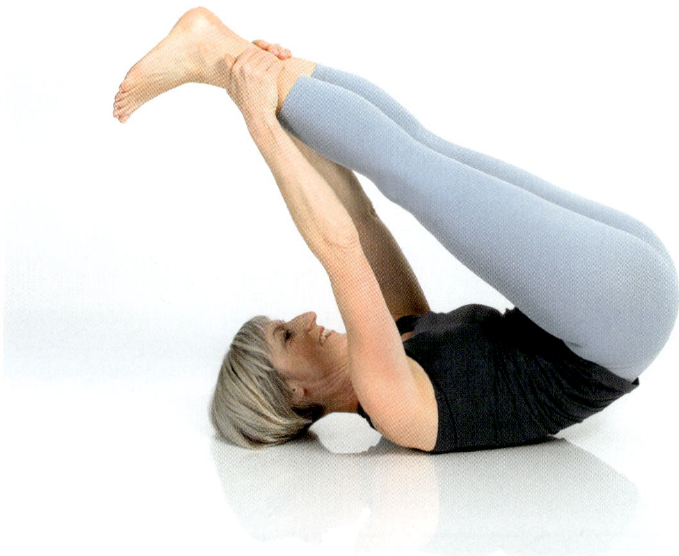

Ausgangsposition: Rückenlage mit angehobenen Beinen.

Übungsbeschreibung: Strecken Sie beide Beine in Richtung Decke. Die Fußspitzen anziehen. Nun fassen Sie die Unterschenkel und ziehen die Beine in Richtung Kopf.

Hinweis: Dabei das Becken etwas vom Boden abheben.

Übungsdauer: Diese Position 30 Sekunden lang halten und in die Dehnung „hineinschmelzen".

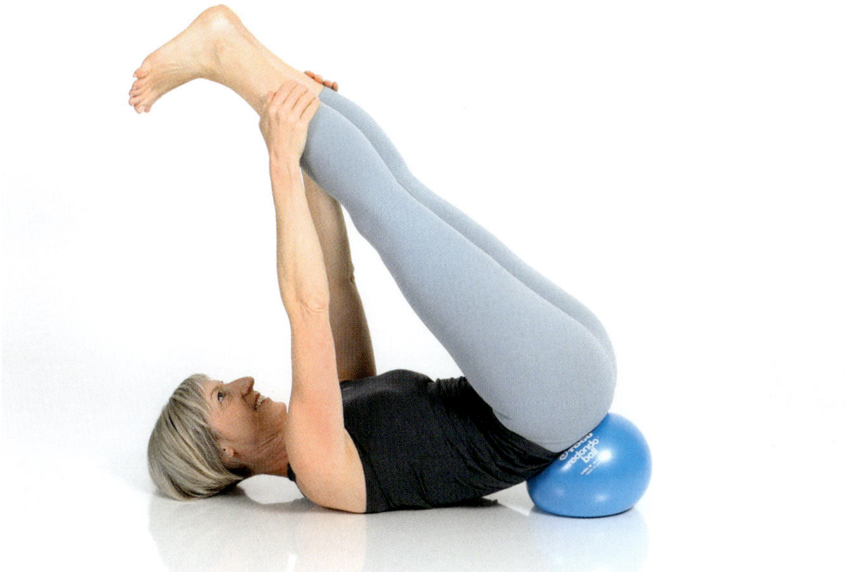

Variation: Als Unterstützung den Redondo® Ball unter den unteren Rücken legen.

Entspannung und Dehnung der Bauchmuskulatur

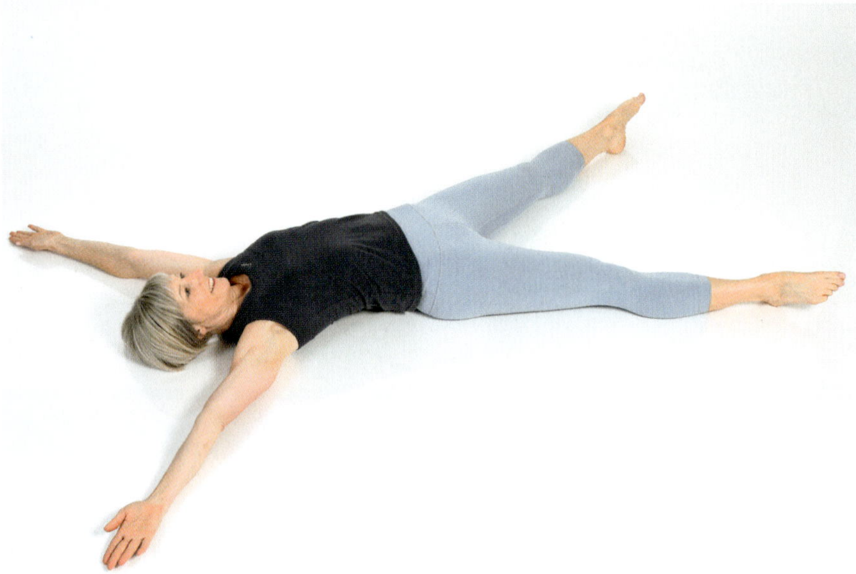

Ausgangsposition: Rückenlage.

Übungsbeschreibung: Öffnen Sie die Arme und Beine in ein großes X. Dehnen und strecken Sie sich in alle Richtungen.

Übungsdauer: Diese Position circa eine Minute lang halten.

Dehnung des unteren Rückens, Entspannung

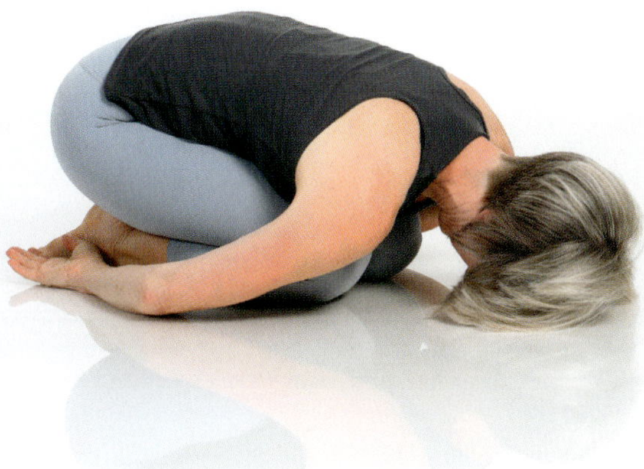

Ausgangsposition: Kniestand.

Übungsbeschreibung: Legen Sie den Kopf nach vorne auf dem Boden ab, die Arme liegen entspannt neben dem Körper.

Übungsdauer: Diese Position eine Minute lang halten.

Dehnung des Nackens

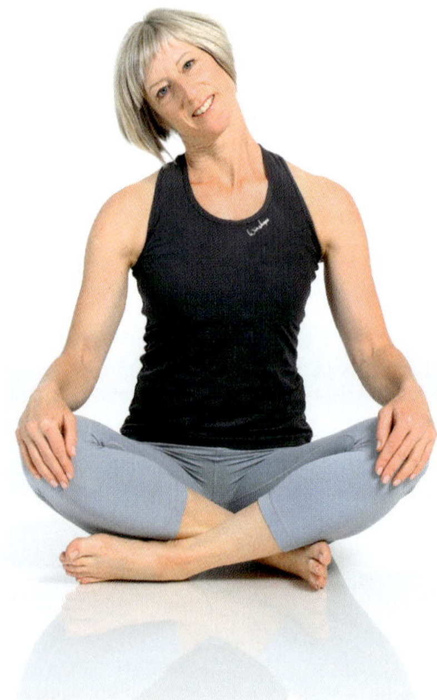
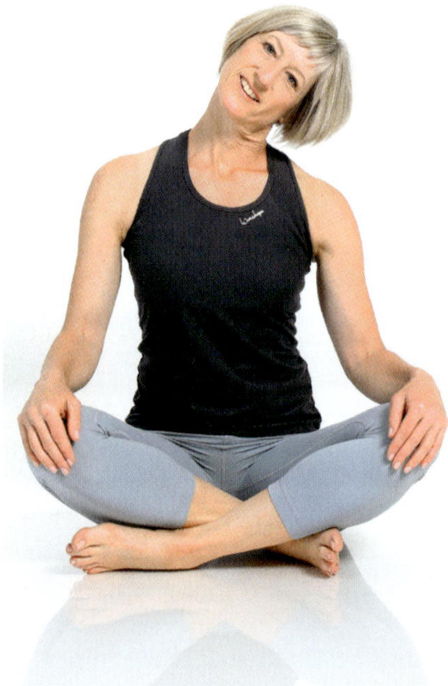

Ausgangsposition: Sitz oder Stand.

Übungsbeschreibung: Neigen Sie den Kopf in Richtung Schulter. Lassen Sie dabei den Blick nach vorne gerichtet.

Hinweis: Die Schultern fallen entspannt nach unten!

Übungsdauer: Auf beiden Seiten diese Position 30 Sekunden lang halten und in die Seitneigung „hineinschmelzen".

5.6 Entspannung und Wahrnehmung

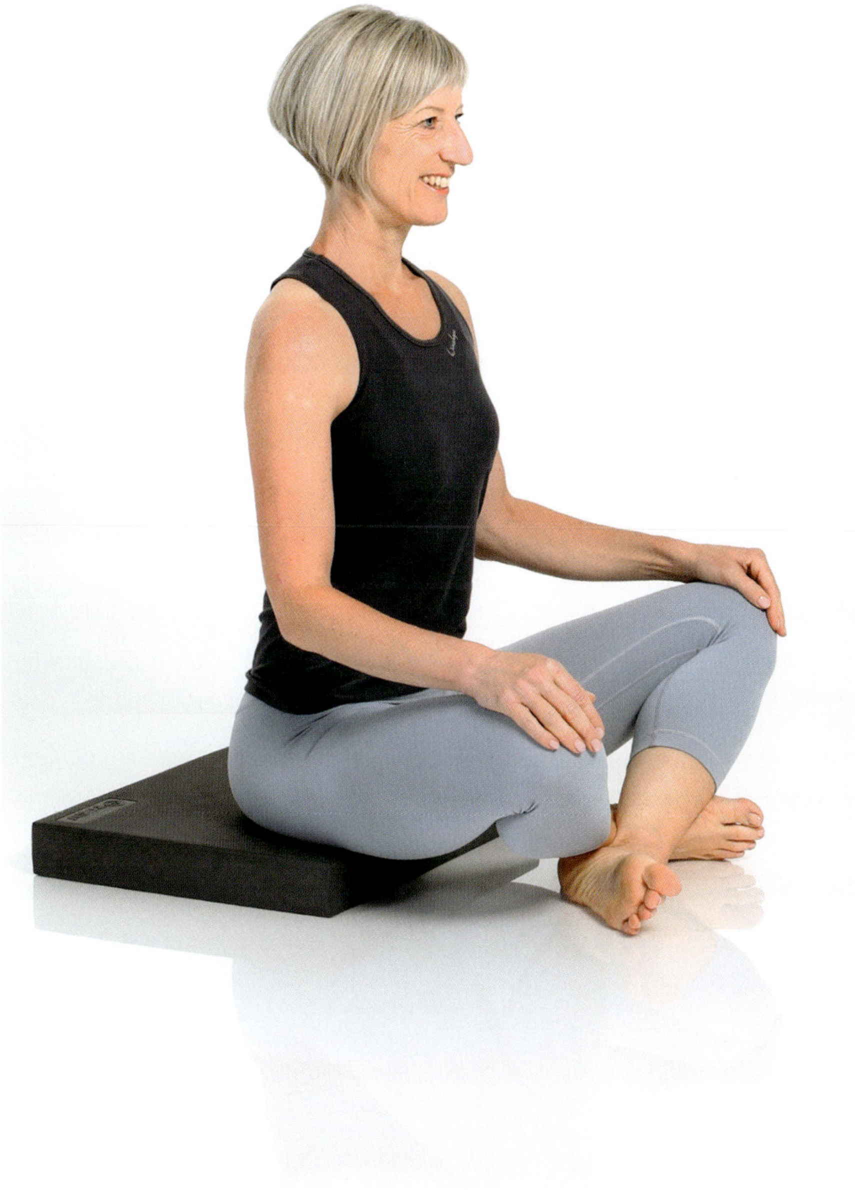

Entspannung ist ein wichtiger Bestandteil eines gesunden Lebensstils. Während unser Körper im Alter immer weniger Energie hat, kann Entspannung helfen, unseren Körper und Geist zu revitalisieren und die Gesundheit zu erhalten.

Regelmäßige Entspannungseinheiten, ob kurz oder lang, helfen, Stress abzubauen. Im Alter können stressige Situationen und Ereignisse häufiger auftreten, wie zum Beispiel körperliche Beschwerden oder familiäre Veränderungen. Auch die altersbedingten reduzierten Sinne verursachen Stress, wie zum Beispiel schlechteres Sehen oder Hören.

Wenn der Körper über längere Zeit Stress ausgesetzt ist, kann dies zu einer Verschlechterung der Gesundheit führen und das Risiko für chronische Erkrankungen wie Bluthochdruck, Diabetes und Herzerkrankungen erhöhen.

Eine weitere wichtige Funktion von Entspannung ist die Erholung des Körpers. Wenn wir älter werden, benötigt unser Körper mehr Zeit zur Erholung und Regeneration. Entspannungsübungen, wie zum Beispiel Entspannungsgeschichten oder Atemübungen, können helfen, den Körper zu beruhigen und die Regeneration zu unterstützen. Dadurch können wir uns schneller erholen und fühlen uns energiegeladener.

Entspannung kann auch dazu beitragen, Schmerzen und Beschwerden im Alter zu lindern. Viele ältere Menschen leiden an chronischen Schmerzen, wie z. B. Arthritis oder Rückenschmerzen. Entspannungsübungen können dazu beitragen, die Schmerzen zu lindern, indem sie die Muskeln und Faszien lockern, die Durchblutung verbessern und die Eigenwahrnehmung schulen.

Neben den körperlichen Vorteilen kann Entspannung auch dazu beitragen, die geistige Gesundheit zu verbessern. Ältere Menschen können zum Beispiel in den Wechseljahren häufiger unter Angstzuständen, Depressionen und Schlafstörungen leiden.

Entspannungsübungen helfen, diese Symptome zu reduzieren und das Wohlbefinden zu steigern.

Aktivieren der Rezeptoren innerhalb des Bindegewebes

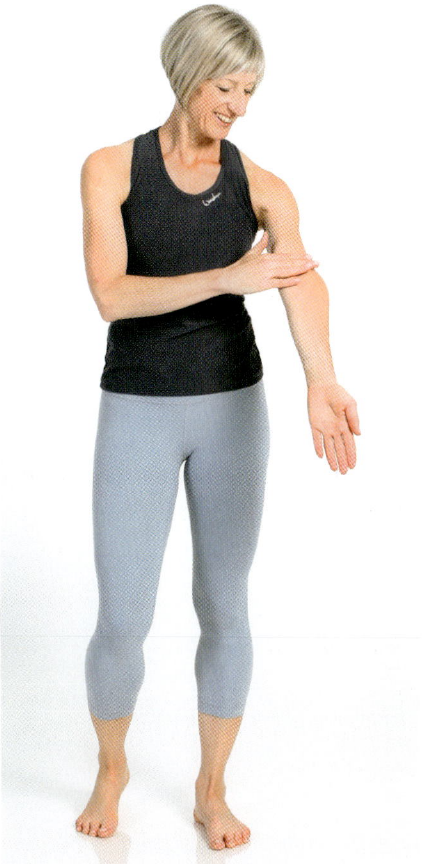

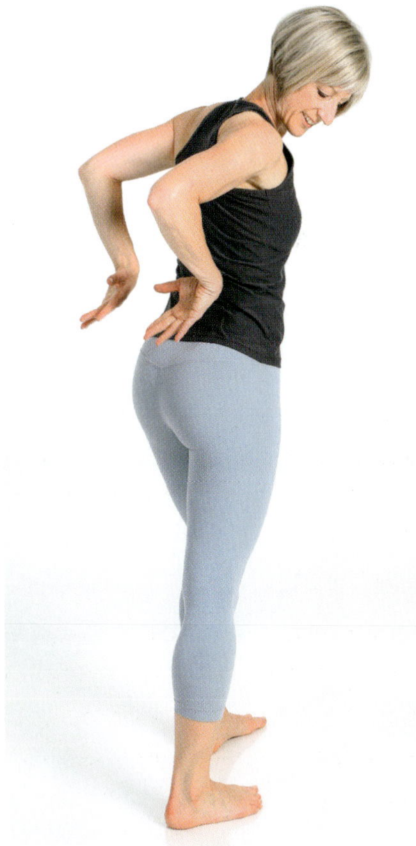

Ausgangsposition: Hüftbreiter Stand.

Übungsbeschreibung: Klopfen Sie mit der flachen Hand den ganzen Körper ab. Ganz besonders Ihre „Problemfelder". Das heißt, die Stellen, die Ihnen öfters Probleme bereiten.

Übungsdauer: Klatschen Sie sich ab, solange Sie sich wohlfühlen.

Aktivieren der Fußrezeptoren und Massage

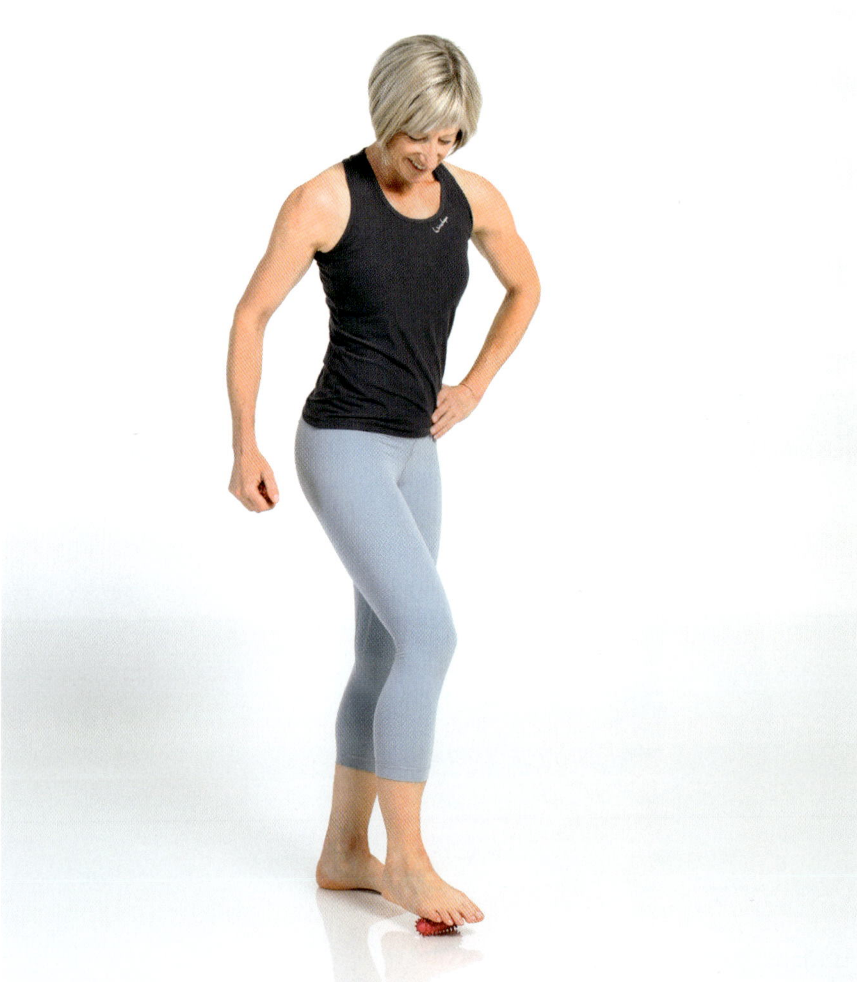

Ausgangsposition: Aufrechter Stand.

Übungsbeschreibung: Rollen Sie nun Ihre Fußsohlen auf einem kleinen Ball oder auf den TOGU Brasils® aus. Bestimmen Sie den Druck, indem Sie Ihr Körpergewicht auf das Brasil®/den Ball geben.

Übungsdauer: Je Fuß circa eine Minute lang rollen.

Massage der Nackenmuskulatur

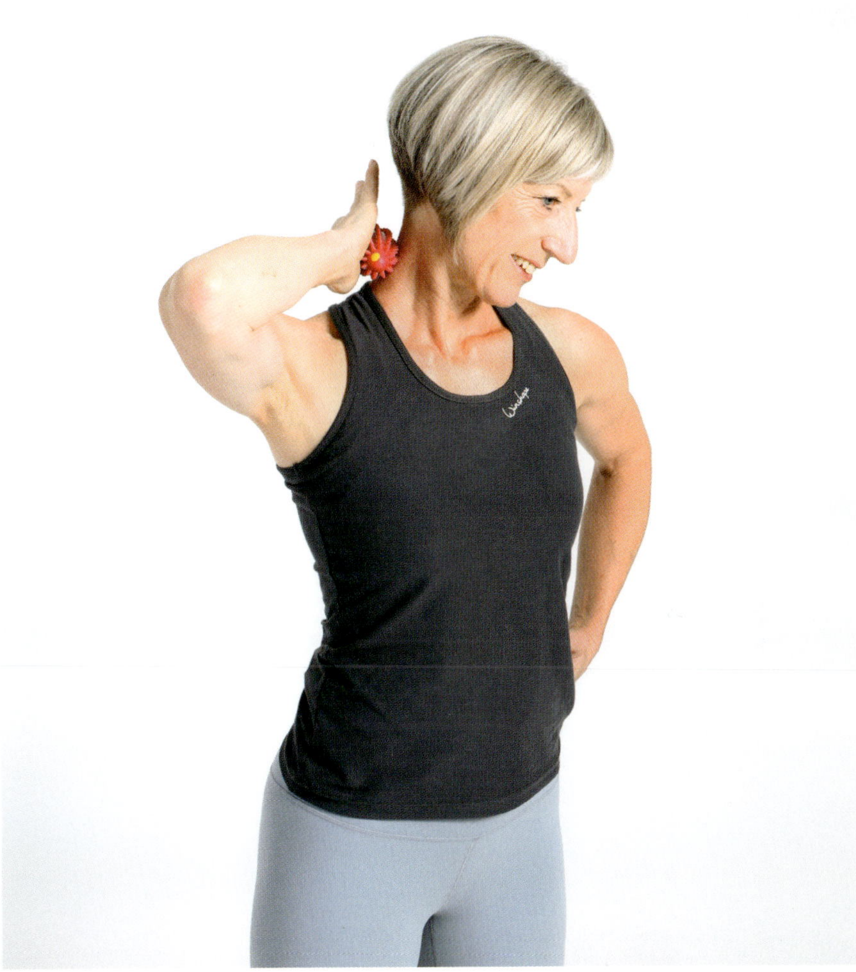

Ausgangsposition: Aufrechter Stand.

Übungsbeschreibung: Rollen Sie mit einer Hand Ihren Nacken ab. Bestimmen Sie den Druck, mit dem Sie sich wohlfühlen. Wechseln Sie auch in die andere Hand.

Übungsdauer: Rollen Sie, solange Sie sich wohlfühlen.

Massage des Rückens und Organgymnastik

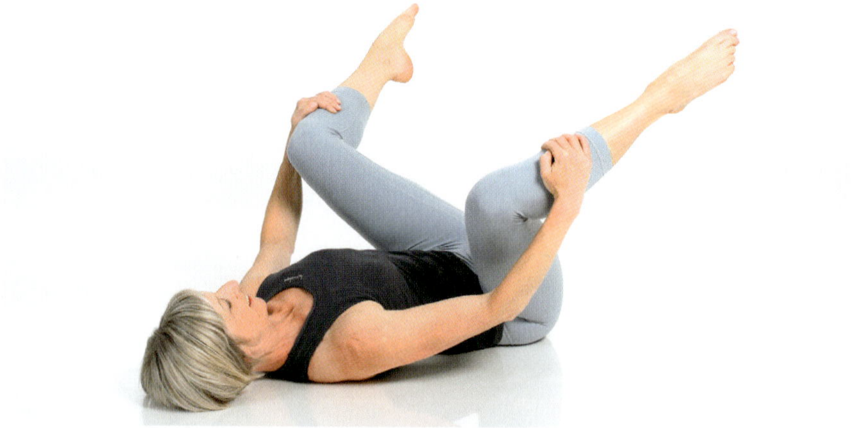

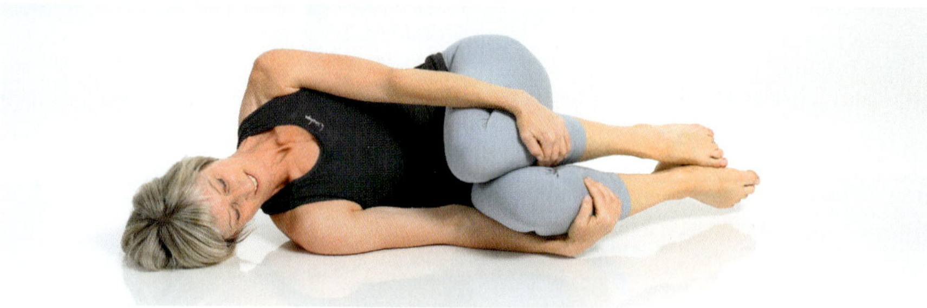

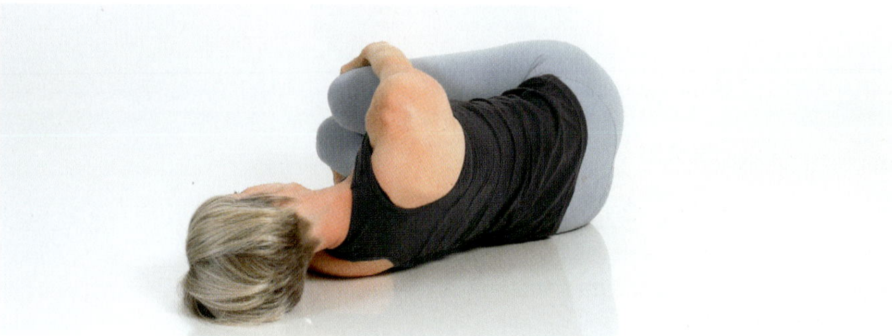

Ausgangsposition: Rückenlage mit angewinkelten und angehobenen Knien.

Übungsbeschreibung: Die Knie öffnen. Fassen Sie beide Unterschenkel von außen, knapp unterhalb der Knie und schaukeln Sie den Körper sanft von rechts nach links.

Übungsdauer: Schaukeln Sie, solange Sie sich wohlfühlen.

Aktivieren aller Rezeptoren innerhalb der Faszien

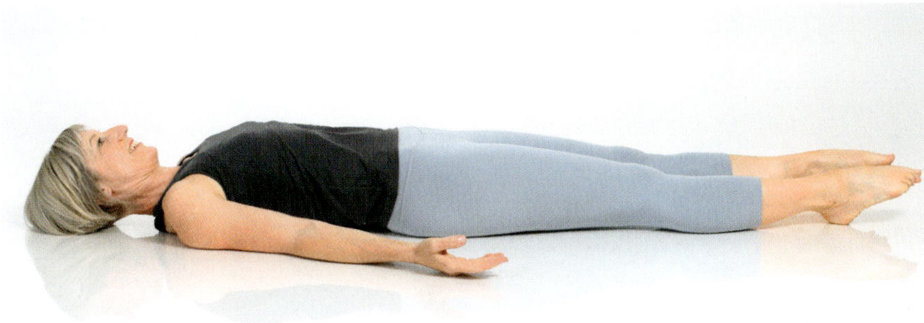

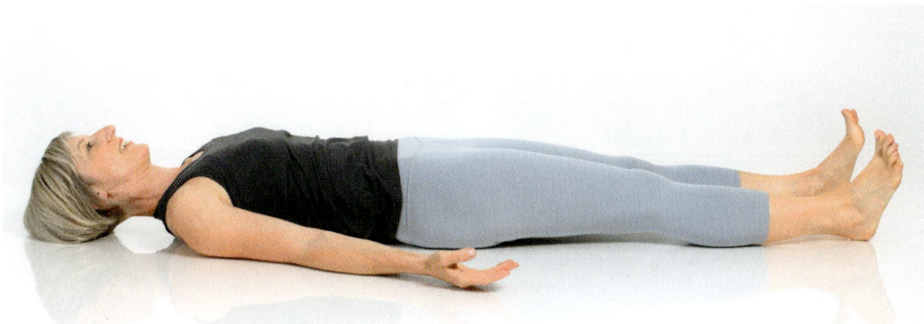

Ausgangsposition: Rückenlage.

Übungsbeschreibung: Beide Fußspitzen im Wechsel strecken und beugen. Dabei den ganzen Körper locker lassen.

Hinweis: Die Fersen bleiben auf der Stelle!

Übungsdauer: Rütteln Sie, solange Sie sich wohlfühlen.

Hinweise: Bleiben Sie dann einen Moment liegen und spüren Sie nach. Wie fühlt sich Ihr Körper an?

Sind Sie entspannt, kribbelt es?

Entspannung des Beckenbodens

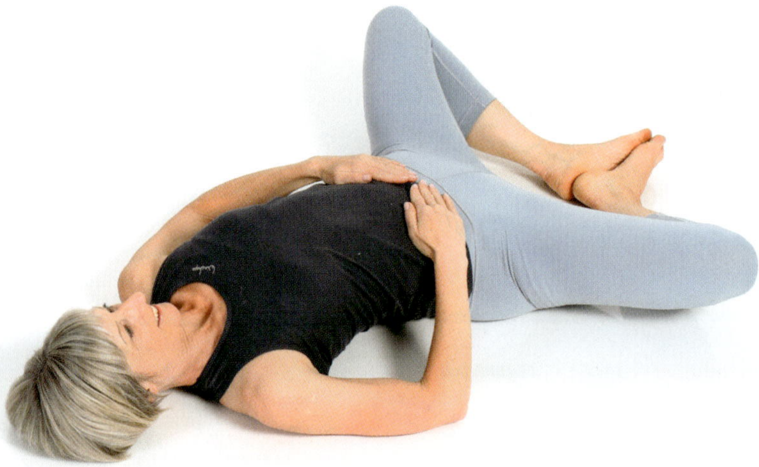

Ausgangsposition: Rückenlage mit geöffneten Beinen.

Übungsbeschreibung: Lassen Sie beide Knie nach außen fallen. Die Fußsohlen schließen. Beide Arme liegen auf dem Unterbauch. Nun atmen Sie tief in den Bauch ein und aus.

Übungsdauer: Bleiben Sie solange liegen, wie Sie sich wohlfühlen.

Entspannung des unteren Rückens

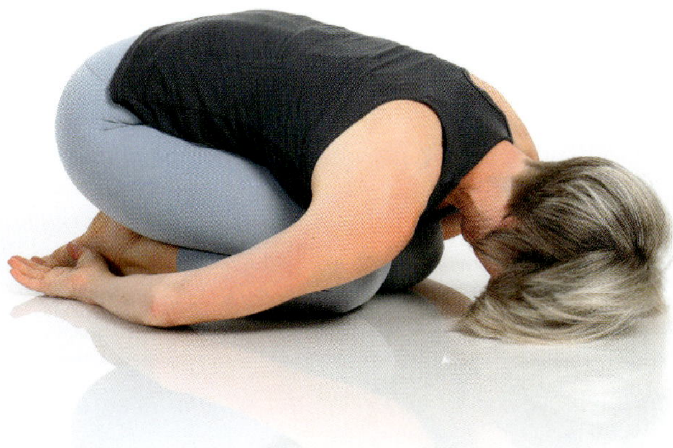

Ausgangsposition: Päckchenstellung.

Übungsbeschreibung: Legen Sie den Kopf mit der Stirn am Boden ab. Die Arme neben dem Körper ablegen. Nun atmen Sie tief ein und aus.

Hinweis: Spüren Sie, wie der Atem in den unteren Rücken ausweicht.

Übungsdauer: Bleiben Sie solange in dieser Position liegen, wie Sie sich wohlfühlen.

5.6.1 Entspannungsgeschichten

Vielleicht möchten Sie nach einer Trainingseinheit noch etwas entspannen oder Sie genießen zwischendurch mal nur etwas Entspannung.

Sie können die Geschichten im Stehen, Liegen oder Sitzen genießen.

Machen Sie es sich gemütlich. Im Liegen gerne ein Kissen unter die Kniekehlen legen, das entlastet Ihren Rücken.

Spaziergang am See

Setze dich bequem auf einen Stuhl oder auf die Couch oder lege dich bequem auf deine Matte und schließe deine Augen.

Atme tief ein und aus und lasse deinen Körper völlig entspannen.

Stelle dir vor, dass du an einem schönen See stehst.

Du siehst das klare Wasser, das in der Sonne glitzert und hörst das Rauschen der Wellen.

Wenn du langsam um den See herumgehst, bemerkst du viele bunte Blumen am Ufer und ihre süßen Düfte.

Du atmest den Duft ein und fühlst dich erfrischt und belebt.

Du gehst weiter und hörst das Zwitschern der Vögel in den Bäumen und beobachtest ihre Flüge durch die Luft.

Du genießt die Schönheit der Natur um dich herum.

Du nimmst deine Atmung ganz bewusst wahr.

Du konzentrierst dich darauf, tief und gleichmäßig zu atmen.

Du spürst, wie deine Lungen sich mit Luft füllen mit dem Einatmen und wie du beim Ausatmen alles Negative loslässt.

Du gehst weiter am Seeufer entlang und bemerkst, dass dein Körper sich leicht und frei anfühlt. Du spürst, wie deine Muskeln und Gelenke entspannen und wie deine Atmung ruhig und regelmäßig wird.

Schließlich entdeckst du ein wunderschönes Plätzchen am Seeufer.

Dort setzt du dich hin und genießt die Schönheit um dich herum.

Du schließt deine Augen und atmest tief ein und aus, während du in den See blickst und das Rauschen der Wellen hörst.

Du fühlst dich erfrischt und friedlich.

Du bist dankbar für die Natur um dich herum und für den Moment der Ruhe und Stille.

Wenn du bereit bist, öffne deine Augen, strecke und räkle dich und kehre langsam in den Alltag zurück.

Spaziergang im Wald

Setze dich bequem auf einen Stuhl oder auf die Couch oder lege dich bequem auf deine Matte und schließe deine Augen.

Atme tief ein und aus und stelle dir vor, dass du dich in einem wunderschönen Wald befindest. Du kannst den Duft von frischem Gras und Bäumen riechen und hörst das Zwitschern der Vögel in den Bäumen. Die Sonne scheint durch das Blätterdach und lässt das Grün der Blätter und das Blau des Himmels strahlen. Lasse deine Gedanken kommen und wieder gehen und konzentriere dich auf das, was du jetzt siehst und fühlst.

Betritt den Wald und spüre den weichen Waldboden unter deinen Füßen. Lausche den Geräuschen um dich herum . . . und schaue dich um. Der Wald ist dicht und die Bäume ragen hoch in den Himmel. Es ist ruhig und friedlich hier.

Gehe langsam weiter und folge dem Weg. Der Boden ist etwas uneben, du gehst weiter, entspannt und ohne Eile. Schaue dir die Bäume genau an und achte auf ihre unterschiedlichen Farben und Formen. Manche sind schlank und gerade, andere haben viele Äste und bilden ein dichtes Blätterdach. Einige Bäume sind von wilden Blumen umgeben, andere haben Moos und Flechten auf ihren Stämmen.

Du atmest die frische Luft tief ein und spürst, wie sich deine Lungen mit Sauerstoff füllen. Es fühlt sich so gut an, hier draußen zu sein und diese Ruhe und Schönheit zu genießen. Gehe weiter und folge dem Weg, bis du einen kleinen Bach erreichst. Das Wasser ist kristallklar und fließt sanft über die Steine. Du kannst das Plätschern des Wassers hören und es beruhigt dich.

Setze dich an den Rand des Bachs und genieße die Ruhe. Spüre die Sonne auf deinem Gesicht und höre den Gesang der Vögel in der Nähe. Du kannst sogar das leise Rascheln eines Eichhörnchens hören, das im Gebüsch spielt. Schließe die Augen und stelle dir vor, wie das Wasser des Bachs sanft über deine Füße fließt. Es ist erfrischend und belebend.

Nach einigen Momenten stehe auf und gehe weiter. Der Wald wird dichter und du spürst, wie sich der Duft von Erde und Pflanzen verstärkt. Die Luft ist feucht und kühl und es fühlt sich an, als ob du tief in den Wald eingedrungen wärst. Schaue dich um und achte auf die kleinen Details, die den Wald so besonders machen. Ein Pilz hier, eine Eidechse dort, ein glänzendes Blatt auf dem Boden.

Irgendwann kommst du zu einer Lichtung. Die Sonne scheint hier hell und du kannst den Himmel in all seiner Pracht sehen. Setze dich auf den Boden und genieße die Wärme der Sonne auf deinem Gesicht. Atme tief ein und aus und stelle dir vor, wie alle Anspannung und Sorgen aus deinem Körper herausfließen. Du fühlst dich leicht und frei, als ob du eins mit der Natur wärst.

Wenn du bereit bist, stehe auf und gehe weiter. Du kommst zu einem Hügel und erklimmst ihn langsam. Von oben hast du einen herrlichen Blick auf den Wald und die Landschaft um ihn herum. Du siehst die Bäume in all ihren Farben und Formen, die Wiesen und Felder, die sich bis zum Horizont erstrecken. Du atmest tief ein und aus und fühlst dich lebendig und voller Energie.

Wenn du genug gesehen hast, gehe wieder den Hügel hinunter und setze dich unter einen Baum. Höre den Klang der Natur um dich herum. Das Zwitschern der Vögel, das Rascheln der Blätter, das Summen der Insekten. Lasse deine Gedanken treiben und konzentriere dich auf das Hier und Jetzt. Du bist eins mit der Natur und fühlst dich friedlich und glücklich.

Wenn du bereit bist, stehe auf und gehe zurück zum Ausgangspunkt. Du fühlst dich erfrischt und entspannt. Du atmest tief ein und aus und öffnest langsam wieder die Augen.

Spaziergang ins Dorf

Setze dich bequem auf einen Stuhl oder auf die Couch oder lege dich bequem auf deine Matte und schließe deine Augen.

Wir machen einen Spaziergang durch ein malerisches Dorf, das von der Natur umgeben ist.

Wir beginnen unsere Reise am Eingang des Dorfs. Der warme Sonnenschein streichelt dein Gesicht, während du den Duft von frischer Luft und blühenden Blumen in der Nase hast. Die Vögel zwitschern fröhlich und begleiten dich auf deinem Spaziergang.

Du gehst langsam den gepflasterten Weg entlang, vorbei an charmanten Fachwerkhäusern mit bunten Blumenkästen an den Fenstern. Die Dorfbewohner sind beschäftigt, einige arbeiten in ihren Gärten, andere sitzen auf ihren Veranden und genießen die Ruhe des Tages. Du hörst das Lachen von Kindern, die draußen spielen, und das freundliche Bellen eines Hundes, der dir freudig entgegenkommt.

Du streichelst ihn und spürst die Wärme seiner sanften Berührung. Du setzt deinen Spaziergang fort.

Die engen Gassen führen dich vorbei an einem kleinen Dorfplatz, auf dem sich eine Gruppe von Tauben versammelt hat. Sie flattern aufgeregt auf und fliegen über deinen Kopf hinweg. Du beobachtest ihr majestätisches Flugspiel und bewunderst ihre eleganten Bewegungen am Himmel.

Weiter geht es entlang der Straße, und du entdeckst einen kleinen Dorfladen. Die Auslagen sind gefüllt mit frischen Produkten aus der Region. Du nimmst den verlockenden Duft von frisch gebackenem Brot wahr und entscheidest dich, eine kleine Pause einzulegen. Während du dich auf einer Bank im Schatten niederlässt, gesellen sich neugierige Eichhörnchen zu dir und beobachten dich aus sicherer Entfernung.

Du gehst weiter. Der Spaziergang führt dich nun zu einem ruhigen Flussufer, das von üppigem Grün umgeben ist. Das klare Wasser fließt sanft vorbei, und du kannst kleine Fische darin schwimmen sehen. Ein Schwan gleitet majestätisch über die Wasseroberfläche, während am Ufer eine Familie von Enten ihre Kreise zieht. Du nimmst dir einen Moment Zeit, um ihre Anmut zu bewundern und das beruhigende Rauschen des Flusses zu hören.

Schließlich erreichst du das Ende des Dorfs und siehst eine weite, offene Landschaft vor dir. Grüne Felder erstrecken sich bis zum Horizont, und in der Ferne siehst du sanfte Hügel. Du atmest tief ein und spürst, wie die Energie der Natur dich durchströmt.

Langsam kehrst du zum Ausgangspunkt unserer Reise zurück.

Du spürst die Wärme der Sonne auf deiner Haut und hörst das fröhliche Zwitschern der Vögel in der Ferne. Die Erinnerungen an die freundlichen Tiere und die idyllische Natur des Dorfs zaubern ein Lächeln auf dein Gesicht. Du fühlst dich erfrischt, entspannt und mit der Natur verbunden.

Diese Körperreise hat dir gezeigt, wie wundervoll es sein kann, sich Zeit zu nehmen, um die kleinen Dinge im Leben zu genießen. Die einfachen Freuden, die uns die Natur und die Tiere schenken, können uns Glück und innere Ruhe bringen. Vielleicht nimmst du dir in Zukunft öfter solche Auszeiten, um die Schönheit der Welt um dich herum zu entdecken und zu schätzen.

Du öffnest deine Augen und nimmst das Gefühl von Frieden und Gelassenheit mit, das dir dieser Spaziergang durch das Dorf geschenkt hat.

5.6.2 Atemübungen

Regelmäßige Atemübungen sind wichtig.

Stressabbau: Atemübungen können helfen, Stress abzubauen und den Geist zu beruhigen. Durch die Konzentration auf die Atmung können wir uns von unseren Gedanken und Sorgen ablenken und uns auf den gegenwärtigen Moment konzentrieren. Dies trägt dazu bei, den Geist zu beruhigen und das allgemeine Wohlbefinden zu verbessern.

Verbesserte Lungenkapazität: Atemübungen helfen, die Lungenkapazität zu verbessern, indem sie die Atemmuskulatur stärken und die Atemtiefe erhöhen. Dies kann dazu beitragen, die Ausdauer zu verbessern und die körperliche Leistungsfähigkeit zu steigern.

Reduzierte Angst und Depression: Atemübungen sind wichtig, um Symptome von Angst und Depression zu lindern. Dies liegt daran, dass sie dazu beitragen können, das Nervensystem zu beruhigen und den Stresspegel im Körper zu senken.

Atemübungen können Puls und Blutdruck senken: Längeres, bewusstes Ausatmen und kürzeres Einatmen kann den Puls und Blutdruck senken.

Verbesserte Konzentration: Durch die Konzentration auf die Atmung helfen Atemübungen dabei, die Konzentration zu verbessern und die geistige Klarheit zu fördern.

Verbesserte Schlafqualität: Atemübungen können helfen, den Körper zu entspannen und den Geist zu beruhigen, was zu einer verbesserten Schlafqualität führen kann.

Atemübungen können also dazu beitragen, das körperliche und geistige Wohlbefinden zu verbessern.

Einige Atemübungen

Senken der Pulsfrequenz

Um Ihre Körperwahrnehmung zu verbessern, können Sie auch mit den TOGU Brasils® walken.

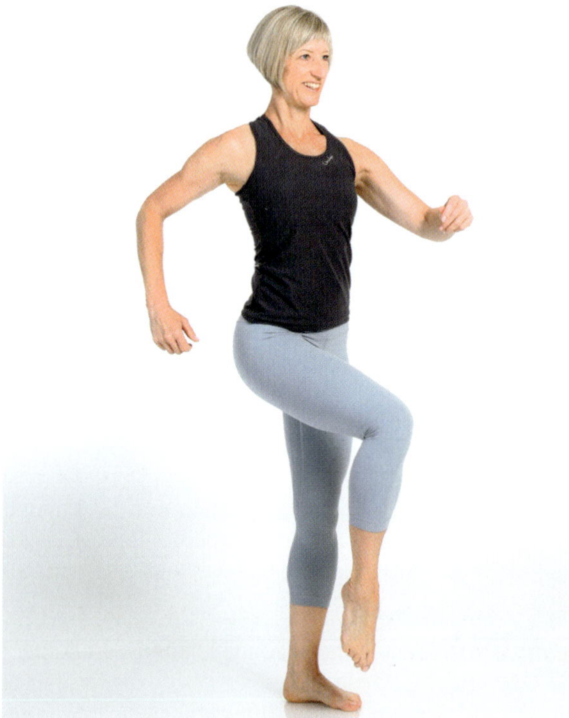

Übungsbeschreibung: Gehen Sie spazieren oder walken Sie ganz einfach am Platz. Dabei das Brustbein anheben, den Blick nach vorne richten. Lächeln Sie. Nun atmen Sie z. B. vier Schritte durch die Nase ein und sechs Schritte durch die sogenannte *Lippenbremse* (formen Sie Ihre Lippen, als wollten Sie eine Kerze auspusten) aus.

Hinweise: Wichtig ist, dass Sie länger aus- als einatmen. So können Sie Ihren Puls und Blutdruck senken. Spüren Sie, was sich während der Übung verändert.

Gehen Sie immer langsamer, das heißt, atmen Sie immer ruhiger? Wie fühlen Sie sich nach dem „Walk"?

Übungsdauer: 3-15 Minuten lang gehen.

Wahrnehmen der Atemräume

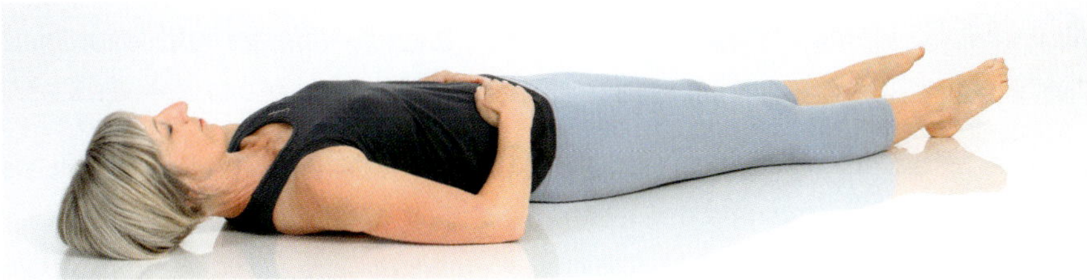

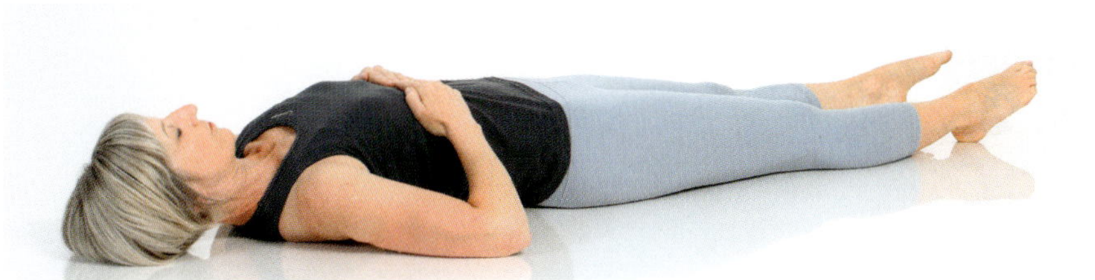

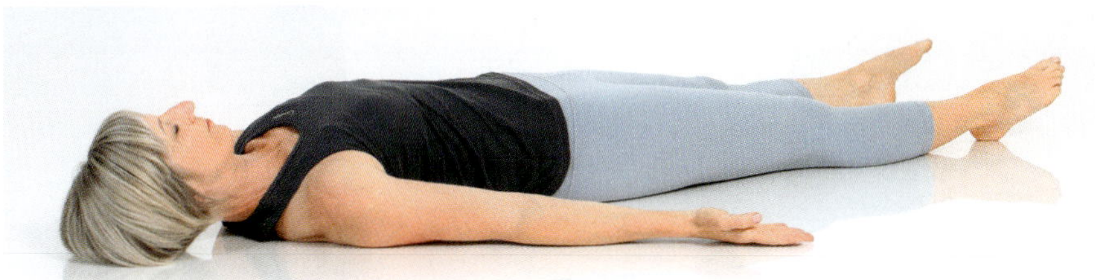

Ausgangsposition: Legen Sie sich auf den Rücken. Wenn Sie möchten, legen Sie ein Kissen unter Ihre Kniekehlen, das entlastet den unteren Rücken. Nun legen Sie beide Hände zuerst auf den Unterbauch.

Übungsbeschreibung: Atmen Sie durch die Nase ein und spüren Sie, wie sich dabei die Bauchdecke hebt. Nun durch den Mund ausatmen, dabei senkt sich die Bauchdecke wieder. Wiederholen Sie diese Bauchatmung einige Atemzüge lang.

Nun legen Sie die Hände auf die Rippenbögen und atmen in den Brustkorb ein und aus. Wiederholen Sie auch diese Atmung einige Atemzüge lang.

Danach legen Sie die Hände wieder auf den Unterbauch und versuchen, wie eine Welle ein- und auszuatmen. Also einatmen in den Bauch, dann in den Brustkorb einatmen, und aus Brustkorb und Bauch ausatmen. Wiederholen Sie auch diese „Atemwelle" einige Atemzüge lang.

Danach bleiben Sie einen Moment liegen und versuchen, entspannt und normal zu atmen.

Die Atemräume erweitern

Durch folgende Übungen ist es möglich, unsere Atemräume zu erweitern und das Atemvolumen verbessern. Es ist wichtig, die Übungen langsam und kontrolliert durchzuführen und auf den eigenen Körper zu hören.

Machen Sie die Bewegungen in dem Ausmaß, wie Sie sich wohlfühlen! Atmen Sie dabei durch die Nase ein und durch den Mund, die Lippenbremse, wieder aus.

Verbesserung der Beweglichkeit der Brustwirbelsäule und der Rippenbögen

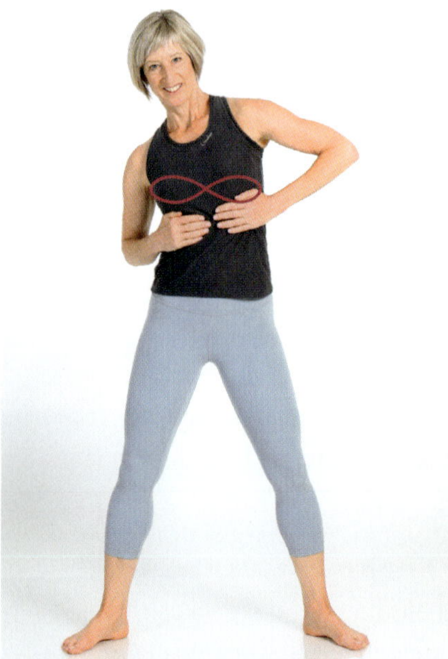

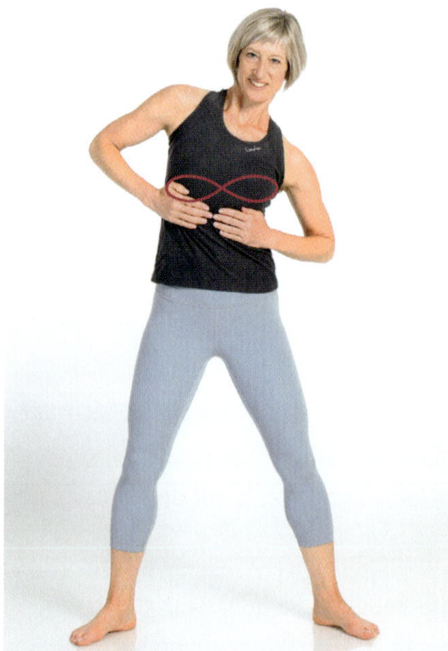

Ausgangsposition: Grätschstand. Beide Hände fassen die Rippenbögen.

Übungsbeschreibung: Nun bewegen Sie den Brustkorb in einer liegenden Acht. Die Bewegung fällt Ihnen schwer? Macht nichts! Probieren Sie es aus.

Hinweise: Es lohnt sich, denn die Faszien innerhalb der Zwischenrippen werden mit der Bewegung immer geschmeidiger. Diese verkleben oft, wenn wir im Alltag viel sitzen oder uns sehr wenig bewegen.

Übungsdauer: Wiederholen Sie diese Achterbewegung 8-10-mal.

Ganzkörperspannung, Schulung der Gleichgewichtsfähigkeit

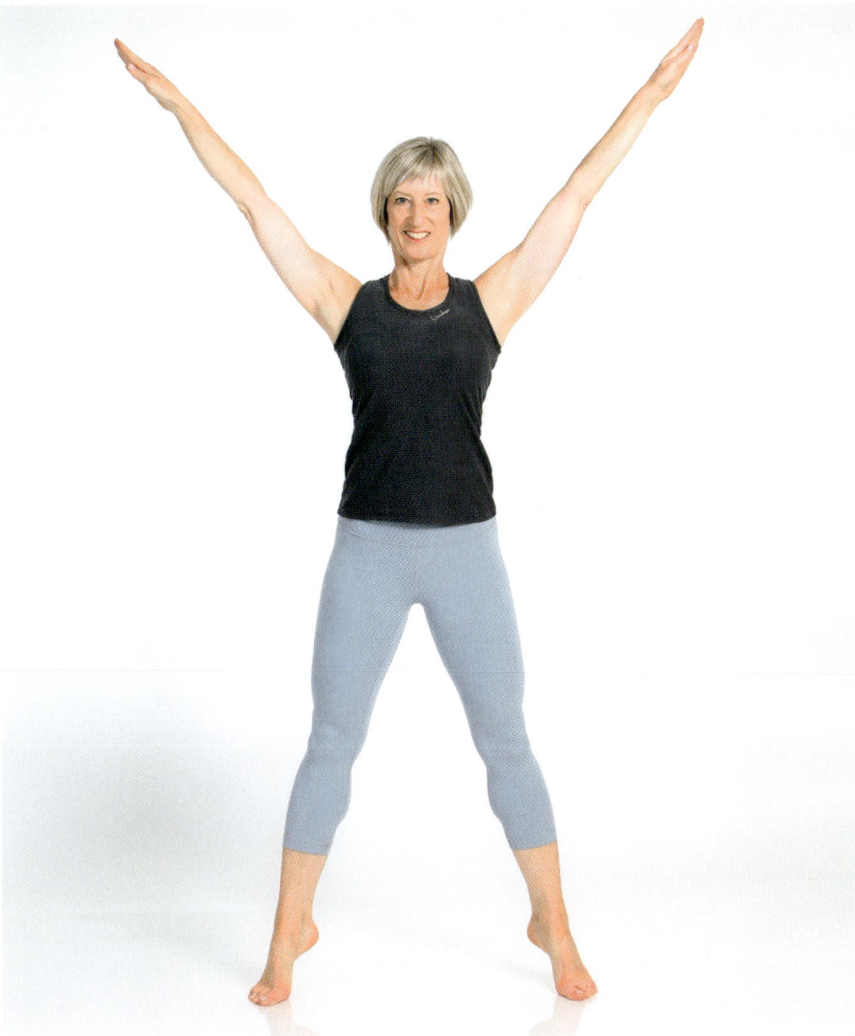

Ausgangsposition: Grätschstand.

Übungsbeschreibung: Heben Sie die Fersen an und strecken Sie die Arme diagonal nach oben aus. Spannen Sie die Körpermitte an.

Übungsdauer: Halten Sie diese Position 5-6 Atemzüge lang.

Dehnung der Zwischenrippen-Faszien

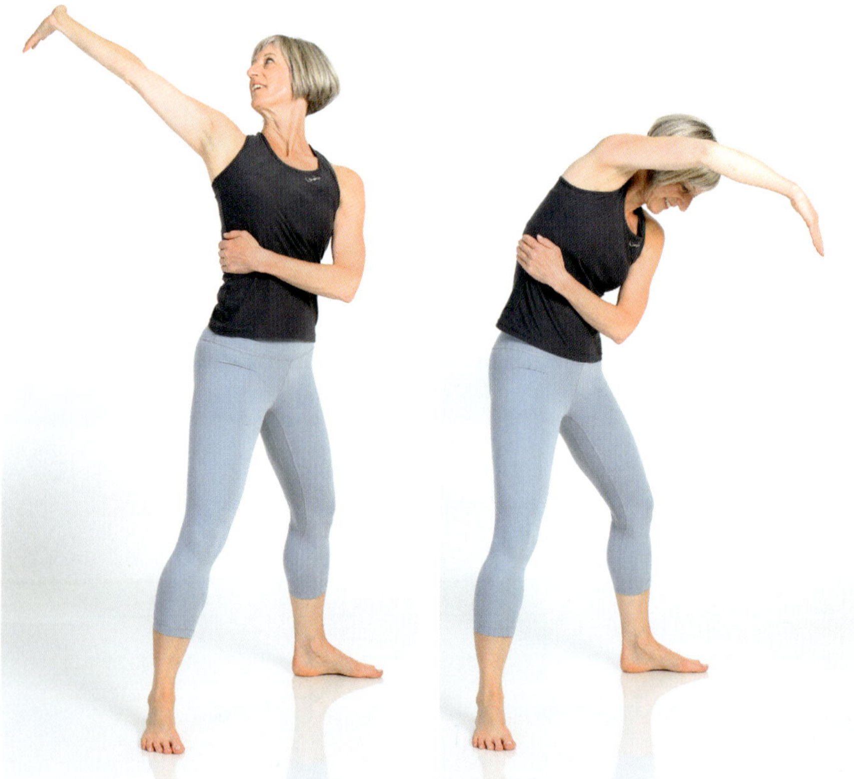

Ausgangsposition: Grätschstand.

Übungsbeschreibung: Öffnen Sie mit dem Einatmen einen Arm diagonal nach hinten. Klappen Sie dabei das Handgelenk so um, dass die Handfläche in Richtung Decke zeigt. Die andere Hand umarmt zur Unterstützung den Brustkorb. Mit dem Ausatmen runden Sie die Brustwirbelsäule und bewegen den Arm wieder nach vorne, so, als ob sie einen großen Ball umarmen möchten.

Übungsdauer: Wiederholen Sie diese Abfolge 6-8-mal je Seite.

Dehnung der Bauchmuskulatur und der Hüftbeugemuskulatur

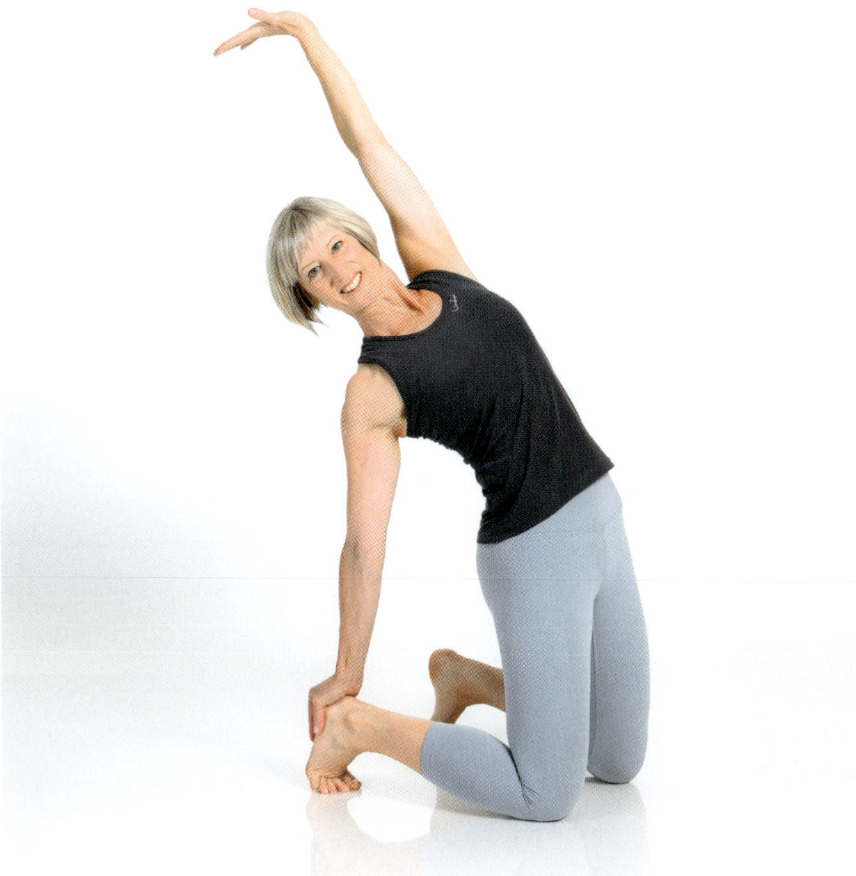

Ausgangsposition: Kniestand.

Übungsbeschreibung: Schieben Sie das Becken weit nach vorne. Das Gesäß anspannen. Dabei einen Arm in Richtung Decke bewegen, das Handgelenk umklappen und die andere Hand auf der Ferse abstützen.

Hinweis: Alternativ die Hand im unteren Rücken abstützen.

Übungsdauer: Halten Sie diese Position je Seite circa 5-6 Atemzüge lang.

Dehnung der Rücken-, Bauch-, Gesäß- und Brustmuskulatur

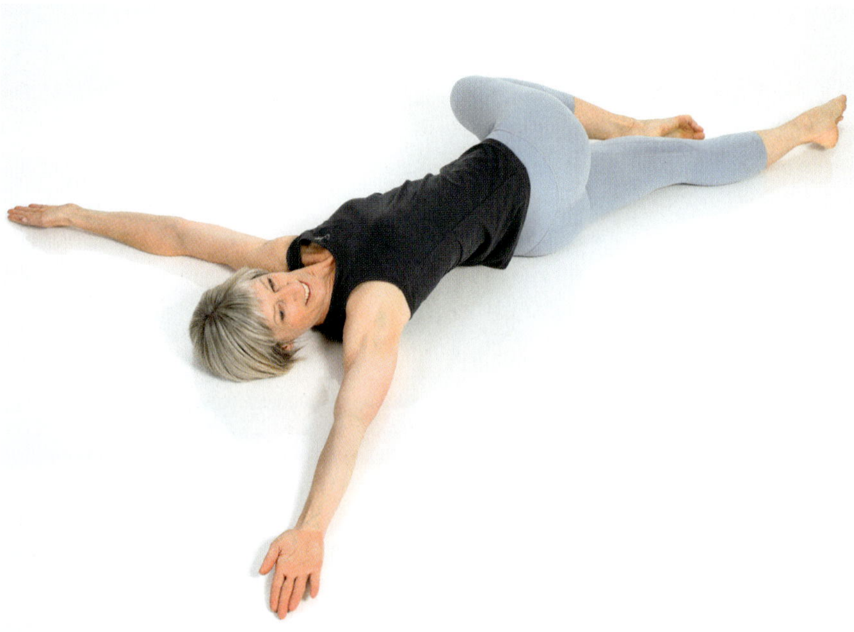

Ausgangsposition: Rückenlage. Legen Sie beide Arme diagonal nach oben ab. Ein Bein aufstellen. Den Fuß in den Boden drücken und das Becken leicht vom Boden abheben, etwas zur Seite bewegen und wieder ablegen.

Übungsbeschreibung: Nun das Knie über das lange am Boden liegende Bein bewegen.

Hinweis: Die Schultern bleiben am Boden!

Übungsdauer: Halten Sie diese Position je Seite 5-6 Atemzüge lang.

6 Trainingspläne

In diesem Kapitel finden Sie einige kurze, mittellange und lange Trainingspläne. Diese dienen nur als Orientierungshilfe. Natürlich können Sie sich auch Ihren eigenen Trainingsplan zusammenstellen, ganz nach Lust und Laune.

Starten Sie mit einem Aufwärmtraining aus dem Bereich für kurze oder längere Workouts.

Die einzelnen Übungen finden Sie genauer beschrieben in Kap. 5. Lesen Sie die Anweisungen und Tipps sorgfältig durch und führen Sie dann das Training in der vorgegebenen Reihenfolge in Ihrem eigenen Tempo durch.

Bei manchen Übungen steht die Angabe von 2-3 Sätzen. Das bedeutet, führen Sie die Übung so oft aus, wie beschrieben, dann machen Sie eine kurze Pause von circa 30 Sekunden und wiederholen die Übung noch einmal. Wenn Sie möchten, nach einer weiteren Pause einen weiteren Durchgang durchführen.

Die Zeitangaben zu den Längen der Workouts sind nur ein ungefährer Richtwert und variieren natürlich je nach Anzahl der Sätze und Tempo Ihrer Übungsausführung.

Machen Sie immer so mit, wie Sie sich wohlfühlen!

6.1 Wirbelsäulengymnastik

6.1.1 Das15-Minuten-Programm

1.	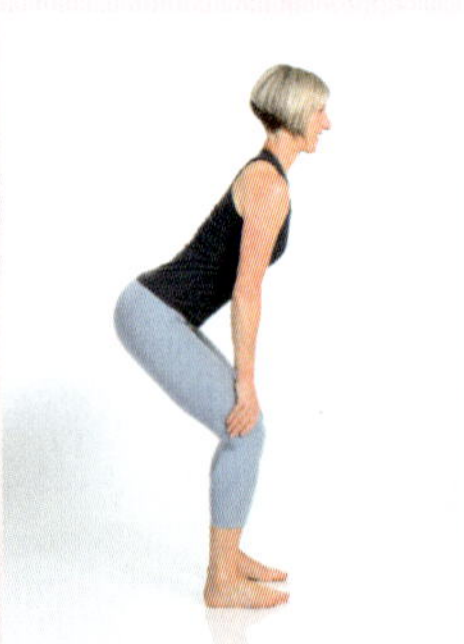 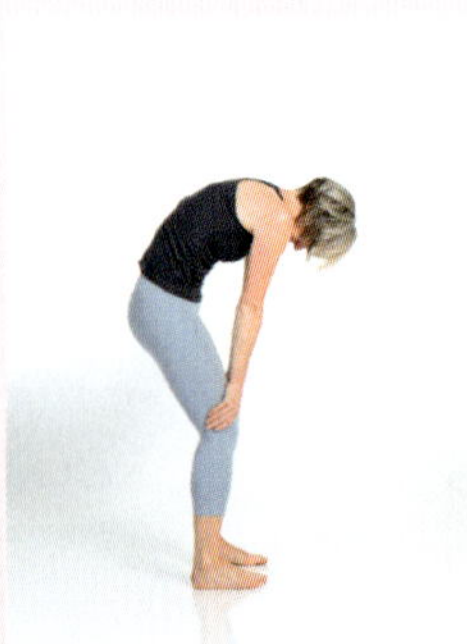	**Mobilisation der Wirbelsäule » S. 21** 10-15 Wiederholungen der Übung ausführen.
2.	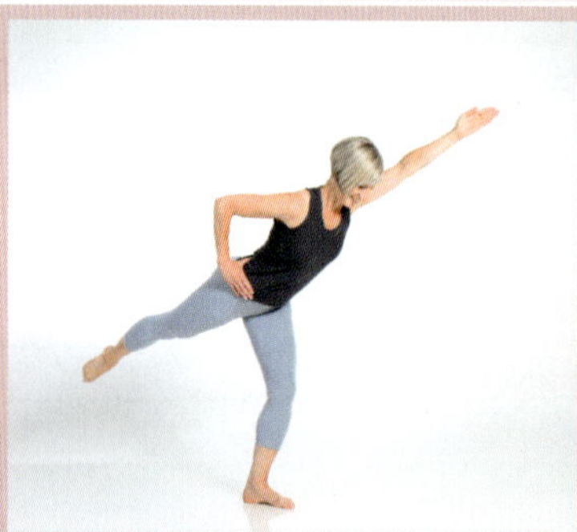	**Kräftigung der Rückenstrecker und der Gesäßmuskulatur » S. 60** Je Seite circa 30 Sekunden lang die Übung ausführen. 2-3 Sätze absolvieren.
3.	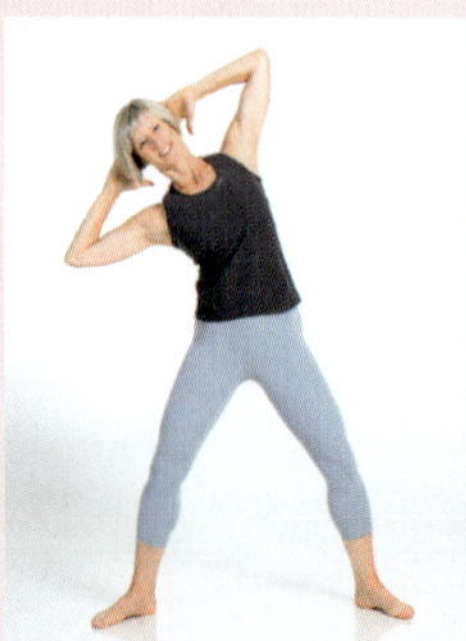 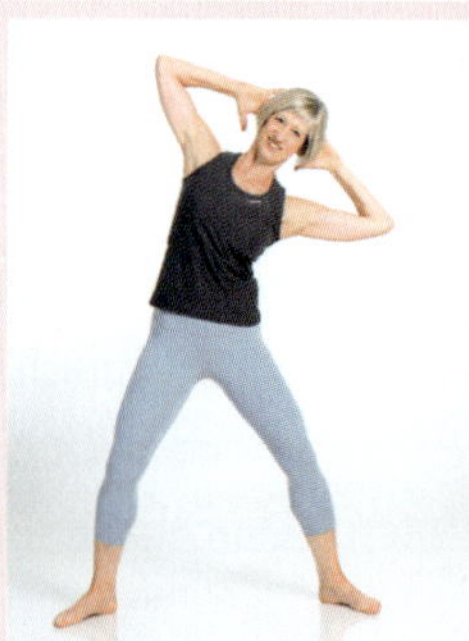	**Kräftigung der schrägen Bauchmuskulatur » S. 58** Zu jeder Seite die Übung 10-15-mal durchführen. 2-3 Sätze absolvieren.

4.	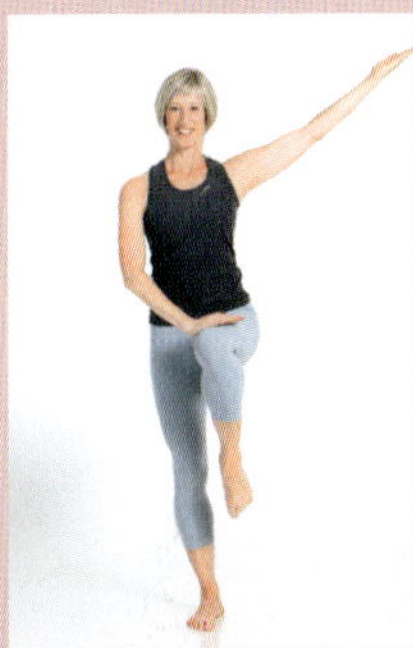 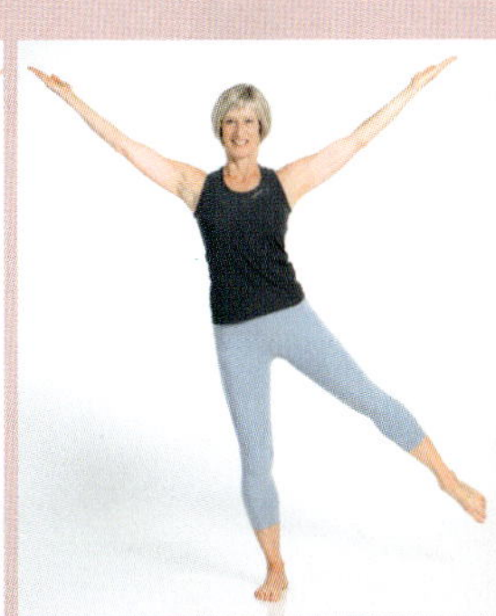	**Kräftigung der schrägen Bauchmuskulatur und Schulung der Gleichgewichtsfähigkeit** **» S. 50** Je Seite 6-8 Wiederholungen der Übung mit 2-3 Sätzen durchführen.
5.	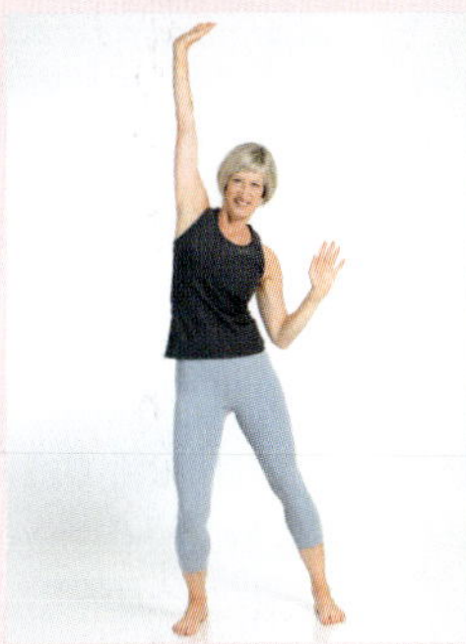 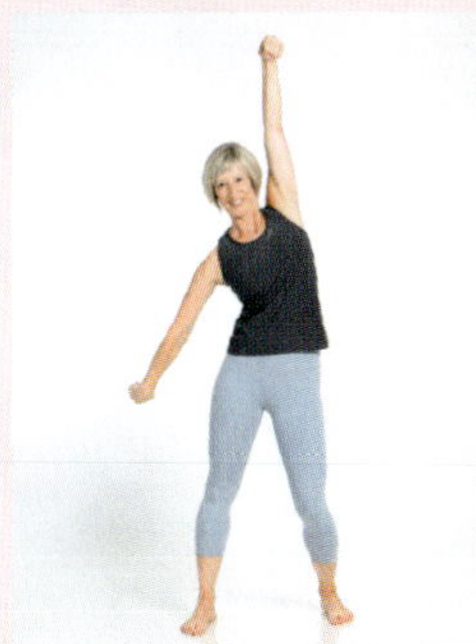	**Ganzkörpermobilisation** **» S. 27** Die Übung circa eine Minute lang ausführen.
6.	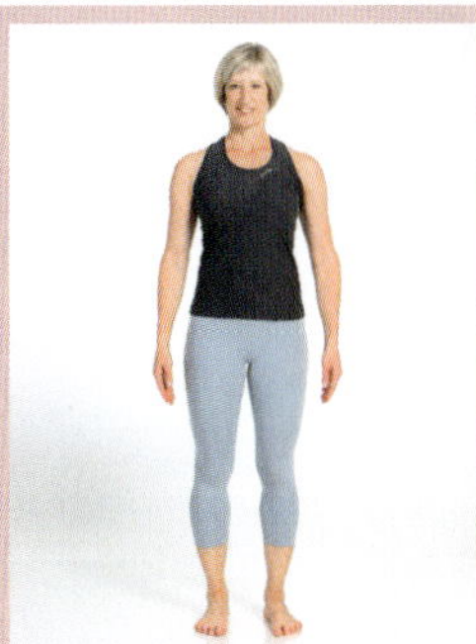	**Haltung** **» S. 46** Circa 1 Minute lang wahrnehmen.

6.1.2 Das 30-Minuten-Programm

1.	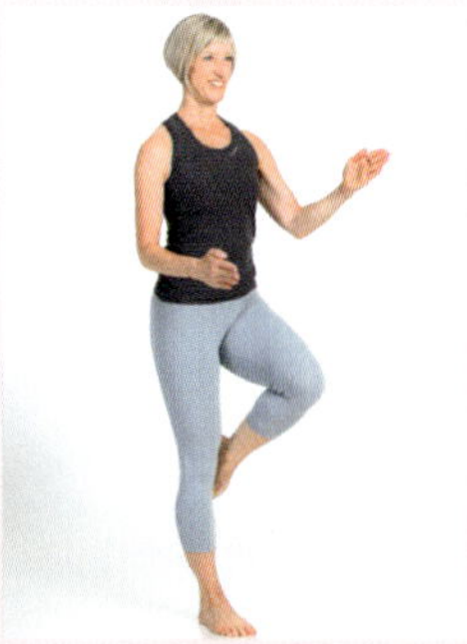	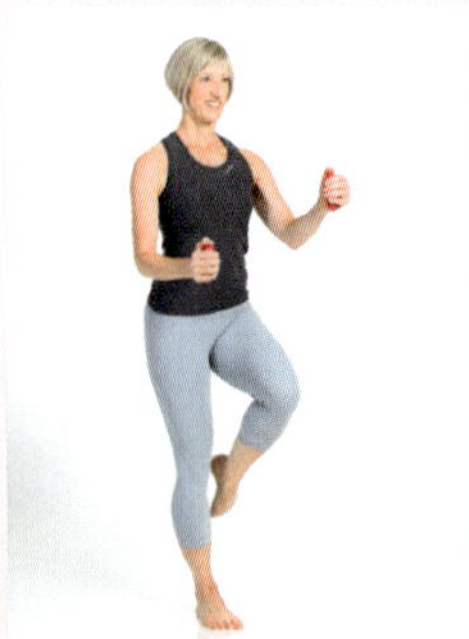	**Kräftigung der tiefen Rumpfstabilisatoren und Schulung der Gleichgewichtsfähigkeit » S. 51** Je Seite die Übung 30 Sekunden lang mit 2-3 Sätzen durchführen.
2.	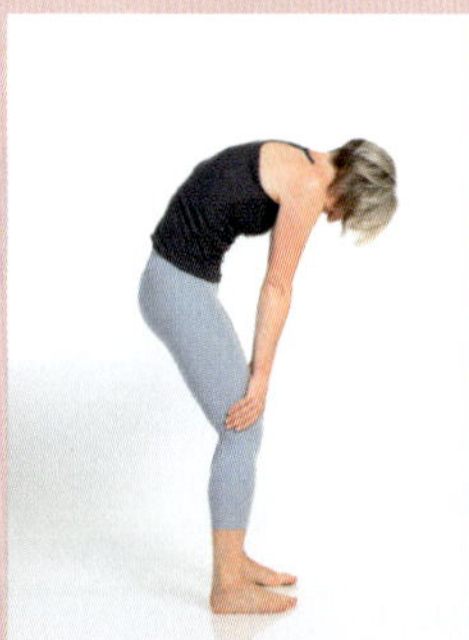	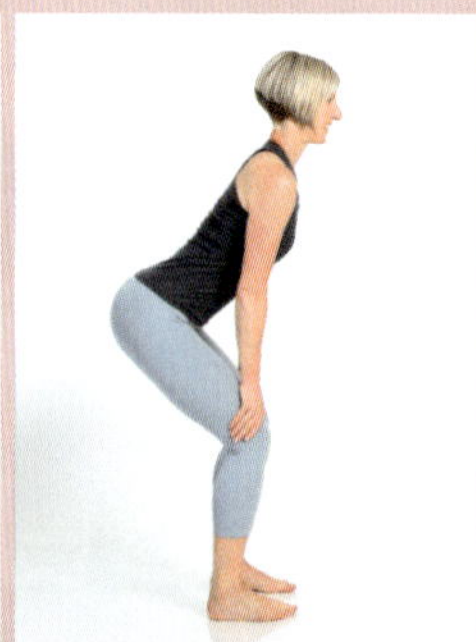	**Mobilisation der Wirbelsäule » S. 21** 10-15 Wiederholungen der Übung ausführen.
3.	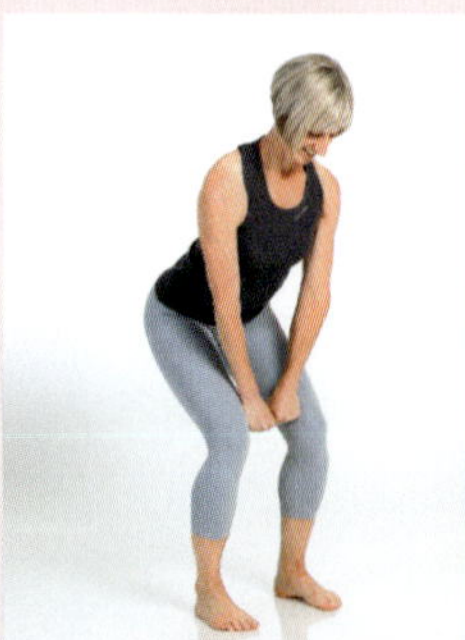	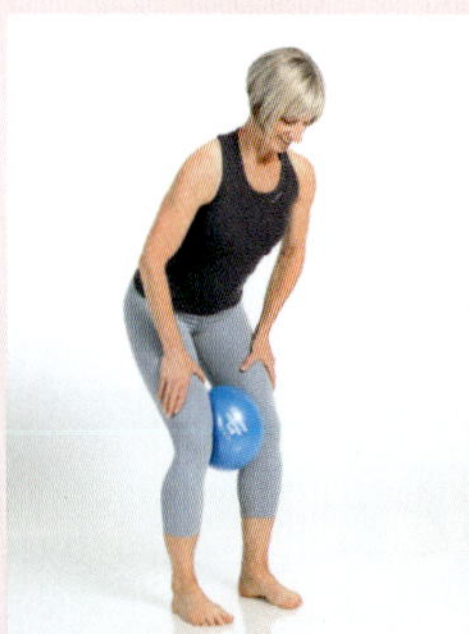	**Kräftigung des Beckenbodens und der Oberschenkelinnenseiten » S. 61** Die Position circa 20 Sekunden lang halten. Drei Wiederholungen je Seite durchführen. 2-3 Sätze absolvieren.
4.	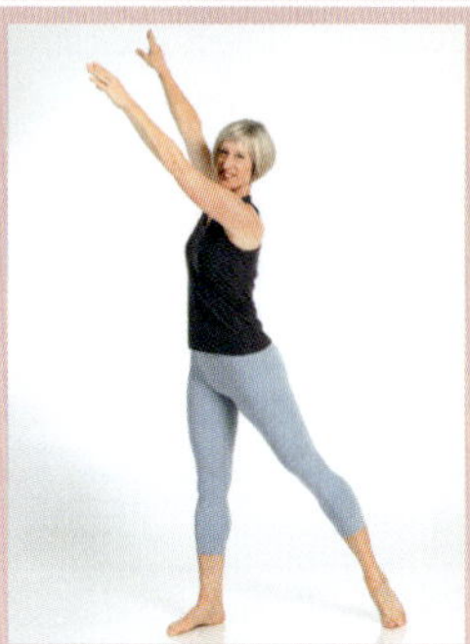	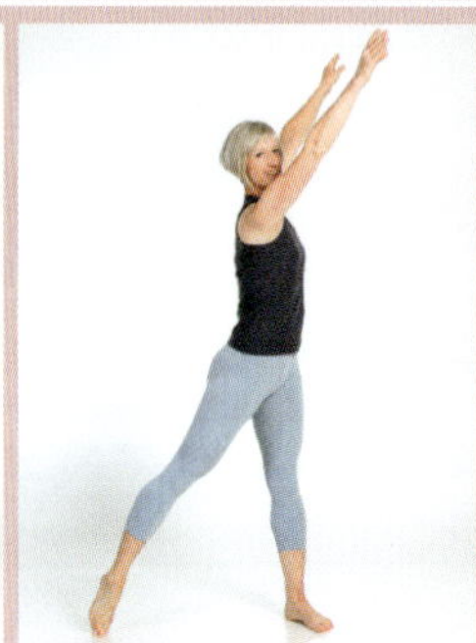	**Mobilisation der Wirbelsäule, der Hüft- und Fußgelenke und der Schultergelenke » S. 23** Je Seite 10-15 Wiederholungen der Übung absolvieren.

5.	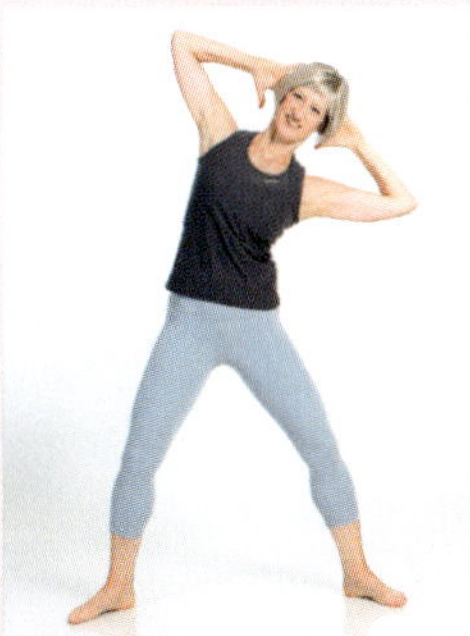 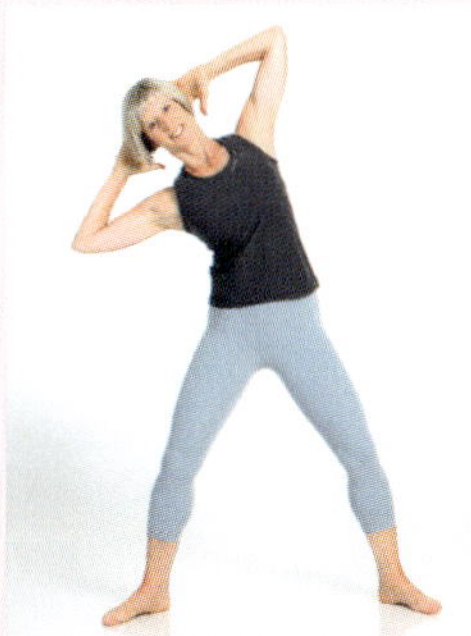	**Kräftigung der schrägen Bauchmuskulatur I » S. 58** Zu jeder Seite die Übung 10-15-mal durchführen. 2-3 Sätze absolvieren.
6.	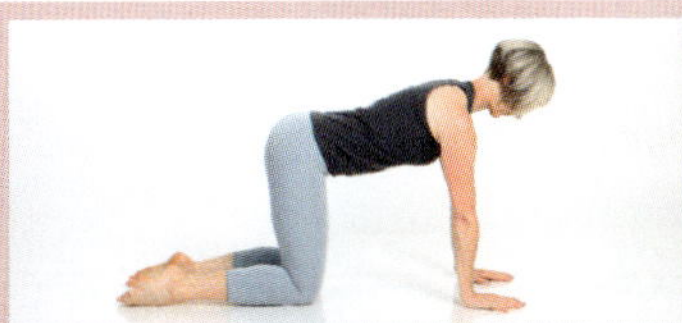 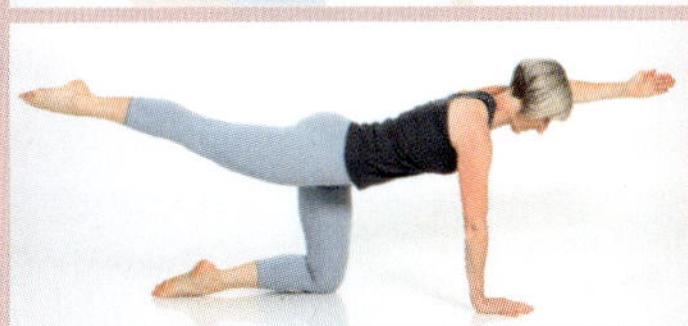	**Kräftigung der tiefen Bauch- und Rückenmuskulatur I » S. 64-65** Je Seite 8-10 Wiederholungen der Übung durchführen. 2-3 Sätze absolvieren.
7.	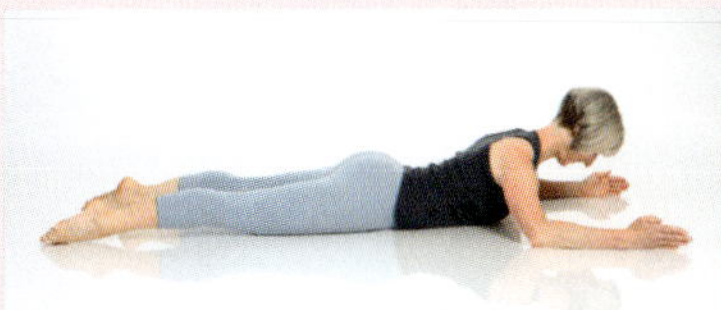 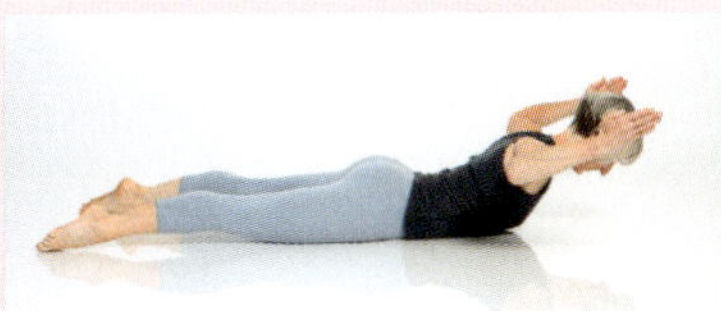	**Kräftigung der Rückenmuskulatur » S. 70** Die Übung 30 Sekunden lang ausführen. 2-3 Sätze absolvieren.
8.	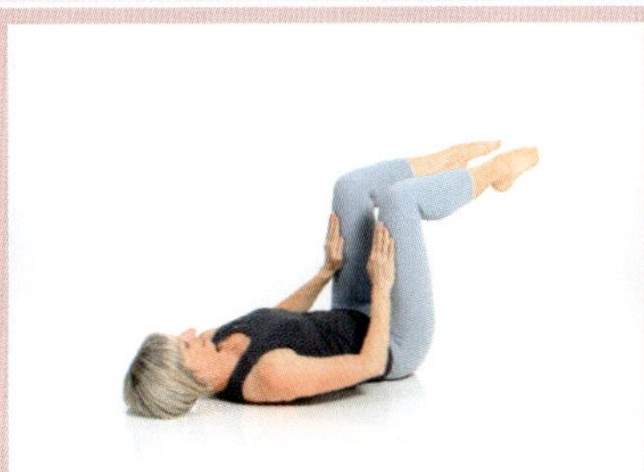	**Kräftigung der tiefen Bauchmuskulatur I » S. 80** 10-15 Wiederholungen. 2-3 Sätze.

9.	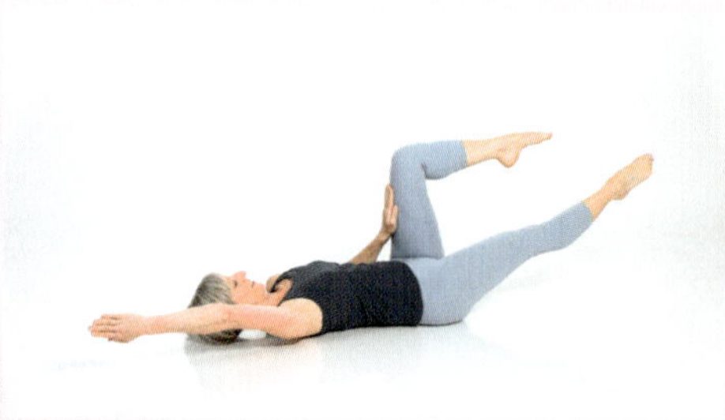	**Kräftigung der tiefen Bauchmuskulatur II** » S. 81 Je Seite 6-8 Wiederholungen der Übung durchführen. 2-3 Sätze absolvieren.
10.	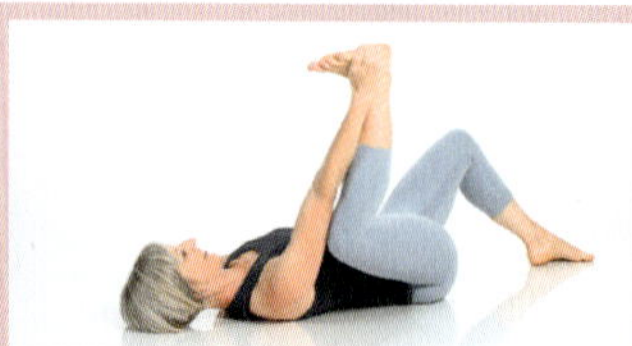 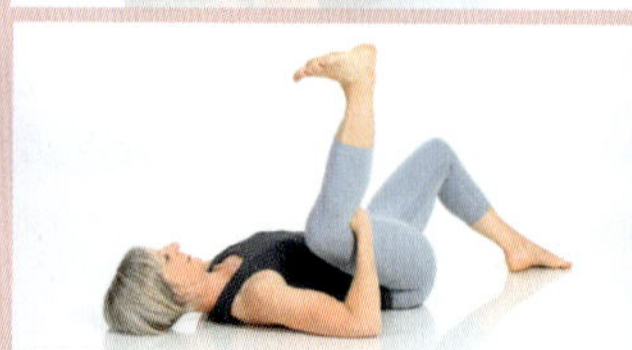	**Dehnung des Hüftbeugemuskels II** » S. 129 Auf beiden Seiten jeweils 30 Sekunden lang halten und in die Dehnung „hineinschmelzen“.
11.	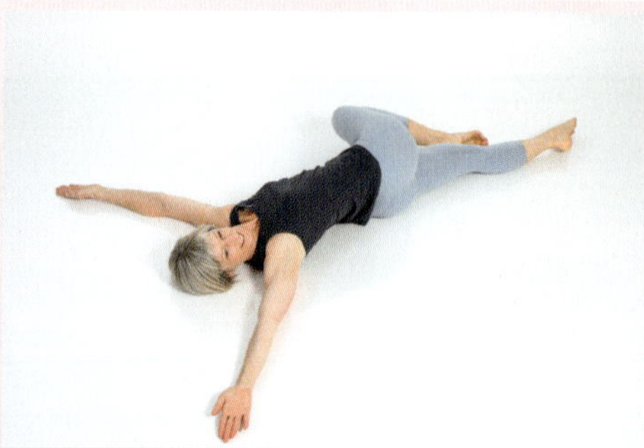	**Dehnung der Rücken-, Bauch-, Gesäß- und Brustmuskulatur** » S. 130 Auf beiden Seiten jeweils 30 Sekunden lang halten und in die Dehnung „hineinschmelzen“.
12.	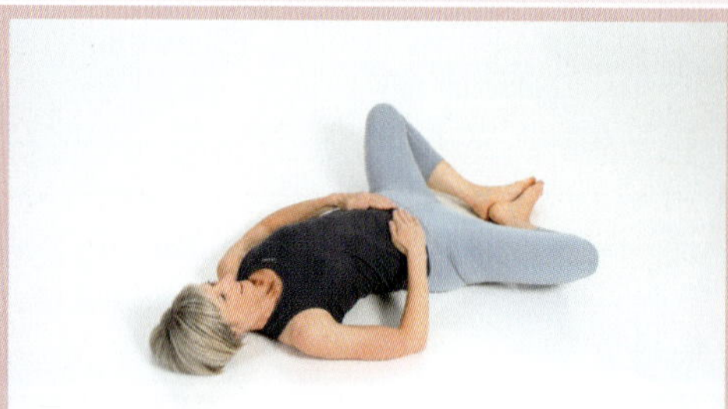	**Entspannung des Beckenbodens und Dehnung der Oberschenkelinnenseiten** » S. 144 Diese Position eine Minute lang halten.

13.	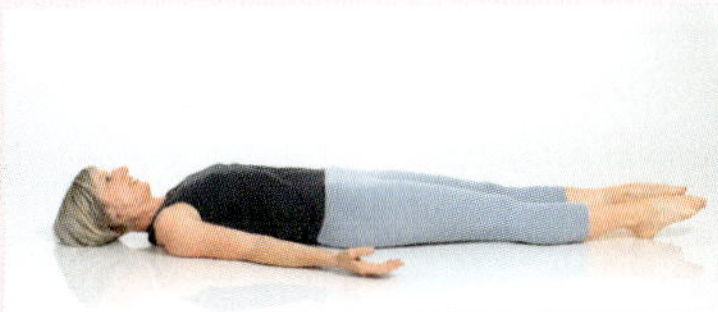 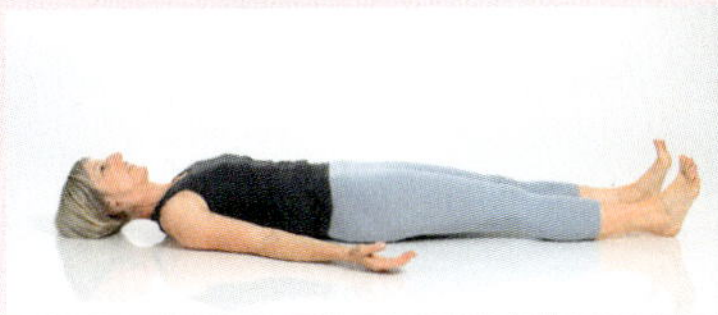	**Aktivieren aller Rezeptoren innerhalb der Faszien » S. 143** Rütteln Sie, solange Sie sich wohlfühlen.
14.	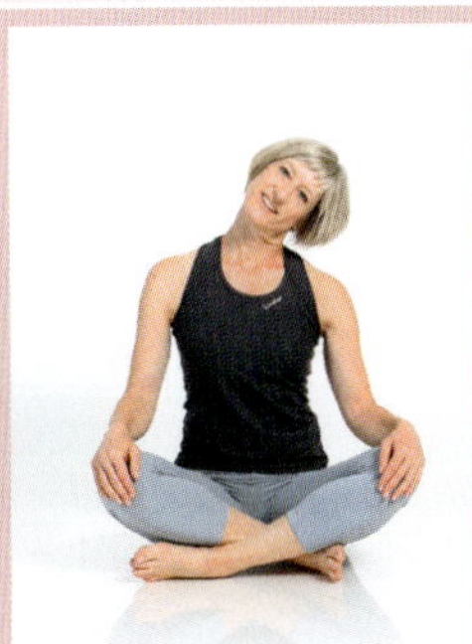 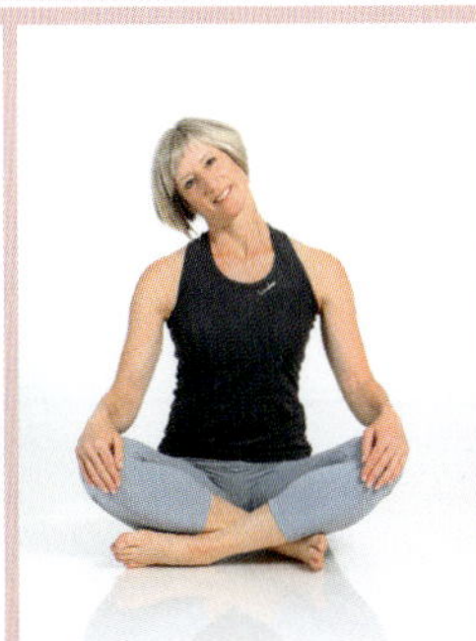	**Dehnung des Nackens » S. 136** Auf beiden Seiten diese Position 30 Sekunden lang halten und in die Seitneigung „hineinschmelzen".
15.	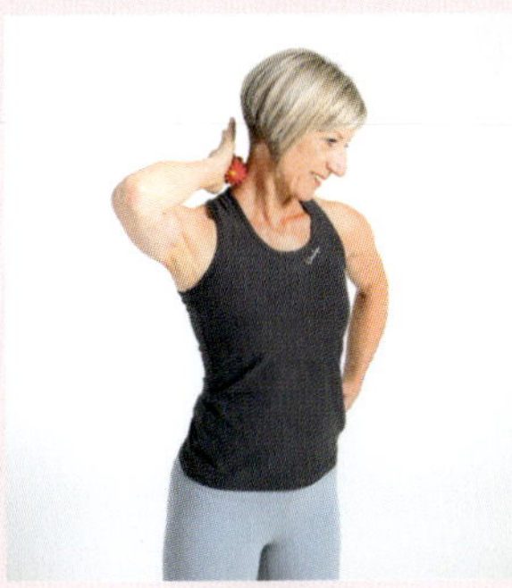	**Massage der Nackenmuskulatur » S. 141** Rollen sie solange sie sich wohl fühlen.
16.	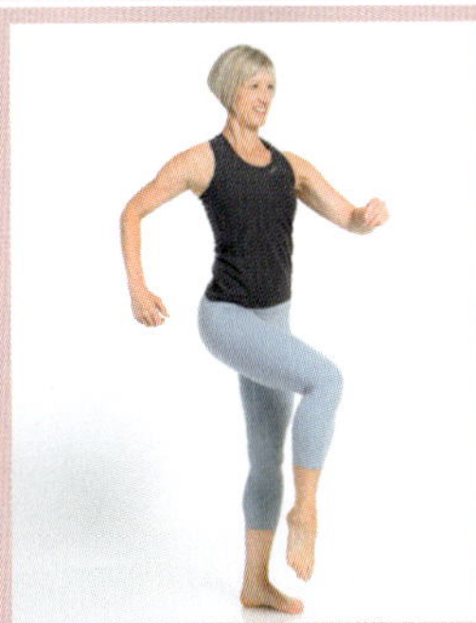	**Senken der Pulsfrequenz » S. 152** 3-15 Minuten lang gehen.

17.	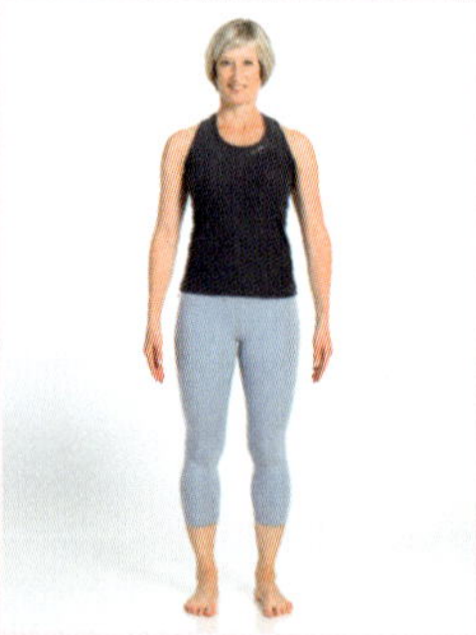	**Haltung** » S. 46 Circa eine Minute lang wahrnehmen.

6.1.3 Das 45-Minuten-Programm

1.	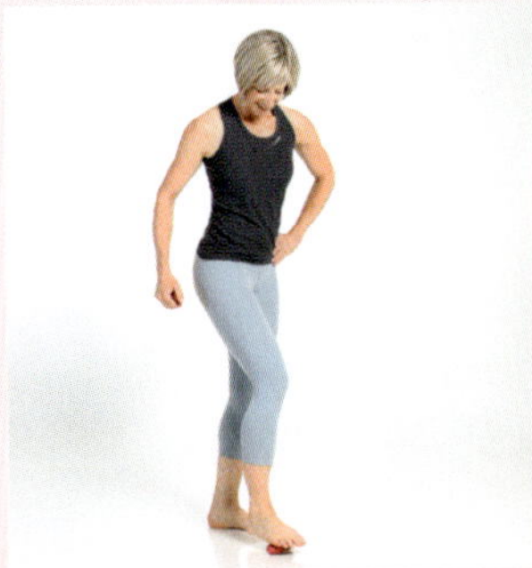	**Aktivieren der Fußrezeptoren und Massage** » S. 140 Je Fuß circa eine Minute lang rollen.
2.	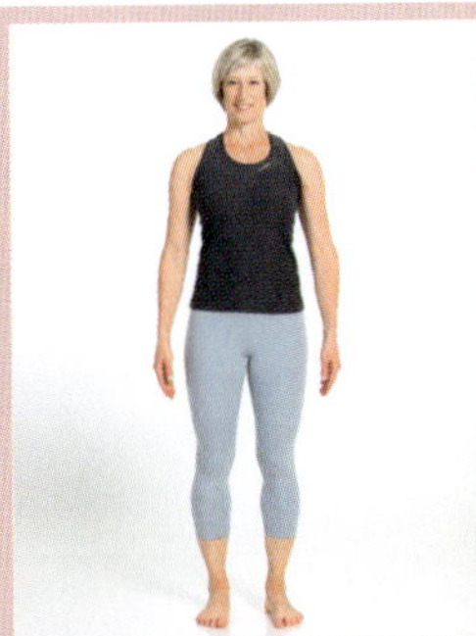	**Haltung** » S. 44 Circa eine Minute lang wahrnehmen.
3.	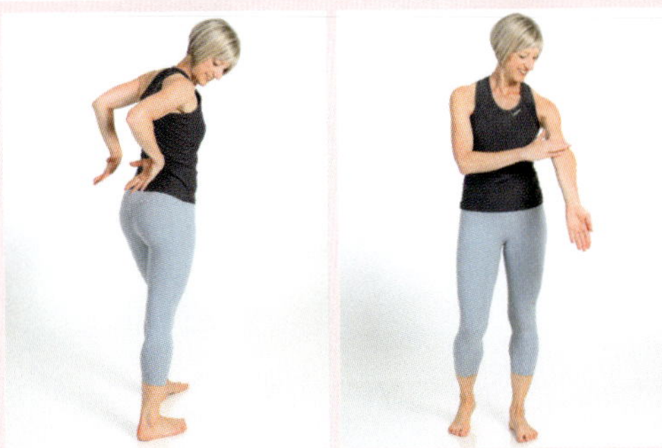	**Aktivieren der Rezeptoren innerhalb des Bindegewebes** » S. 139 Klatschen Sie sich ab, solange Sie sich wohl fühlen.
4.	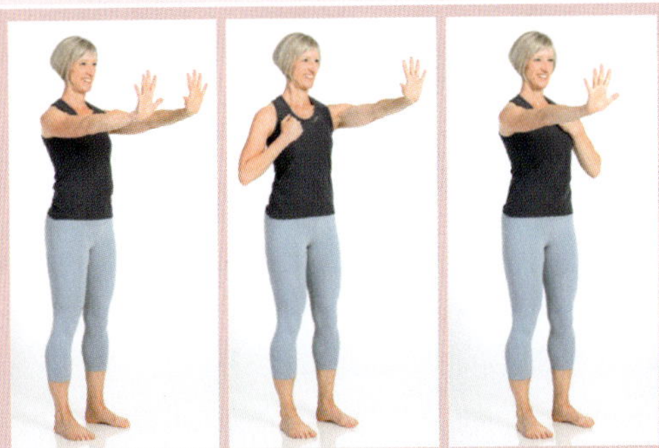	**Koordination I** » S. 40 Wiederholen Sie jede Position so oft, bis es klappt. Nicht ärgern, wenn es nicht sofort klappt, dann „trainieren" Sie Ihr Gehirn!

5.

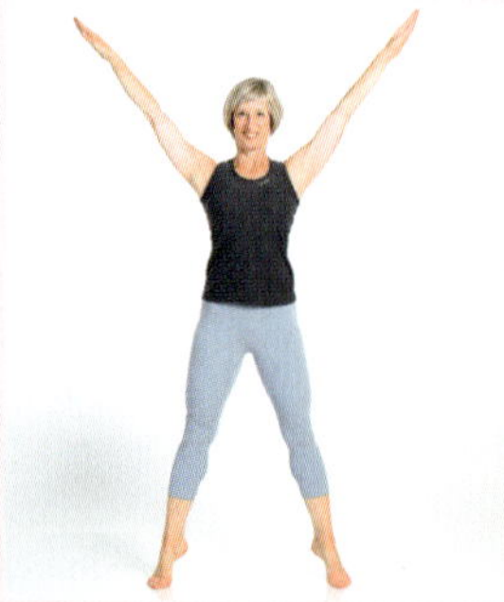

Ganzkörperspannung und Schulung der Gleichgewichtsfähigkeit » S. 155

Halten Sie diese Position 5-6 Atemzüge lang.

6.

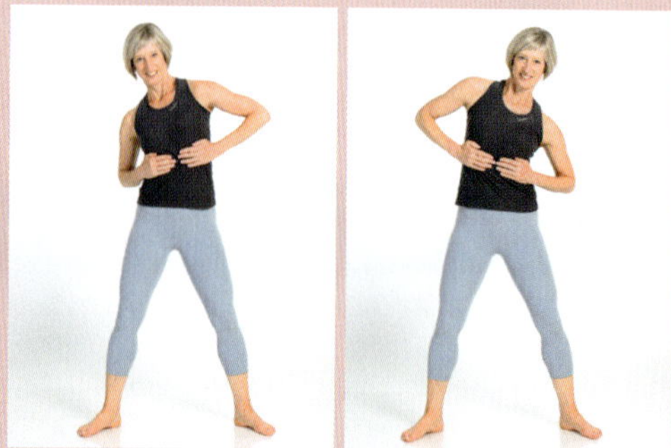

Verbesserung der Beweglichkeit der Brustwirbelsäule und der Rippenbögen » S. 154

Wiederholen Sie diese Achterbewegung 8-10-mal.

7.

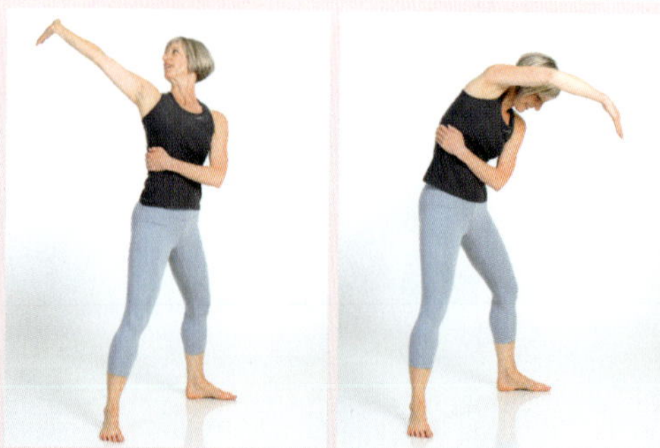

Dehnung der Zwischenrippen-Faszien » S. 156

Wiederholen Sie diese Abfolge 6-8-mal je Seite.

8.

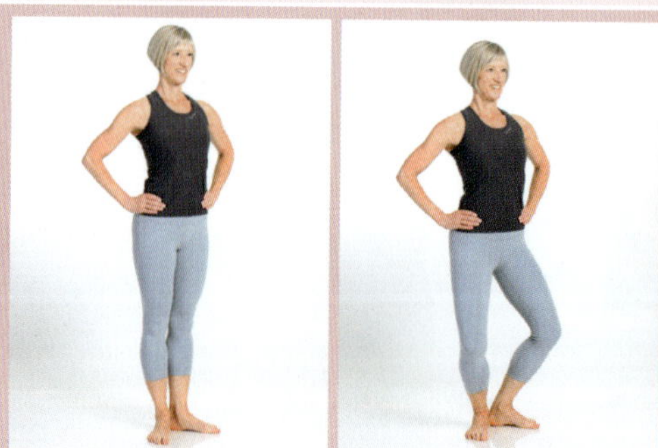

Kräftigung des Beckenbodens und der Oberschenkelinnenseiten » S. 59

10-15 Wiederholungen der Übung durchführen. 2-3 Sätze absolvieren.

9.	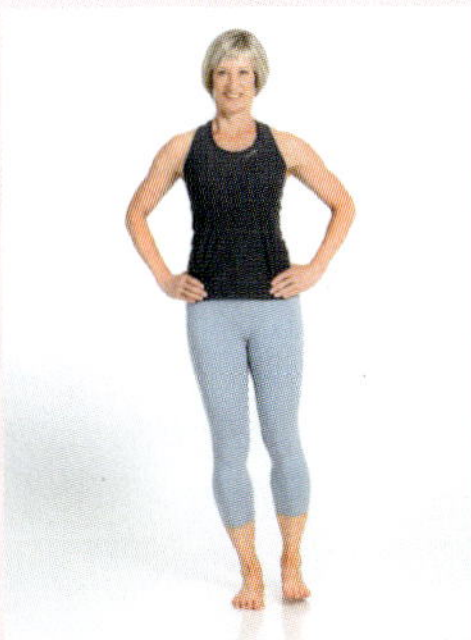	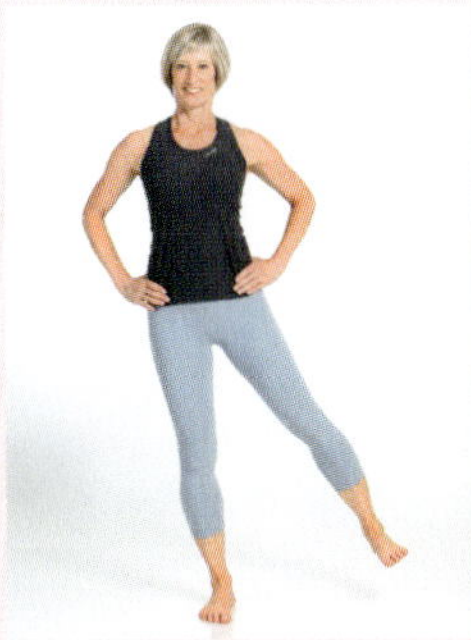	**Kräftigung der Oberschenkelaußenseite und Verbesserung des Gleichgewichts » S. 87** 15-20 Wiederholungen je Seite ausführen. 2-3 Sätze absolvieren.
10.	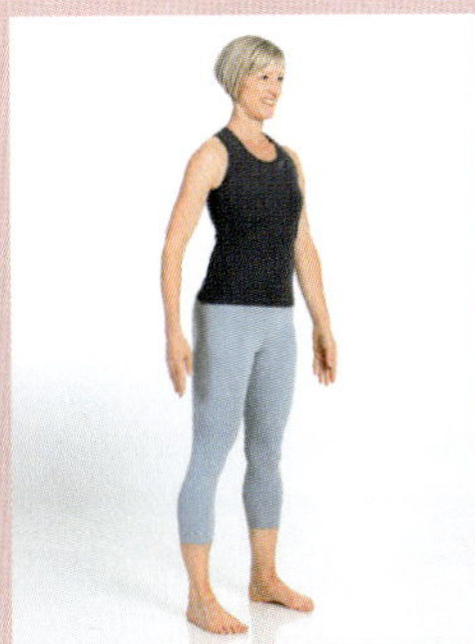	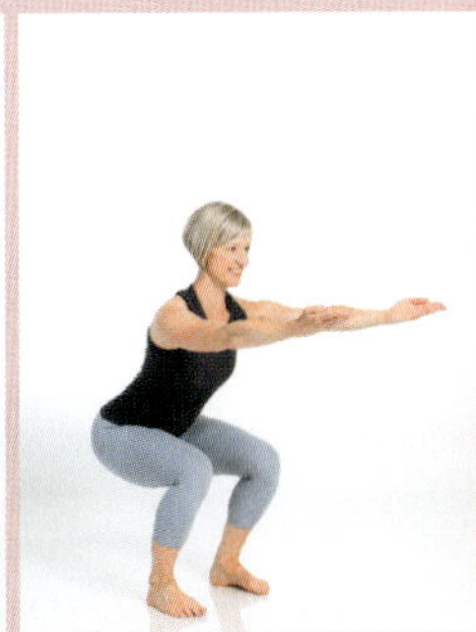	**Kräftigung der Oberschenkel- und Gesäßmuskulatur » S. 86** 15-20 Wiederholungen der Übung durchführen. 2-3 Sätze absolvieren.
11.	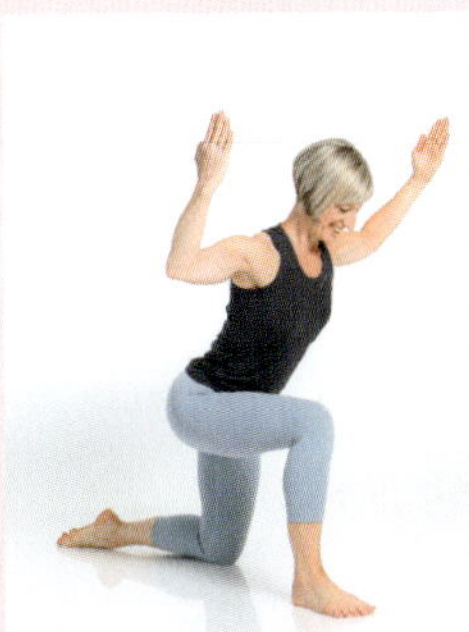	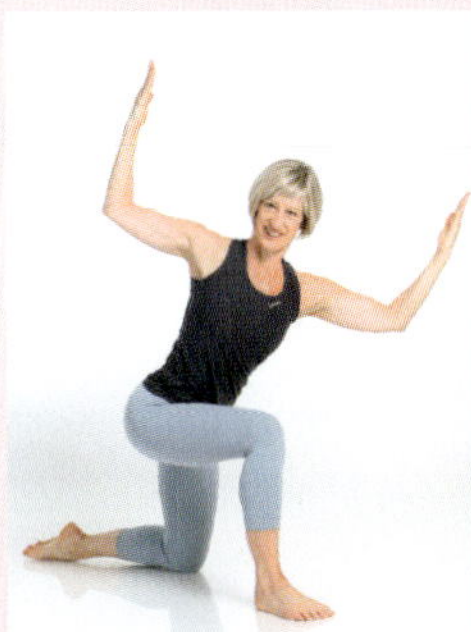	**Kräftigung der Rückenstreckmuskulatur I » S. 62** Je Seite 8-10 Wiederholungen der Übung ausführen. 2-3 Sätze absolvieren.
12.	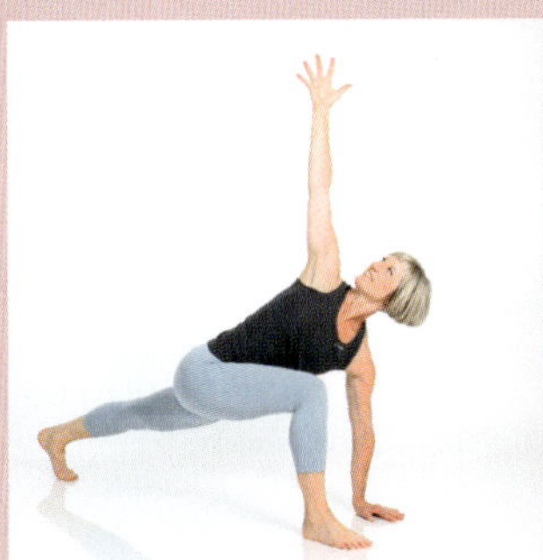		**Dehnung der Bauch-, Rückenmuskulatur, der Oberschenkelvorderseite und des Hüftbeugemuskels » S. 123** Auf beiden Seiten diese Position circa 30 Sekunden lang halten und in die Dehnung „hineinschmelzen".

13.	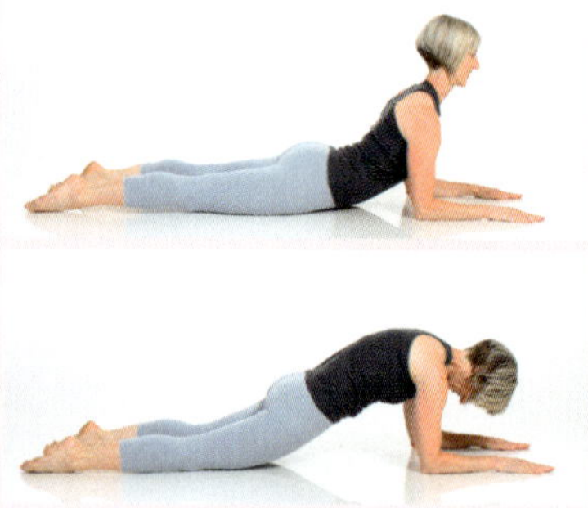	**Kräftigung der Bauchmuskulatur und der Stützkraft » S. 73** 8-10 Wiederholungen dieser Übung ausführen. 2-3 Sätze absolvieren.
14.	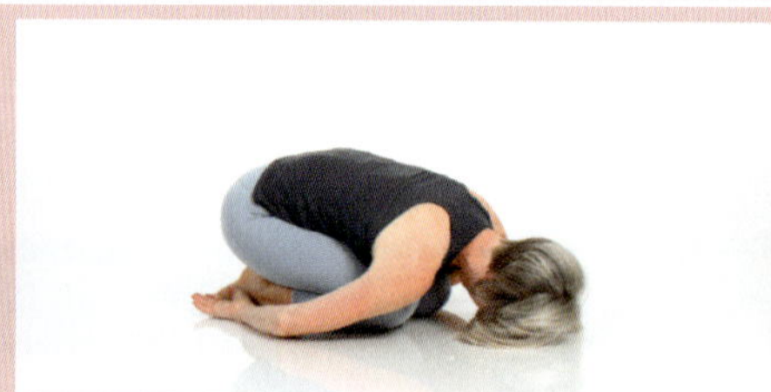	**Dehnung des unteren Rückens, Entspannung » S. 135** Diese Position eine Minute lang halten.
15.	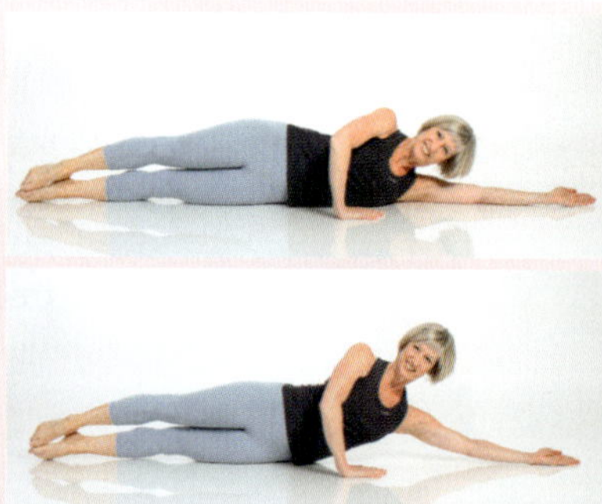	**Kräftigung der seitlichen Rumpfmuskulatur » S. 75** Je Seite 10-15 Wiederholungen der Übung ausführen. 2-3 Sätze absolvieren.
16.	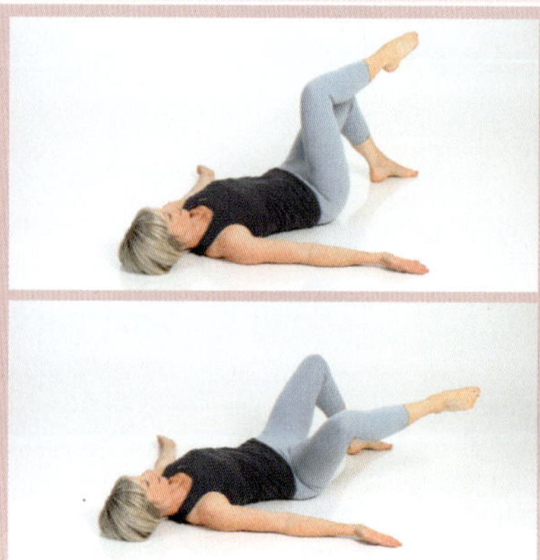	**Kräftigung der tiefen Bauchmuskulatur und des Beckenbodens » S. 78** Je Seite 10-15 Wiederholungen der Übung ausführen. 2-3 Sätze absolvieren.

17.	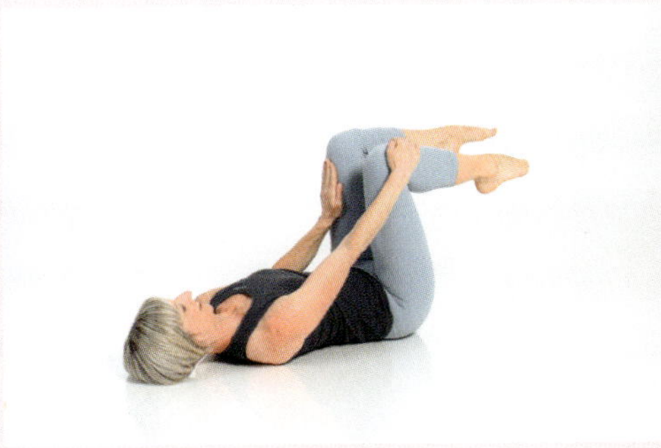	**Kräftigung der tiefen Bauchmuskulatur und des Beckenbodens II** » S. 79 Je Seite 6-8 Wiederholungen der Übung durchführen. 2-3 Sätze absolvieren.
18.	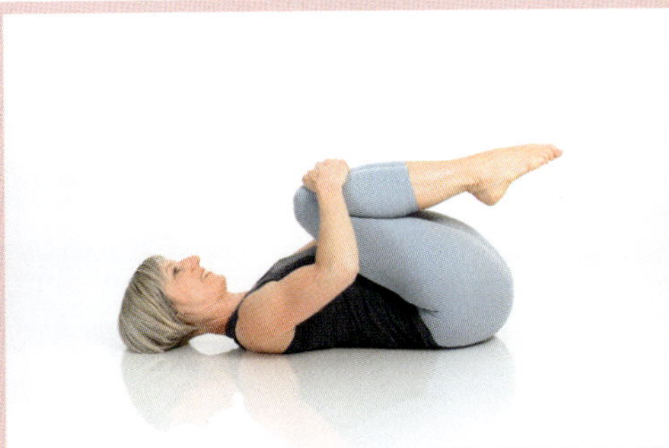	**Dehnung des unteren Rückens** » S. 128 20-30 Wiederholungen durchführen.
19.	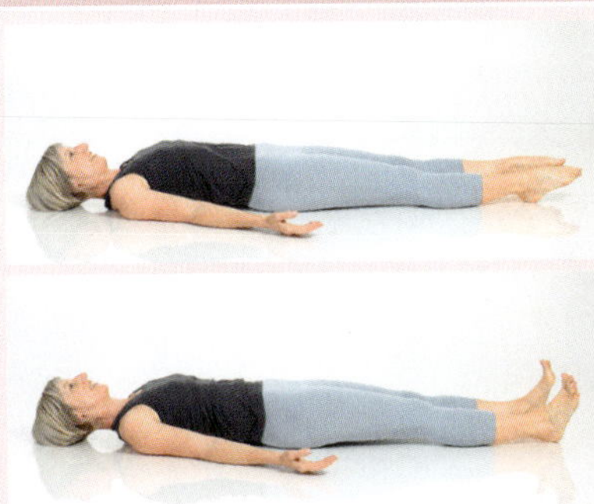	**Aktivieren aller Rezeptoren innerhalb der Faszien** » S. 143 Rütteln Sie, solange Sie sich wohlfühlen.
20.	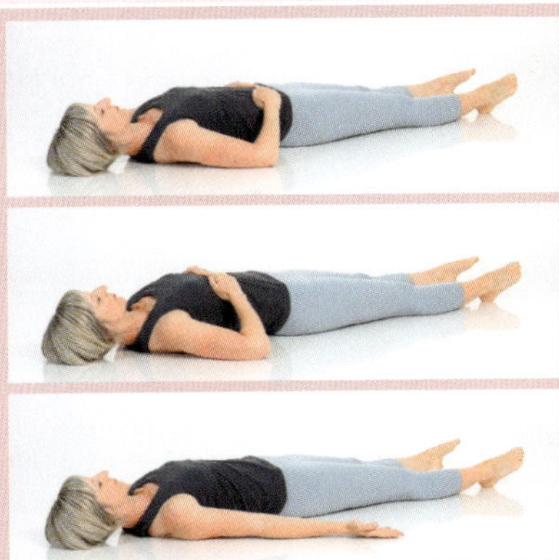	**Wahrnehmen der Atemräume** » S. 153 Einige Atemzüge in die unterschiedlichen Atemräume atmen, dann einen Moment liegen bleiben.

22.	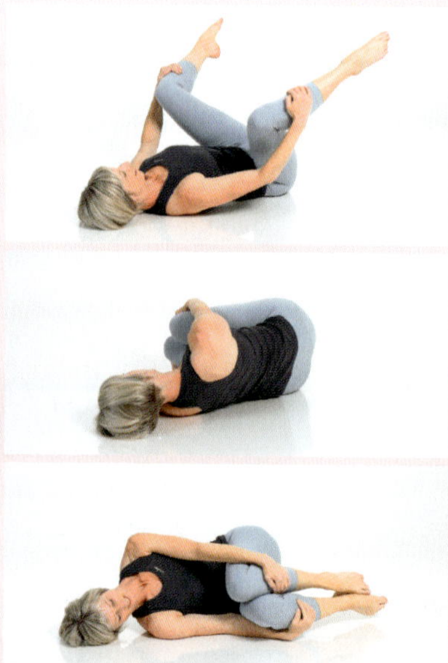	**Massage des Rückens und Organgymnastik** » S. 142 Schaukeln Sie, solange Sie sich wohlfühlen.
23.	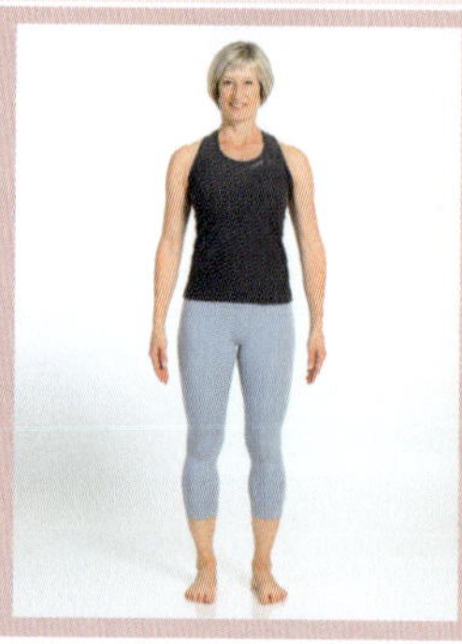	**Haltung** » S. 46 Circa eine Minute lang wahrnehmen.

6.2 Funktionelles Training

6.2.1 Das 15-Minuten-Programm

1.	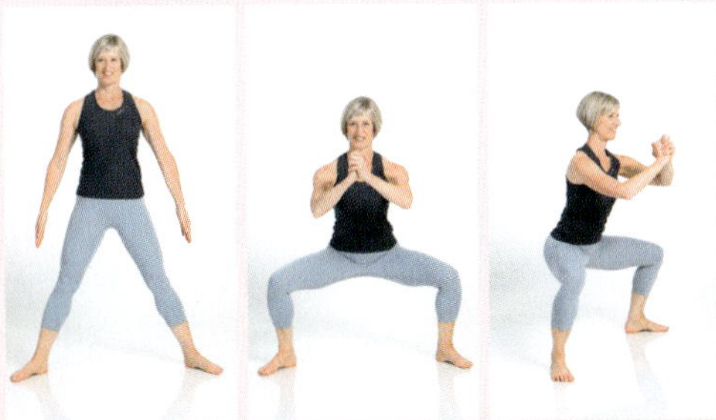	**Kräftigung der Beinmuskulatur I » S. 90** 15-20 Wiederholungen der Übung ausführen. 2-3 Sätze absolvieren.
2.	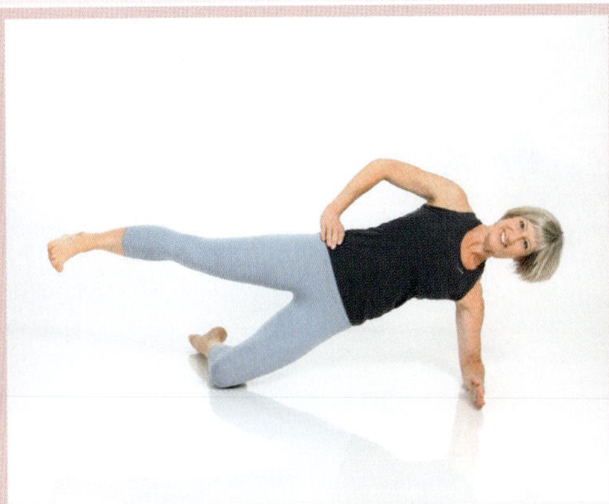	**Kräftigung der seitlichen Rumpfmuskulatur, der Oberschenkelaußenseite und der Gesäßmuskulatur, Verbesserung der Stützkraft » S. 95** Je Seite 15-20 Wiederholungen der Übung ausführen. 2-3 Sätze durchführen.
3.	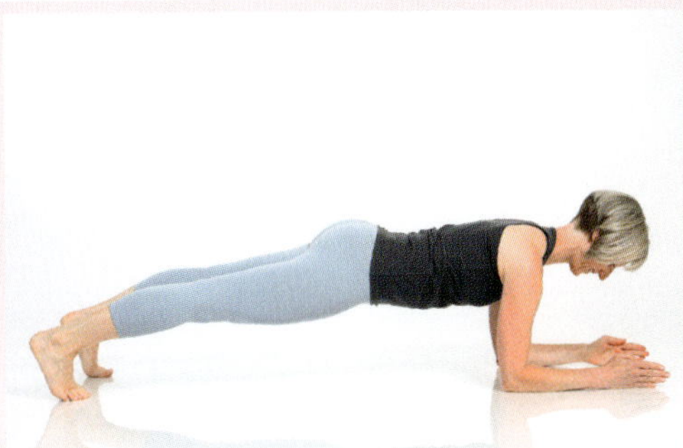	**Kräftigung der gesamten Körpervorderseite und der Stützkraft » S. 69** Diese Position circa 30 Sekunden lang halten. 2-3 Sätze absolvieren.

4.	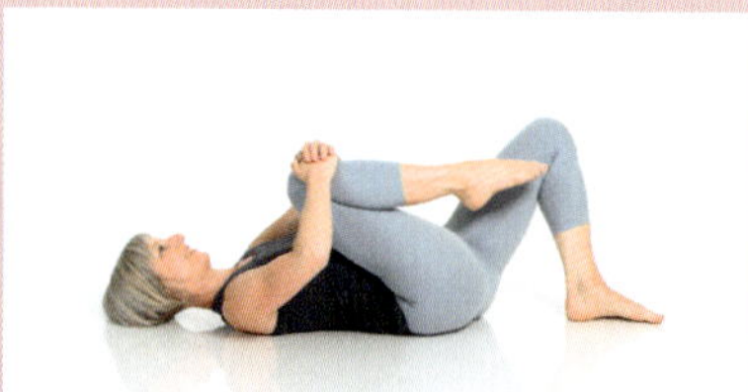 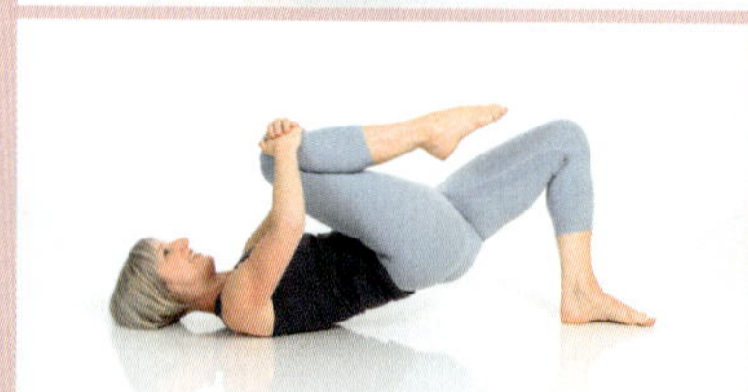	**Kräftigung der Oberschenkelrückseite und der Gesäßmuskulatur** » S. 98 Je Seite 20-30 Wiederholungen der Übung durchführen. 2-3 Sätze absolvieren.
5.	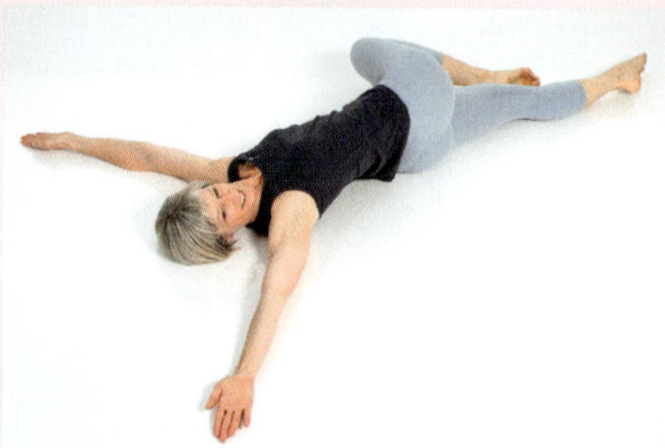	**Dehnung der Rücken-, Bauch-, Gesäß- und Brustmuskulatur** » S. 130 Auf beiden Seiten jeweils 30 Sekunden lang halten und in die Dehnung „hineinschmelzen".

6.2.2 Das 30-Minuten-Programm

1.	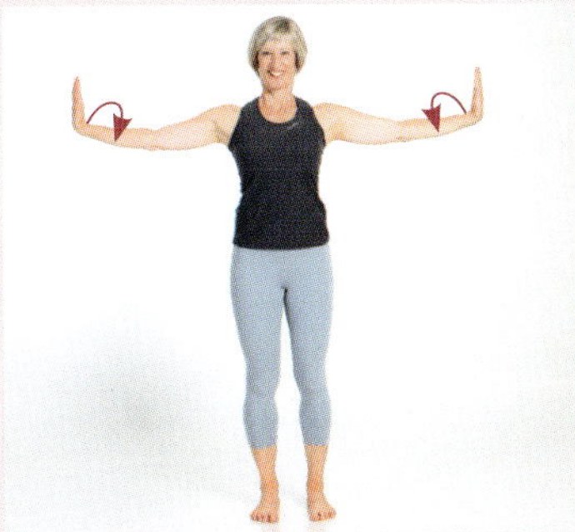	**Kräftigung der Schultermuskulatur I** » S. 101 Nach circa 30 Wiederholungen nach vorne kreisen, circa 30 Kreise zurück ausführen. 2-3 Sätze absolvieren.
2.	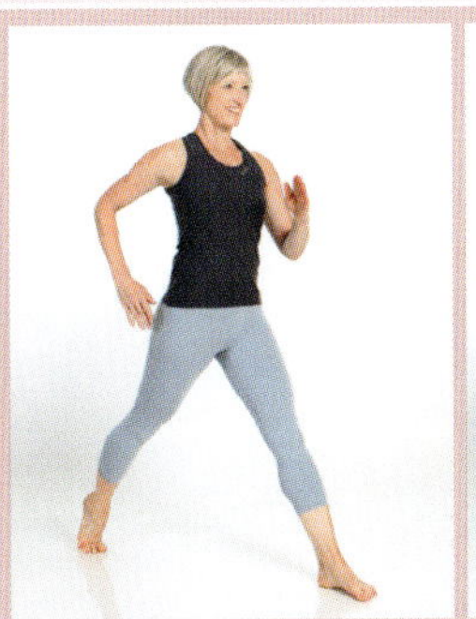 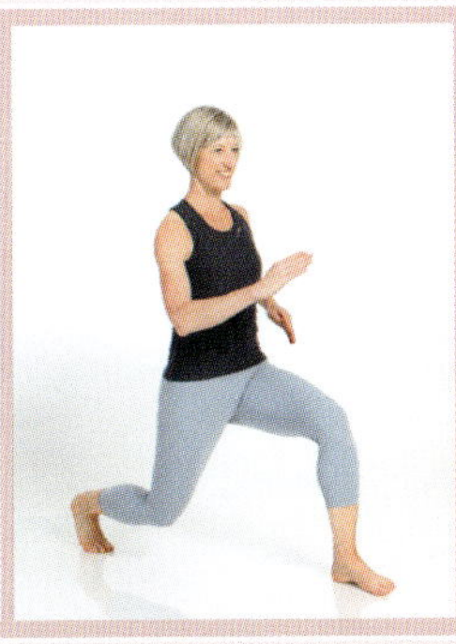	**Kräftigung der Beinmuskulatur II** » S. 91 Je Seite 15-20 Wiederholungen durchführen. 2-3 Sätze absolvieren.
3	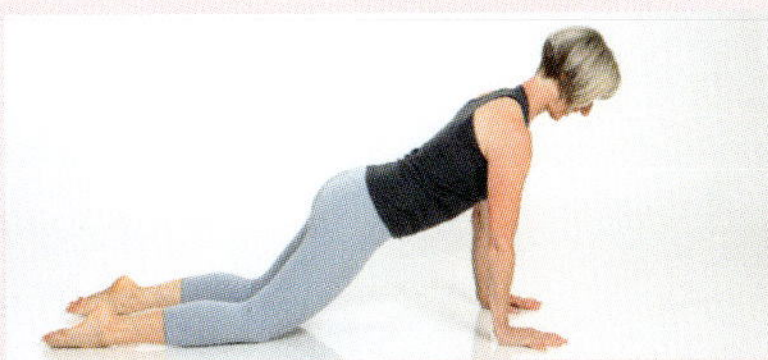 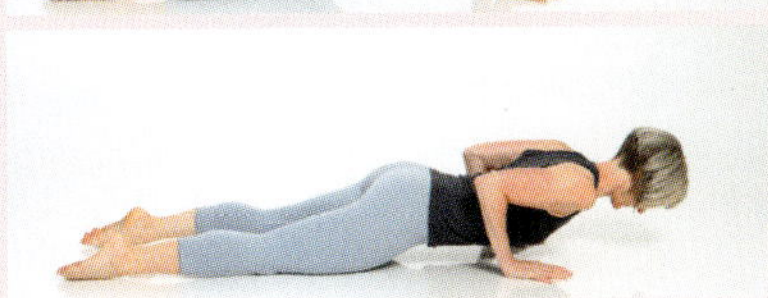	**Kräftigung des Trizeps (Armstrecker) II** » S. 108 10-15 Wiederholungen der Übung ausführen. 2-3 Sätze absolvieren.
4.	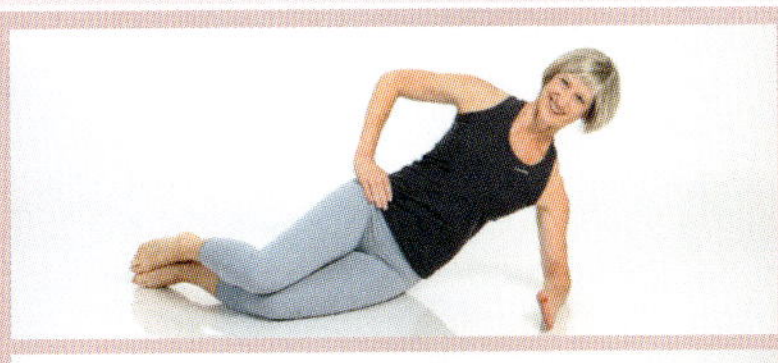 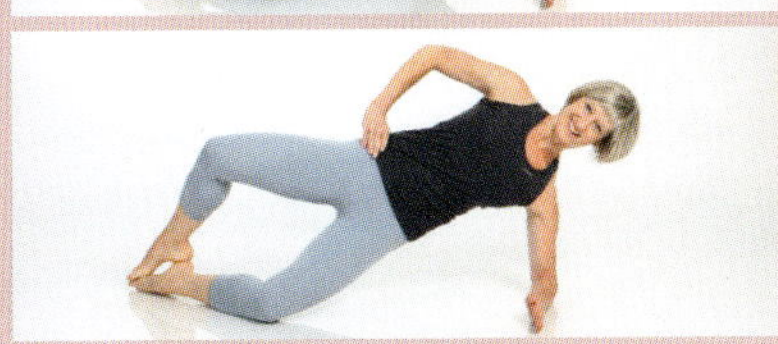	**Kräftigung der seitlichen Rumpfmuskultur und der Gesäßmuskulatur, Verbesserung der Stützkraft** » S. 94 Je Seite 10-15 Wiederholungen der Übung durchführen. 2-3 Sätze absolvieren.

5.	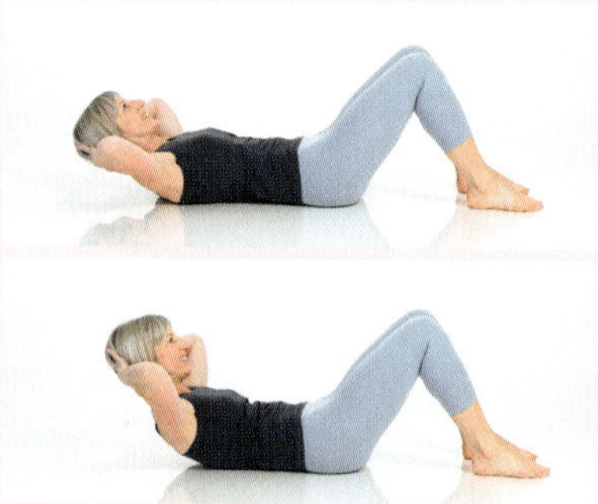	**Kräftigung der geraden Bauchmuskulatur II » S. 82** 10-15 Wiederholungen der Übung ausführen. 2-3 Sätze absolvieren.
6.	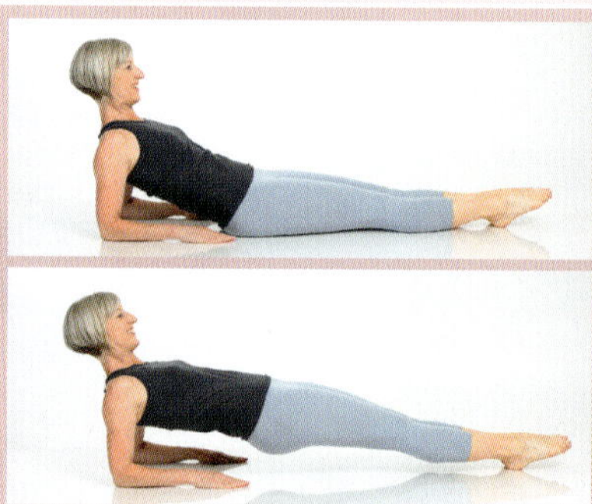	**Kräftigung der gesamten Körperrückseite und der Stützkraft » S. 77** Diese Position 30 Sekunden lang halten. 2-3 Sätze absolvieren.
7.	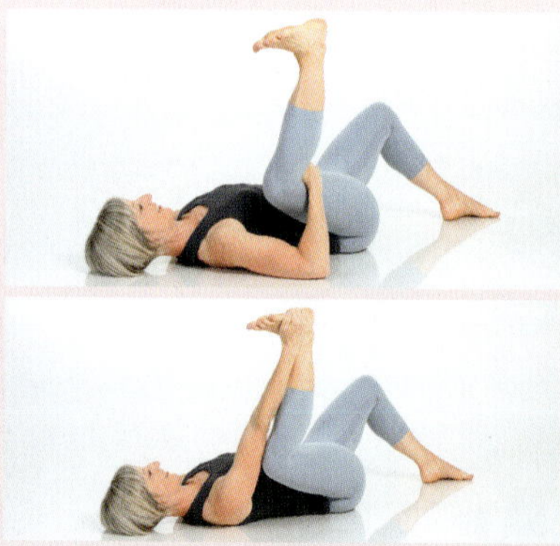	**Dehnung des Hüftbeugemuskels II » S. 129** Auf beiden Seiten jeweils 30 Sekunden lang halten und in die Dehnung „hineinschmelzen".
8.	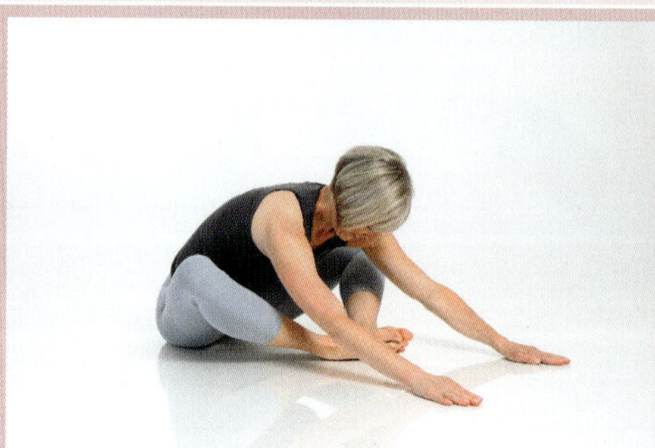	**Dehnung des unteren Rückens und der Oberschenkelinnenseiten » S. 125** Diese Position 30 Sekunden lang halten und in die Dehnung „hineinschmelzen".

9.	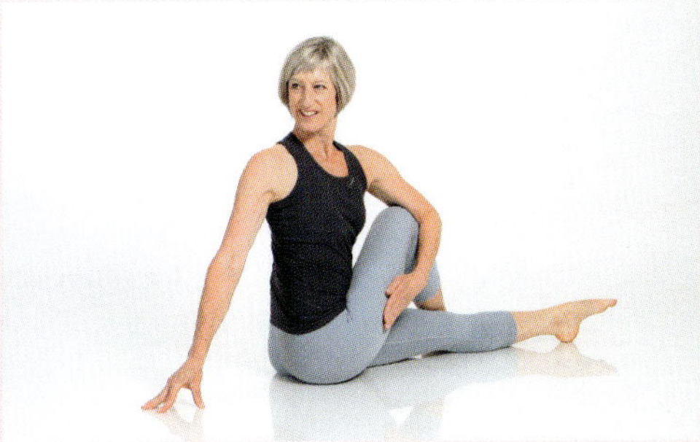	**Dehnung der Gesäß-, Rücken- und Bauchmuskulatur » S. 126** Auf beiden Seiten diese Position jeweils 30 Sekunden lang halten und in die Dehnung „hineinschmelzen“.
10.	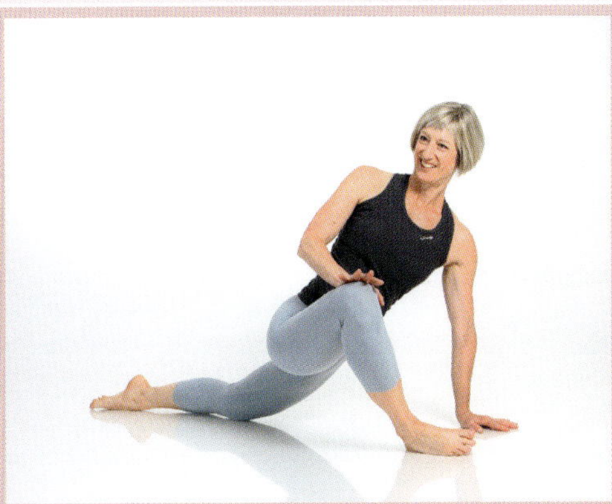	**Dehnung der Oberschenkelvorderseite und des Hüftbeugemuskels, zusätzliche Hüftmobilisation » S. 122** Auf beiden Seiten diese Position circa 30 Sekunden lang halten und in die Dehnung „hineinschmelzen“.
11.	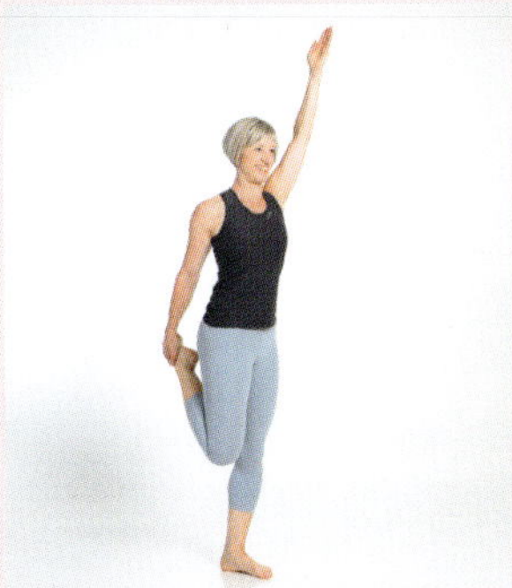	**Dehnung der Oberschenkelvorderseite und des Hüftbeugemuskels » S. 118** Je Bein die Position circa 30 Sekunden lang halten.
12.	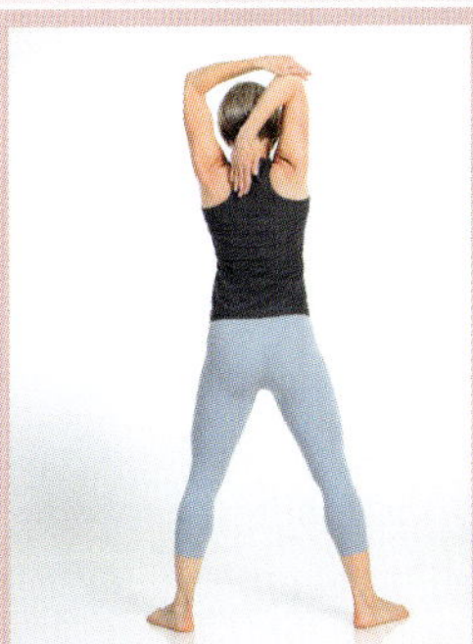 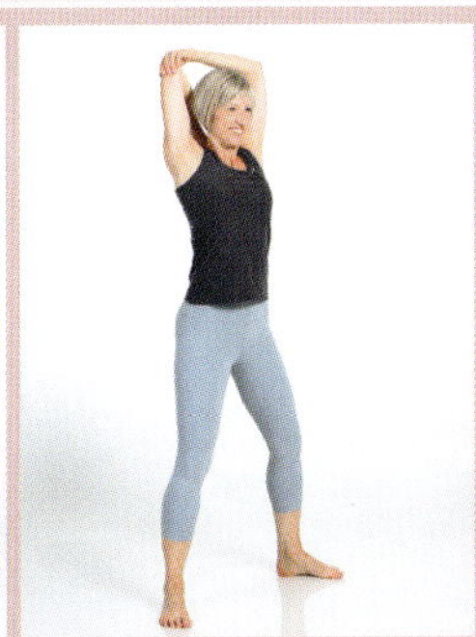	**Dehnung des Trizeps » S. 114** Je Seite die Position 30 Sekunden lang halten.

6.2.3 Das 45-Minuten-Programm

1.	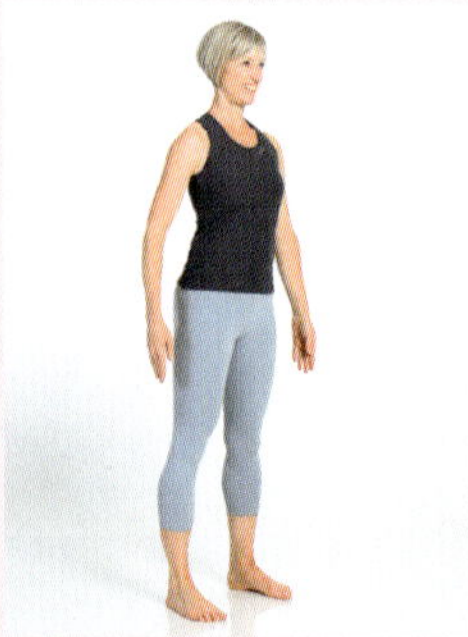 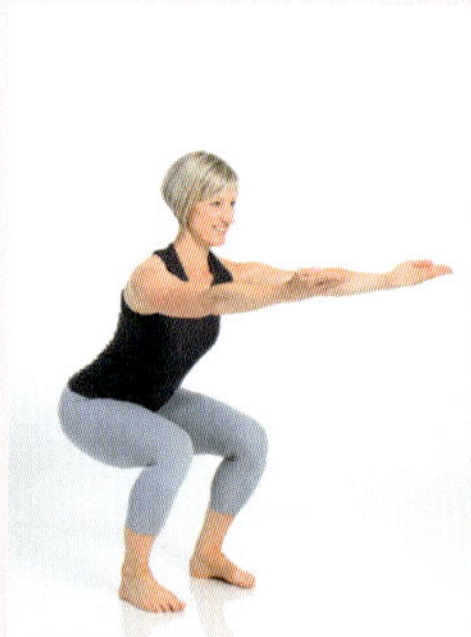	**Kräftigung der Oberschenkel- und Gesäßmuskulatur » S. 86** 15-20 Wiederholungen der Übung durchführen. 2-3 Sätze absolvieren.
2.	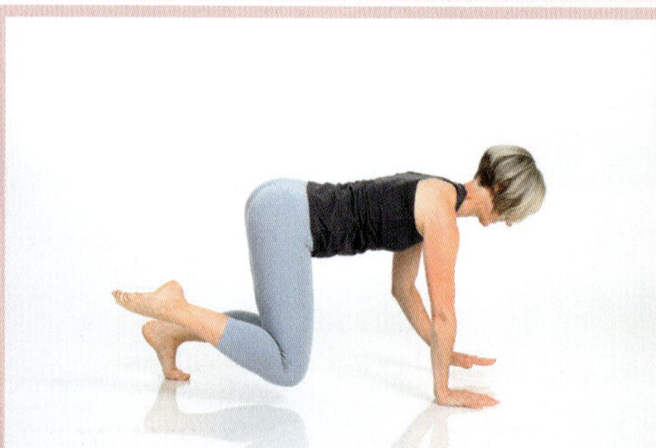	**Kräftigung der tiefen Bauch- und Rückenmuskulatur II » S. 66f.** Circa 30 Sekunden lang immer im Wechsel die Übung ausführen. 2-3 Sätze absolvieren.
3.	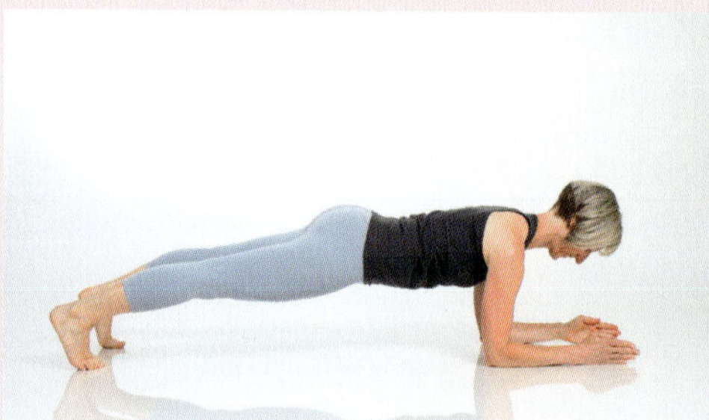	**Kräftigung der gesamten Körpervorderseite und der Stützkraft » S. 69** Diese Position circa 30 Sekunden lang halten. 2-3 Sätze absolvieren.
4.	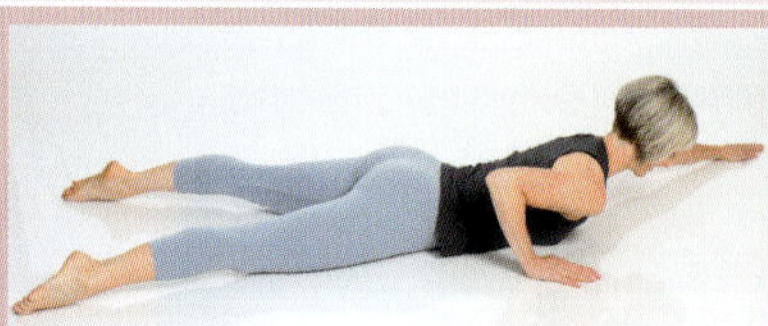 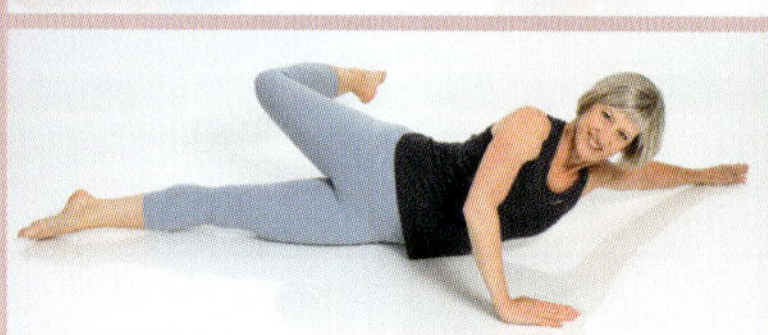	**Dehnung der Brustmuskulatur und des Hüftbeugemuskels » S. 124** Auf beiden Seiten diese Position jeweils 30 Sekunden lang halten.

5.	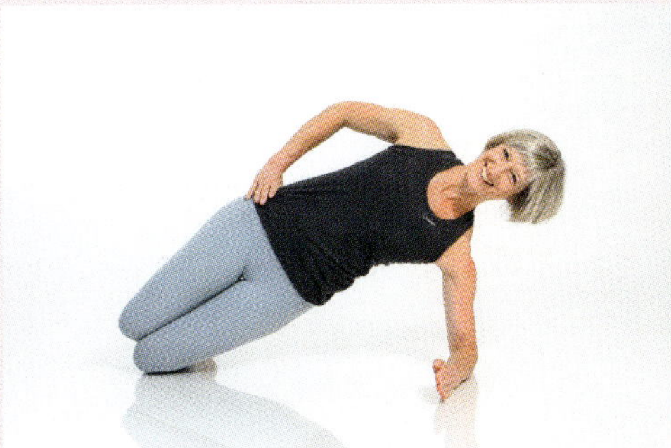	**Kräftigung der seitlichen Rumpfmuskulatur und der Stützkraft** » S. 74 Je Seite absolvieren Sie 15-20 Wiederholungen der Übung. 2-3 Sätze durchführen.
6.	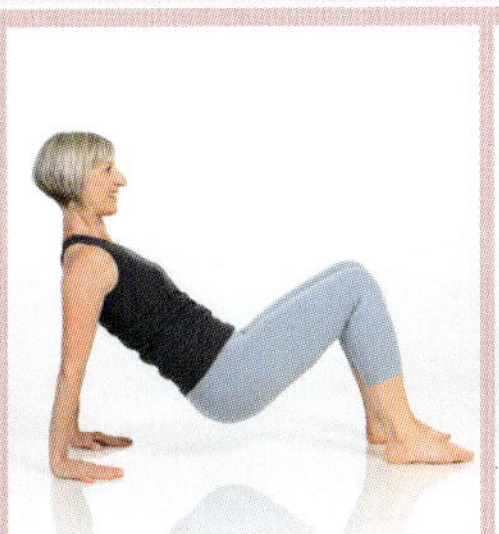 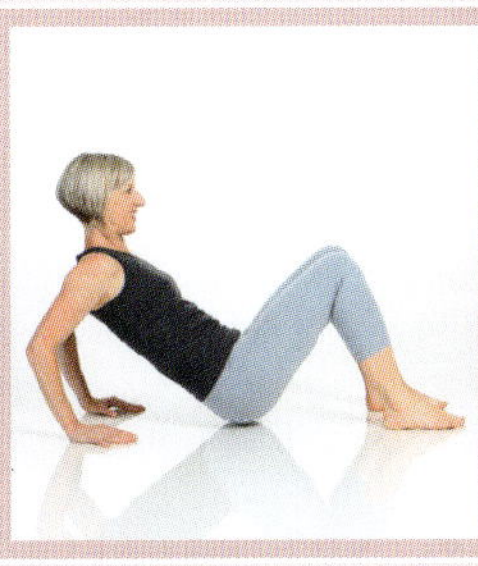	**Kräftigung des Trizeps (Armstrecker) IV** » S. 110 10-15 Wiederholungen der Übung durchführen. 2-3 Sätze absolvieren.
7.	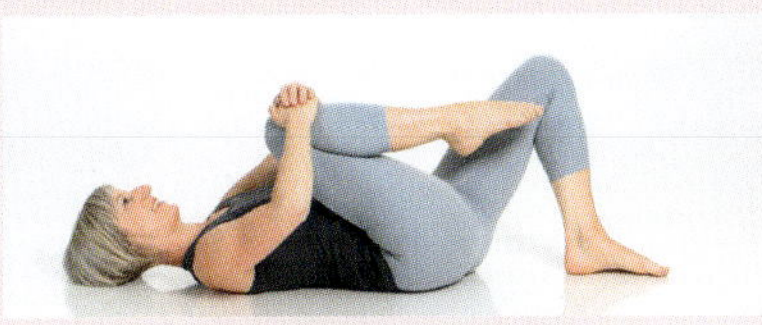 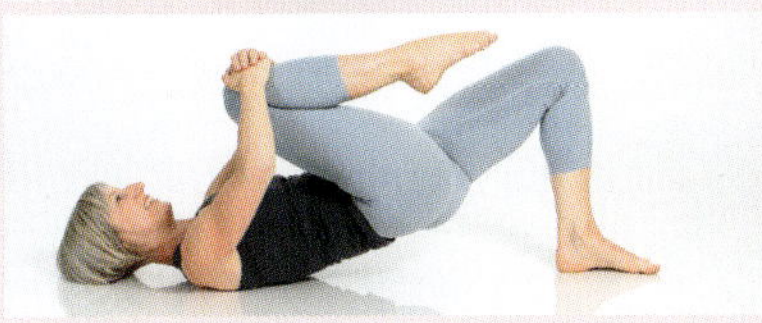	**Kräftigung der Oberschenkelrückseite und der Gesäßmuskulatur** » S. 98 Je Seite 20-30 Wiederholungen der Übung durchführen. 2-3 Sätze absolvieren.

8.	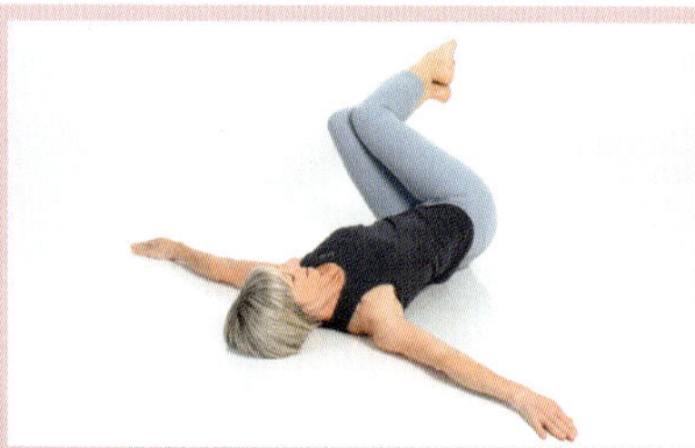 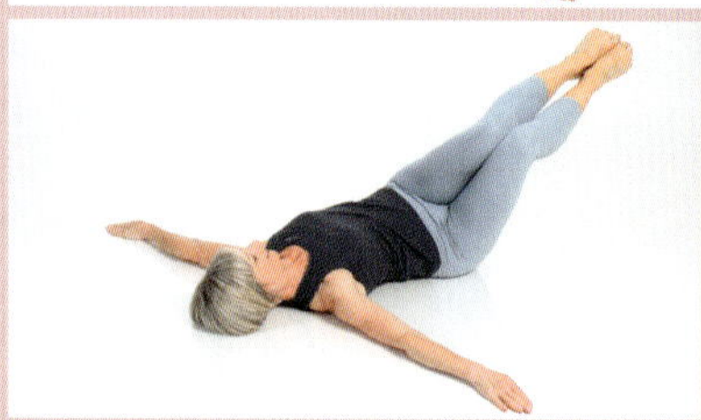	**Kräftigung der schrägen Bauchmuskulatur IV » S. 84** Je Seite 6-8 Wiederholungen der Übung durchführen. 2-3 Sätze absolvieren.
9.	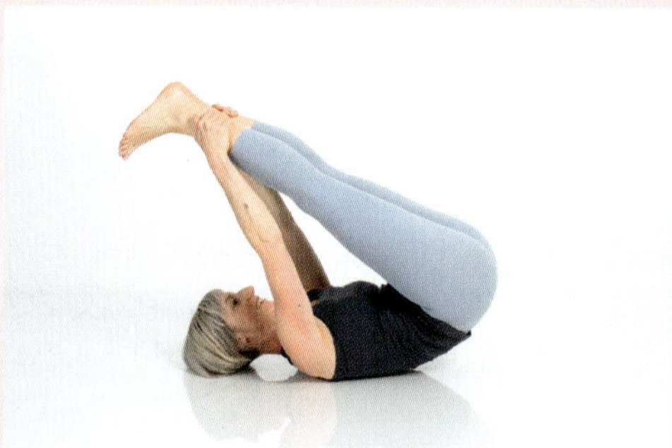	**Dehnung der Körperrückseite » S. 132** Diese Position 30 Sekunden lang halten und in die Dehnung „hineinschmelzen".
10.	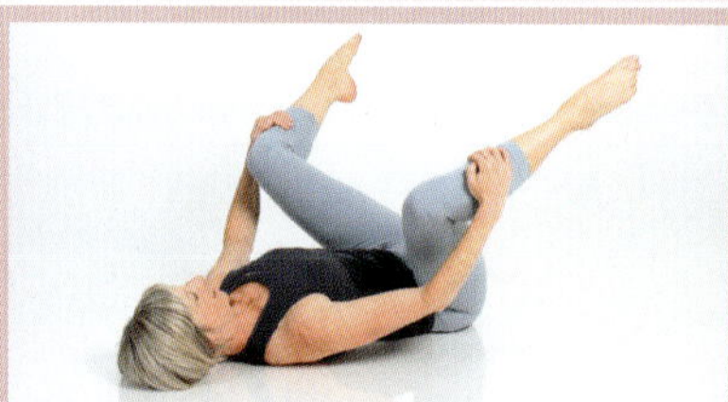 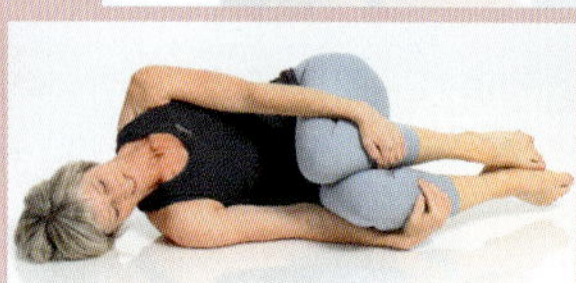 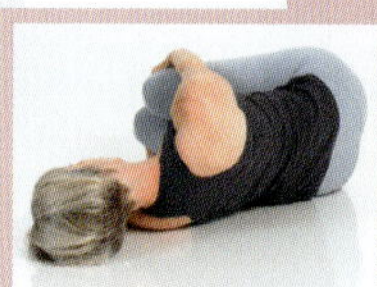	**Massage des Rückens und Organgymnastik » S. 142** Schaukeln Sie, solange Sie sich wohlfühlen.

11.	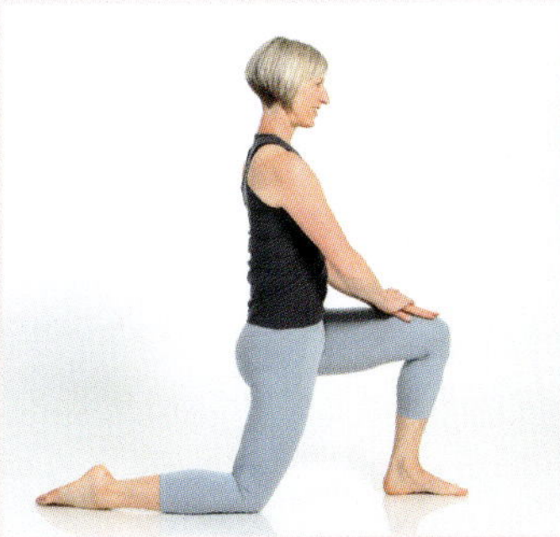	**Dehnung des Hüftbeugemuskels I** » S. 120 Je Seite diese Position circa 30 Sekunden lang halten und in die Dehnung „hineinschmelzen“.
12.	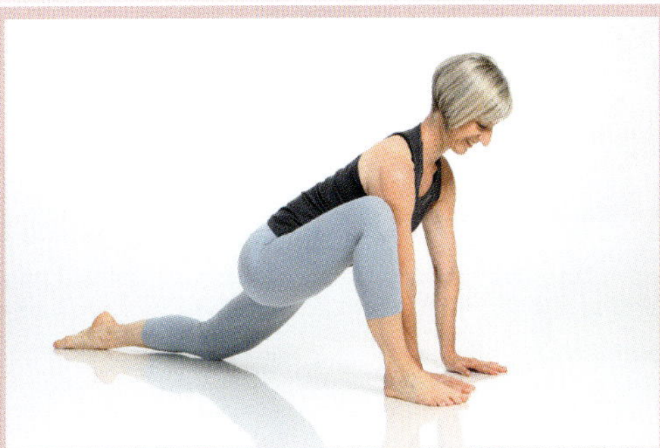	**Dehnung der Oberschenkelvorderseite und des Hüftbeugemuskels** » S. 121 Auf beiden Seiten diese Position circa 30 Sekunden lang halten und in die Dehnung „hineinschmelzen“.
13.	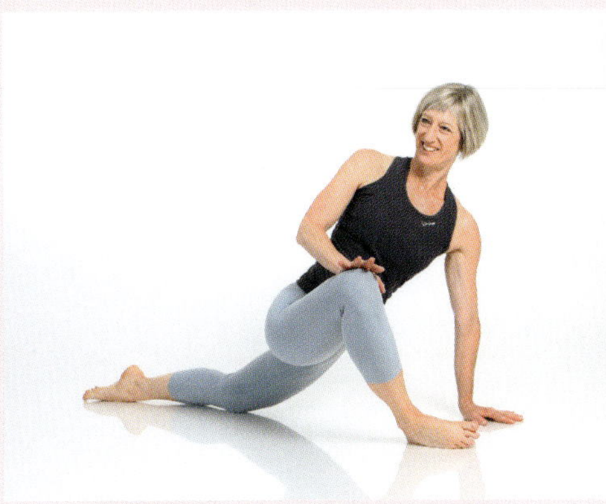	**Dehnung der Oberschenkelvorderseite und des Hüftbeugemuskels, zusätzliche Hüftmobilisation** » S. 122 Auf beiden Seiten diese Position circa 30 Sekunden lang halten und in die Dehnung „hineinschmelzen“.
14.	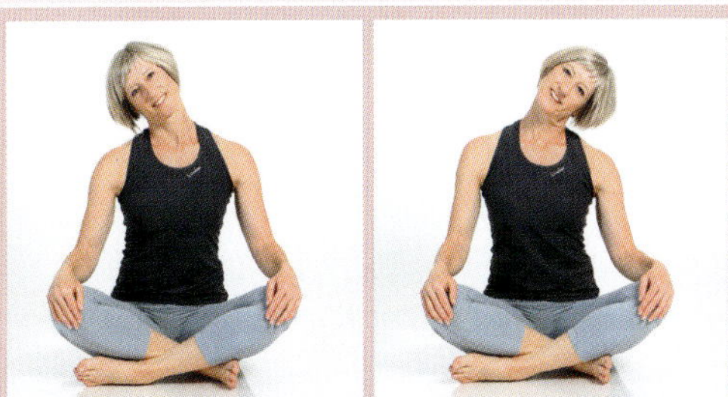	**Dehnung des Nackens** » S. 136 Auf beiden Seiten diese Position 30 Sekunden lang halten und in die Seitneigung „hineinschmelzen“.

15.	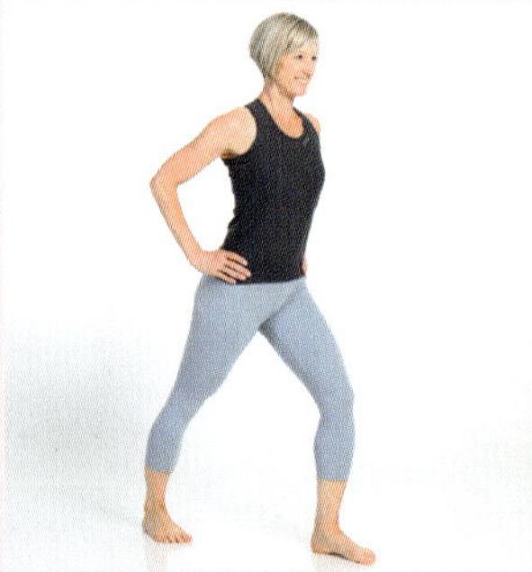	**Dehnung der Wadenmuskulatur » S. 116** Je Seite die Position 30 Sekunden lang halten.
16.	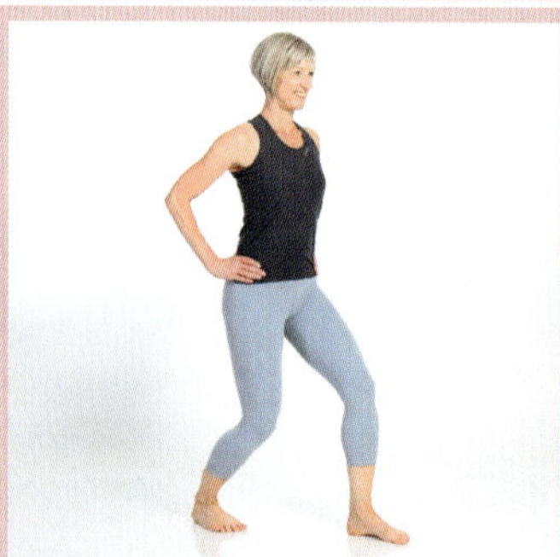	**Dehnung des Schollenmuskels » S. 117** Je Seite die Position 30 Sekunden lang halten.
17	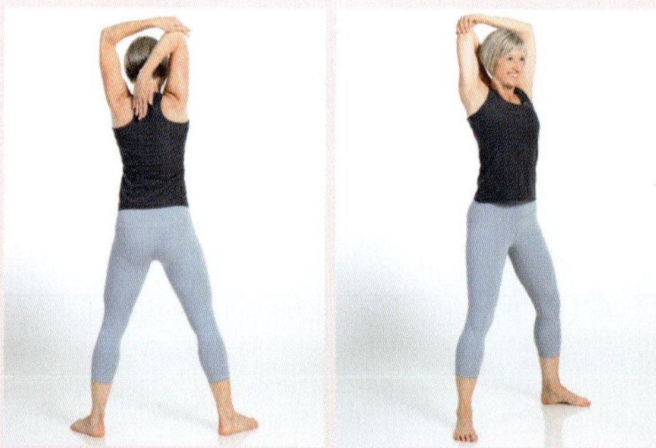	**Dehnung des Trizeps » S. 114** Je Seite die Position 30 Sekunden lang halten.
18.	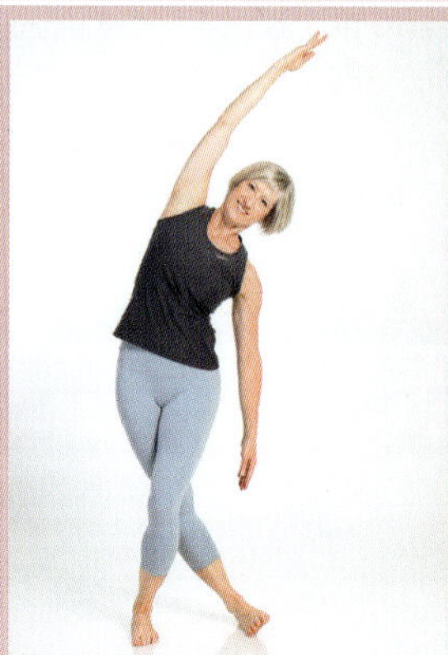	**Dehnung der Seitenlinie » S. 112** Je Seite 30 Sekunden lang in die Dehnung hineinschmelzen.

6.3 Figurtraining

6.3.1 Das 15-Minuten-Programm

1.	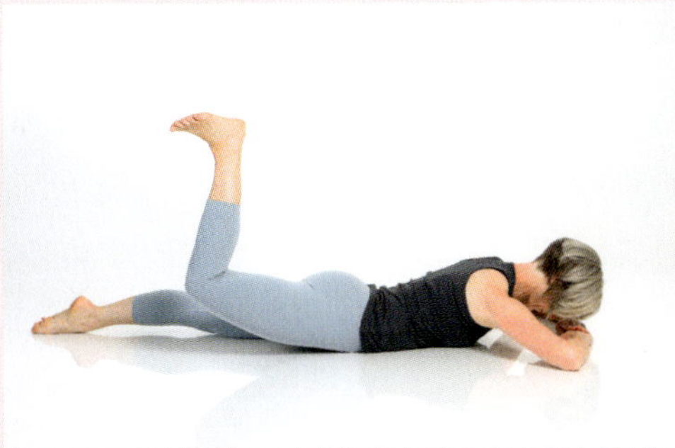	**Kräftigung der Gesäßmuskulatur II » S. 93** Je Bein 20-30 Wiederholungen der Übung durchführen. 2-3 Sätze absolvieren.
2.	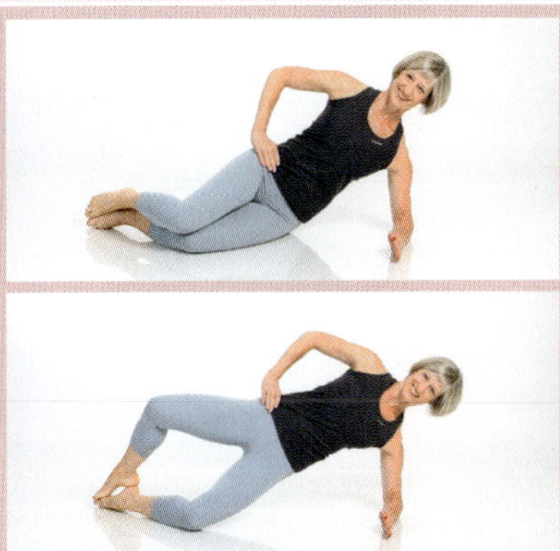	**Kräftigung der seitlichen Rumpfmuskultur und der Gesäßmuskulatur, Verbesserung der Stützkraft » S. 94** Je Seite 10-15 Wiederholungen der Übung durchführen. 2-3 Sätze absolvieren.
3.	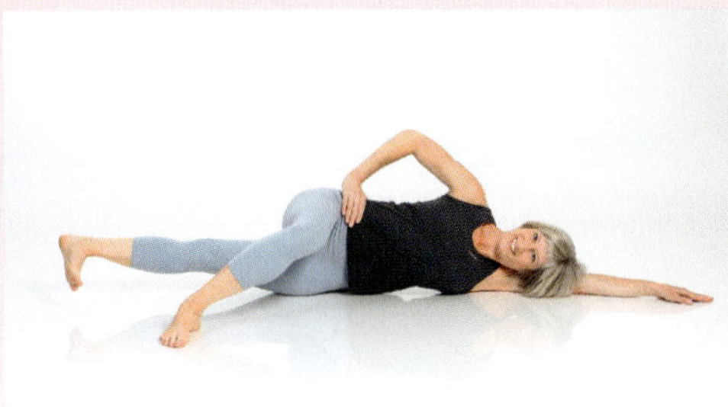	**Kräftigung der Oberschenkelinnenseiten » S. 97** Je Seite 20-30 Wiederholungen der Übung ausführen. 2-3 Sätze absolvieren.

4.	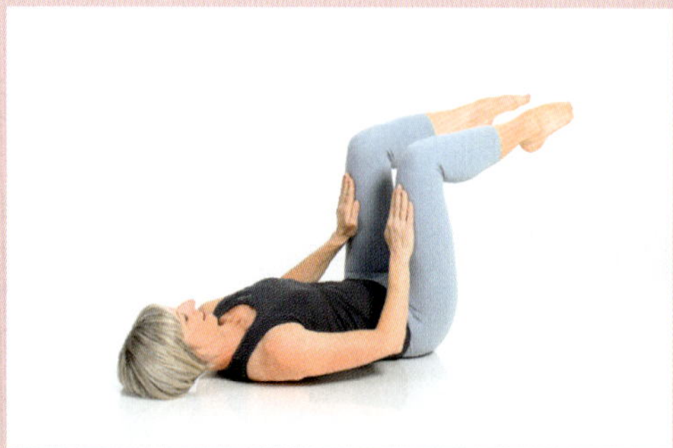	**Kräftigung der tiefen Bauchmuskulatur I** » S. 80 10-15 Wiederholungen der Übung durchführen. 2-3 Sätze absolvieren
5.	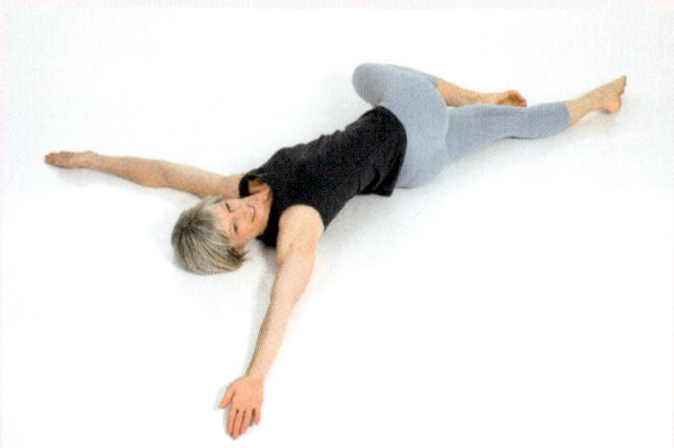	**Dehnung der Rücken-, Bauch-, Gesäß- und Brustmuskulatur** » S. 130 Auf beiden Seiten jeweils 30 Sekunden lang halten und in die Dehnung „hineinschmelzen“.

6.3.2 Das 30-Minuten-Programm

1.	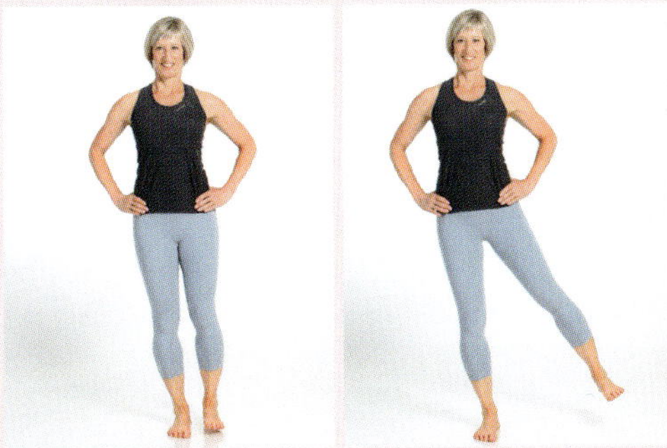	**Kräftigung der Oberschenkelaußenseite und Verbesserung des Gleichgewichts » S. 87** 15-20 Wiederholungen je Seite ausführen. 2-3 Sätze absolvieren.
2.	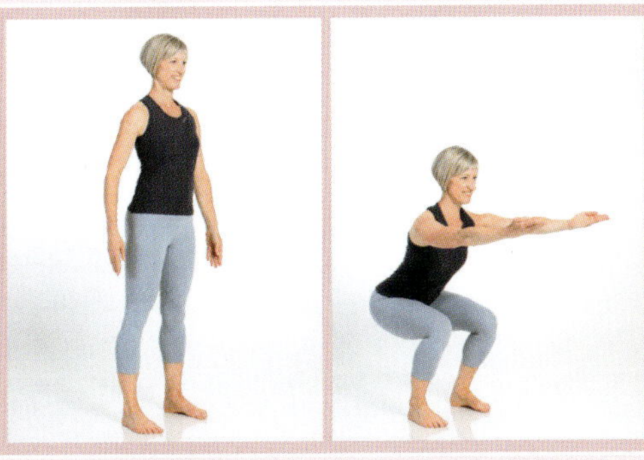	**Kräftigung der Oberschenkel- und Gesäßmuskulatur » S. 86** 15-20 Wiederholungen der Übung durchführen. 2-3 Sätze absolvieren.
3.	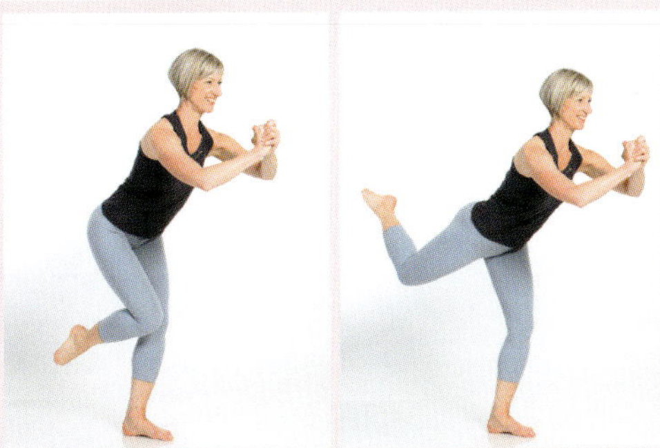	**Kräftigung der Gesäßmuskulatur und Verbesserung des Gleichgewichts » S. 88** Je Seite 10-15 Wiederholungen der Übung ausführen. 2-3 Sätze absolvieren.
4.	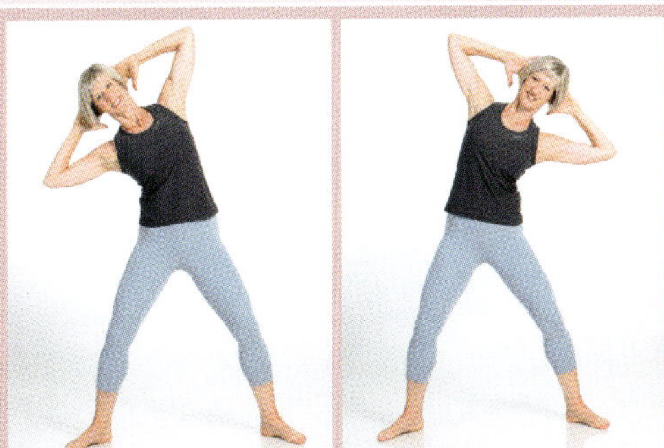	**Kräftigung der schrägen Bauchmuskulatur I » S. 58** Zu jeder Seite die Übung 10-15-mal durchführen. 2-3 Sätze absolvieren.

5.	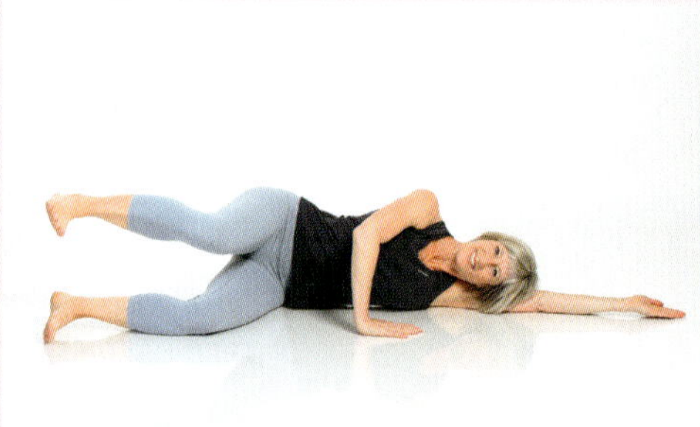	**Kräftigung der Gesäßmuskulatur III » S. 96** Je Seite 15-20 Wiederholungen der Übung ausführen. 2-3 Sätze durchführen.
6.	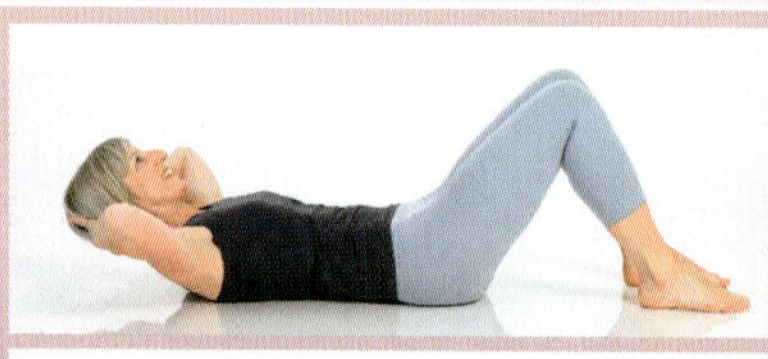 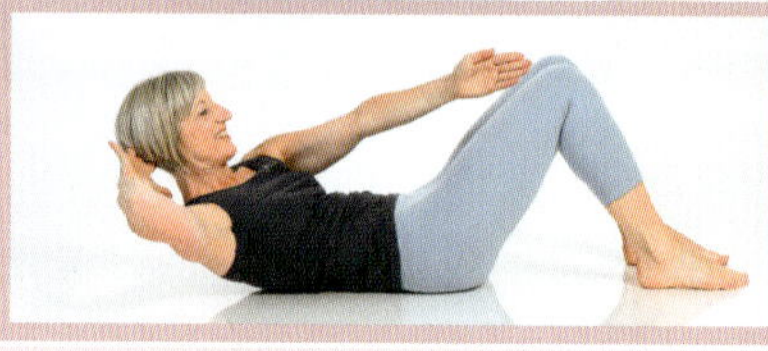	**Kräftigung der schrägen Bauchmuskulatur III » S. 83** Je Seite 10-15 Wiederholungen der Übung durchführen. 2-3 Sätze absolvieren.
7.	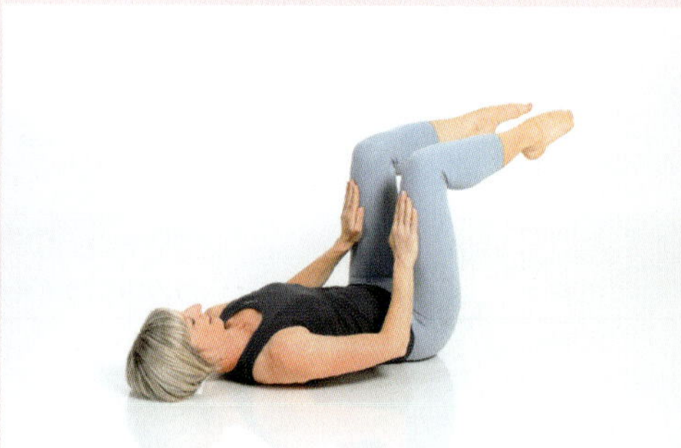	**Kräftigung der tiefen Bauchmuskulatur I » S. 80** 10-15 Wiederholungen der Übung durchführen. 2-3 Sätze absolvieren.
8.	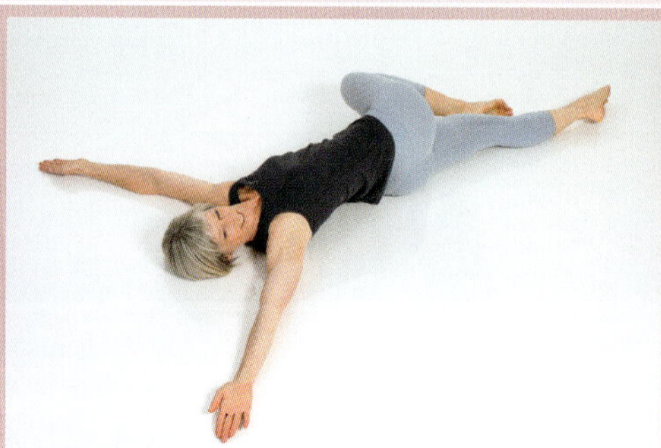	**Dehnung der Rücken-, Bauch-, Gesäß- und Brustmuskulatur » S. 130** 10-15 Wiederholungen der Übung durchführen. 2-3 Sätze absolvieren.

9.	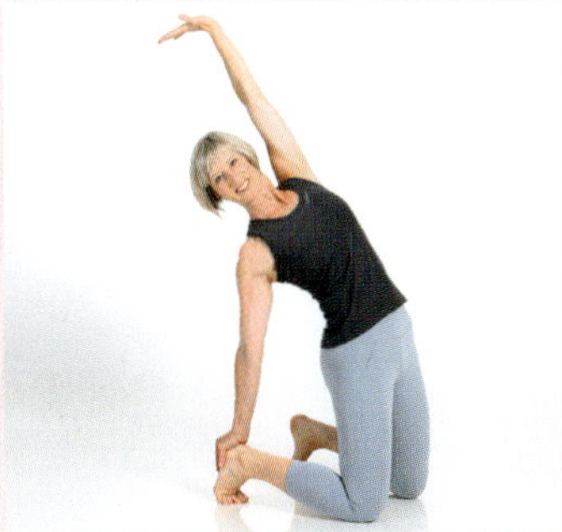	**Dehnung der Bauchmuskulatur und der Hüftbeugemuskulatur » S. 119** Je Seite diese Position circa 30 Sekunden lang halten und in die Dehnung „hineinschmelzen".
10.	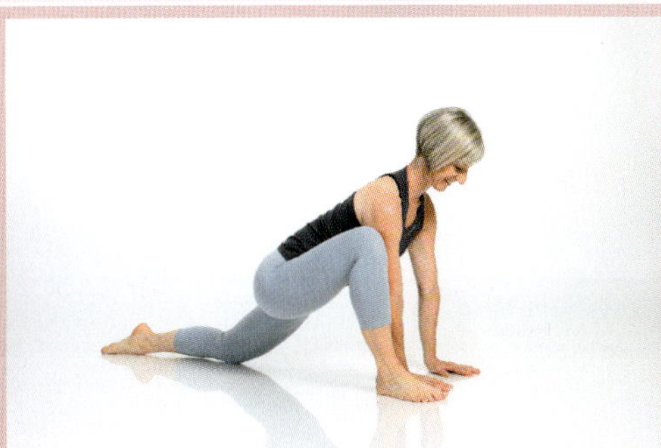	**Dehnung der Oberschenkelvorderseite und des Hüftbeugemuskels » S. 121** Auf beiden Seiten diese Position circa 30 Sekunden lang halten und in die Dehnung „hineinschmelzen".
11.	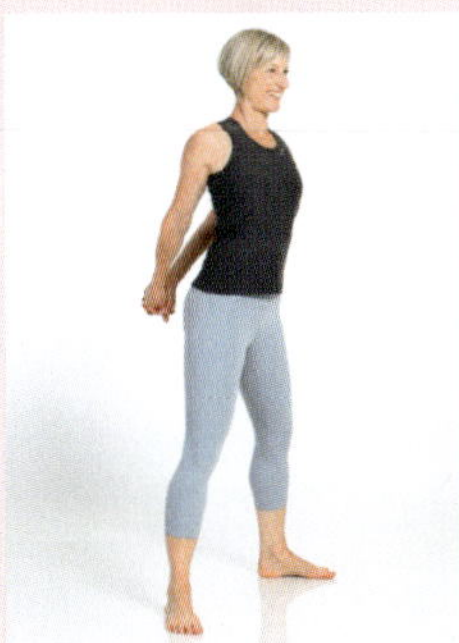	**Dehnung der Brustmuskulatur » S. 113** Die Position 30 Sekunden lang halten.

6.3.3 Das 45-Minuten-Programm

1.	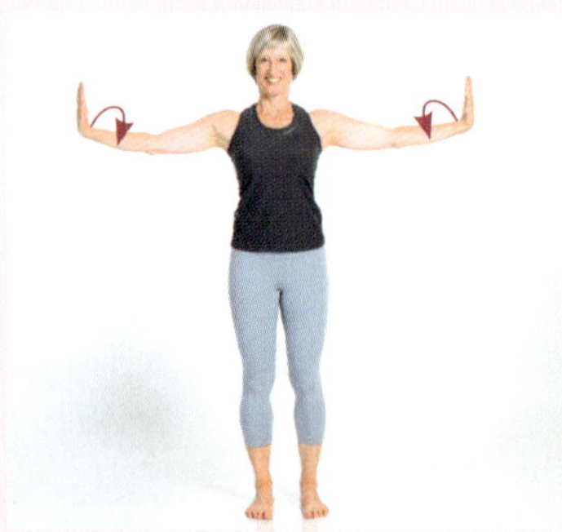	**Kräftigung der Schultermuskulatur I » S. 101** Nach circa 30 Wiederholungen Kreise zurück ausführen. 2-3 Sätze absolvieren.
2.	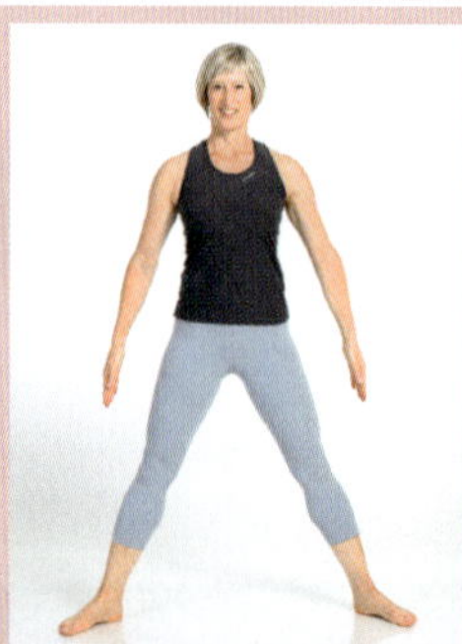 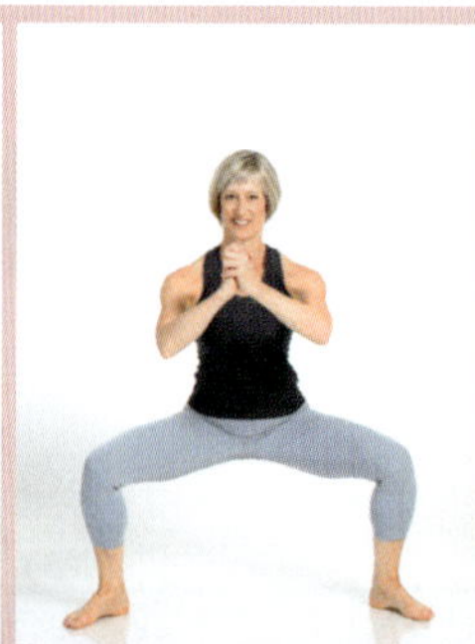	**Kräftigung der Beinmuskulatur I » S. 90** 15-20 Wiederholungen der Übung ausführen. 2-3 Sätze absolvieren.
3.	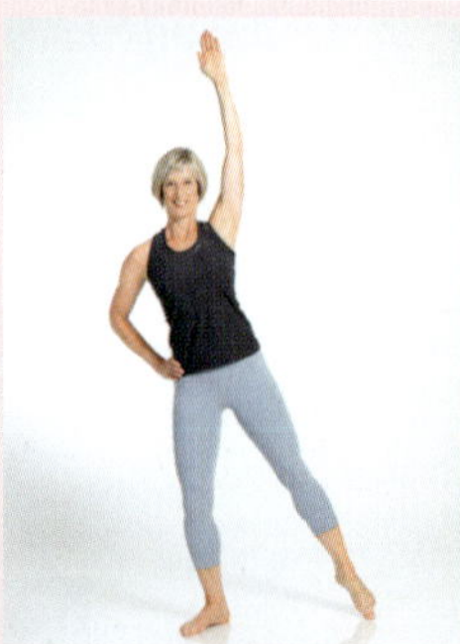 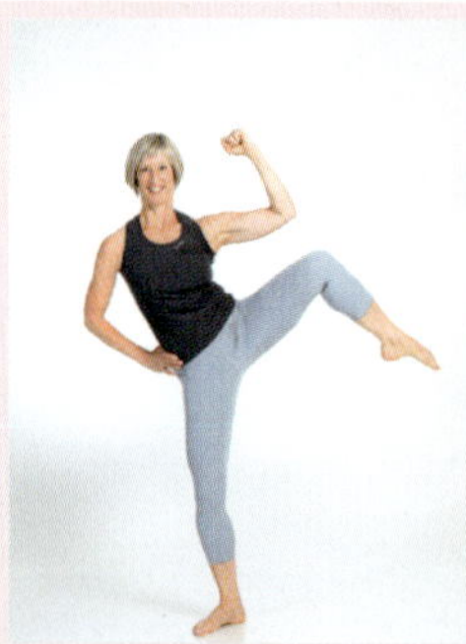	**Kräftigung der schrägen Bauchmuskulatur und Schulung der Gleichgewichtsfähigkeit » S. 57** Je Seite 10-15 Wiederholungen der Übung. 2-3 Sätze absolvieren.
4.	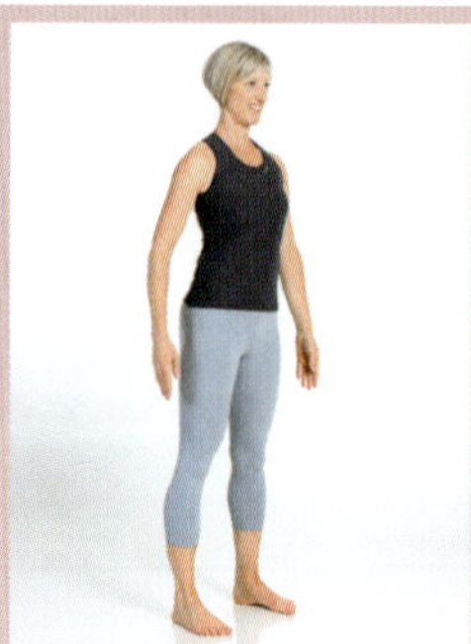 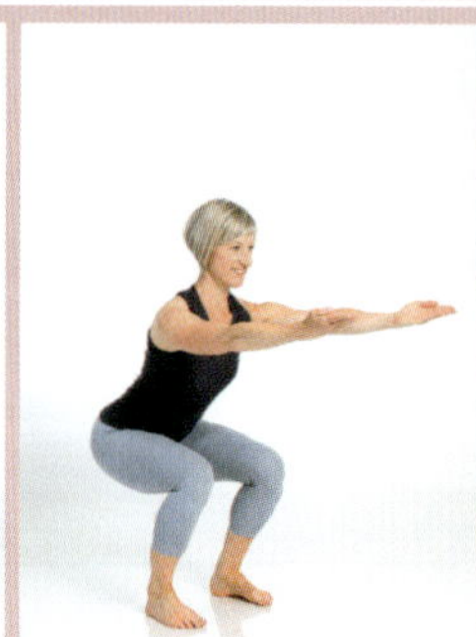	**Kräftigung der Oberschenkel- und Gesäßmuskulatur » S. 86** 15-20 Wiederholungen der Übung durchführen. 2-3 Sätze absolvieren.

5.	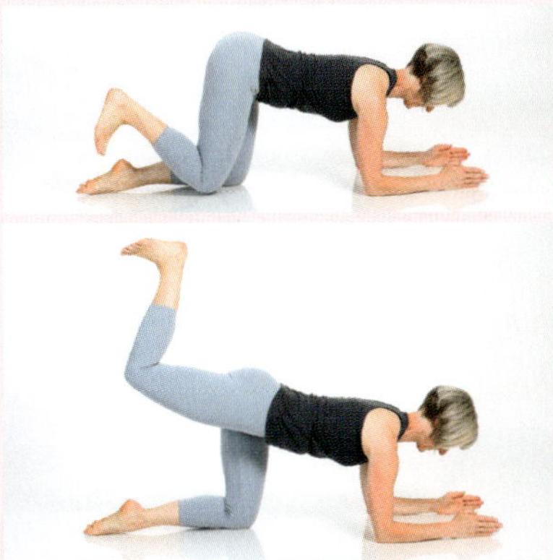	**Kräftigung der Gesäßmuskulatur I** » S. 92 Je Seite 15-20 Wiederholungen der Übung ausführen. 2-3 Sätze durchführen.
6.	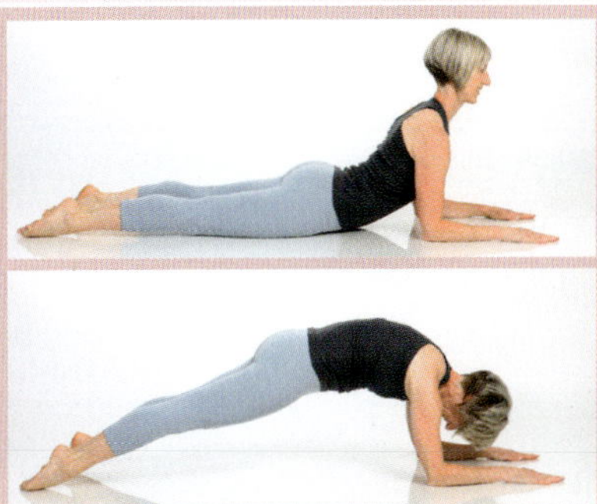	**Kräftigung der Bauchmuskulatur und der Stützkraft** » S. 73 10 Wiederholungen dieser Übung ausführen. 2-3 Sätze absolvieren.
7.	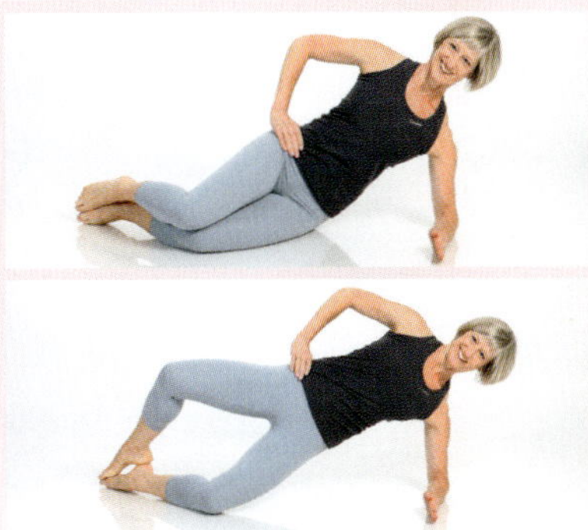	**Kräftigung der seitlichen Rumpfmuskultur und der Gesäßmuskulatur, Verbesserung der Stützkraft** » S. 94 Je Seite 10-15 Wiederholungen der Übung durchführen. 2-3 Sätze absolvieren.

8.	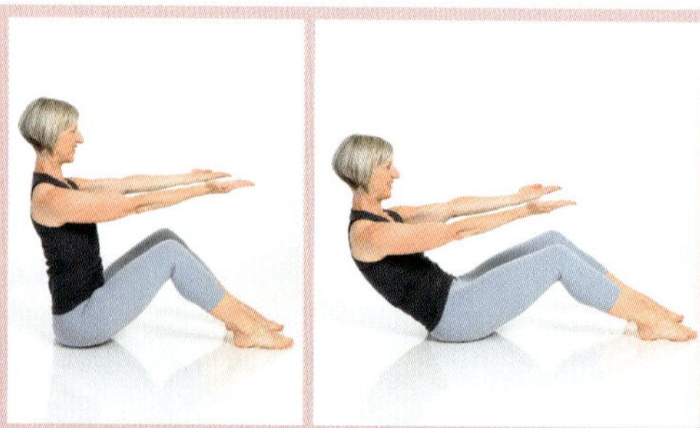	**Kräftigung der geraden Bauchmuskulatur I** » S. 76 10-15 Wiederholungen der Übung absolvieren. 2-3 Sätze durchführen.
9.	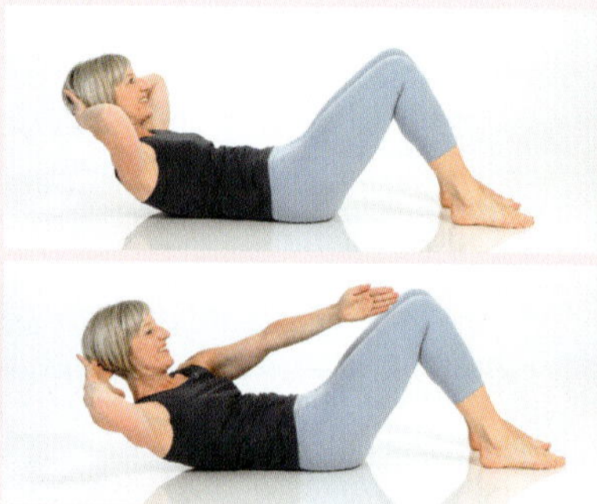	**Kräftigung der schrägen Bauchmuskulatur III** » S. 83 Je Seite 10-15 Wiederholungen der Übung durchführen. 2-3 Sätze absolvieren.
10.	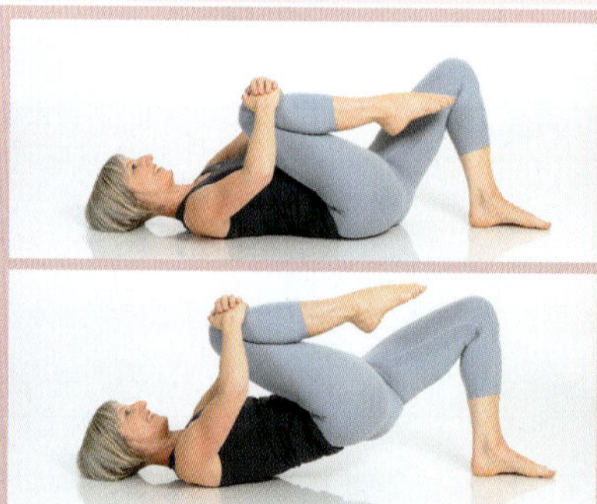	**Kräftigung der Oberschenkelrückseite und der Gesäßmuskulatur** » S. 98 Je Seite 20-30 Wiederholungen der Übung durchführen. 2-3 Sätze absolvieren.
11.	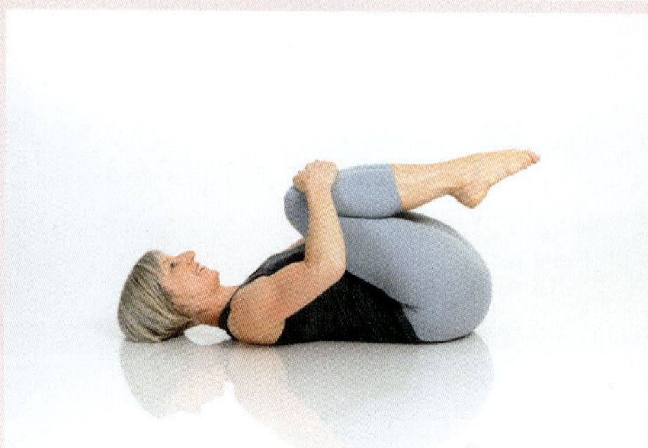	**Dehnung des unteren Rückens** » S. 128 20-30 Wiederholungen durchführen.

12.	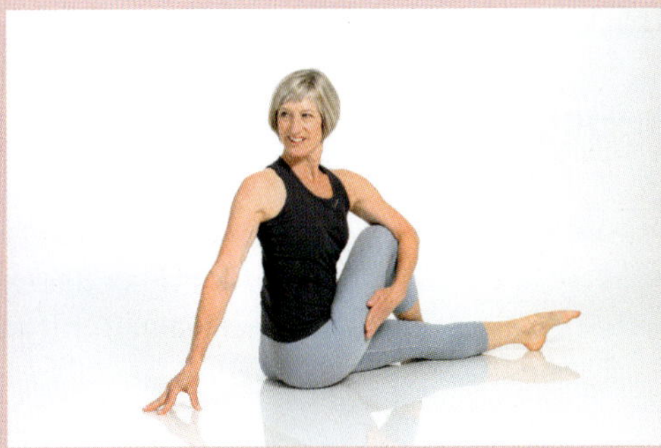	**Dehnung der Gesäß-, Rücken- und Bauchmuskulatur » S. 126** Auf beiden Seiten diese Position jeweils 30 Sekunden lang halten und in die Dehnung „hineinschmelzen“.
13.	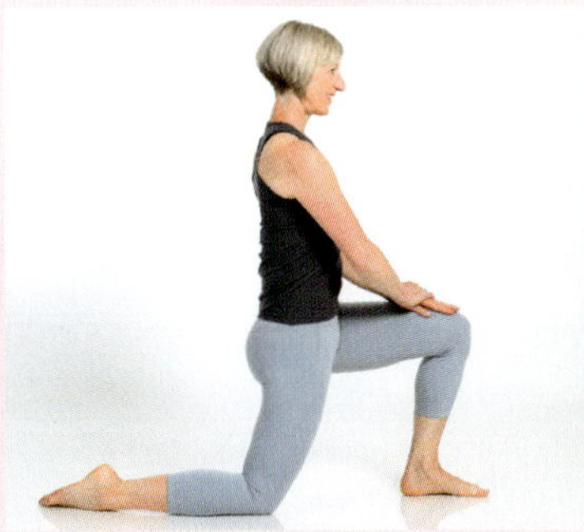	**Dehnung des Hüftbeugemuskels I » S. 120** Je Seite diese Position circa 30 Sekunden lang halten und in die Dehnung „hineinschmelzen“.
14.	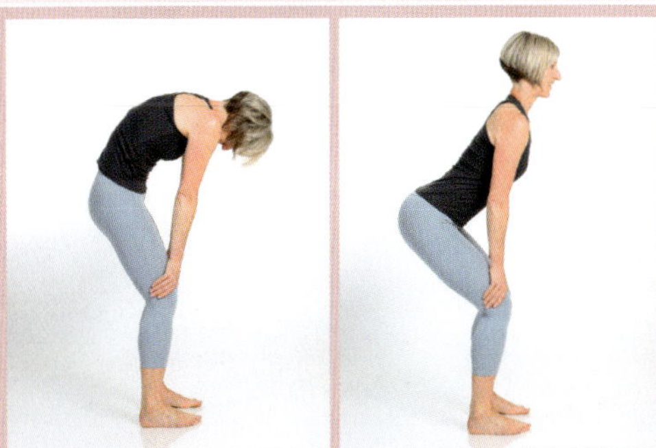	**Mobilisation der Wirbelsäule » S. 21** 10-15 Wiederholungen der Übung ausführen.
15.	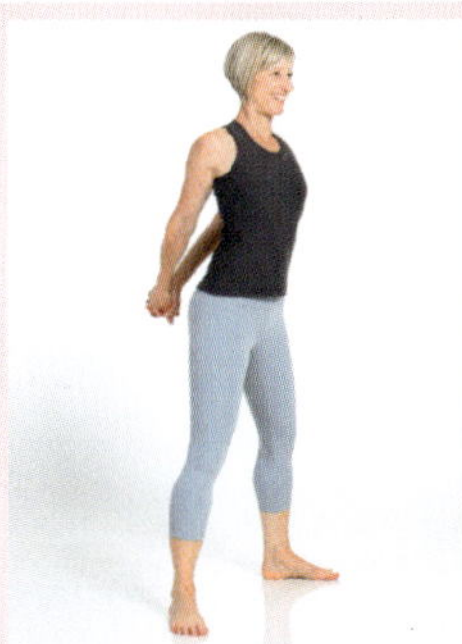	**Dehnung der Brustmuskulatur » S. 113** Die Position 30 Sekunden lang halten.

6.4 Bauch intensiv

6.4.1 Das 10-Minuten-Programm

1.	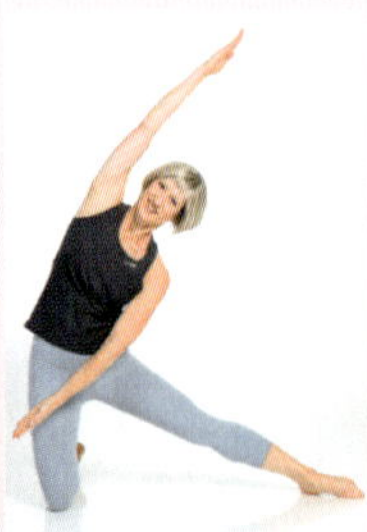 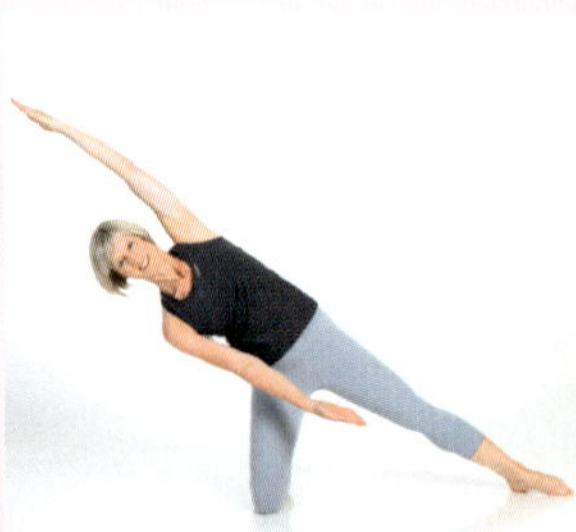	**Kräftigung der schrägen Bauchmuskulatur II** » S. 72 Je Seite 8-10 Wiederholungen der Übung ausführen. 2-3 Sätze absolvieren.
2.	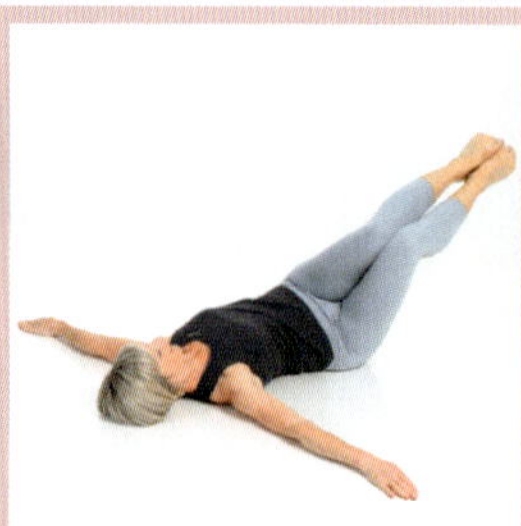 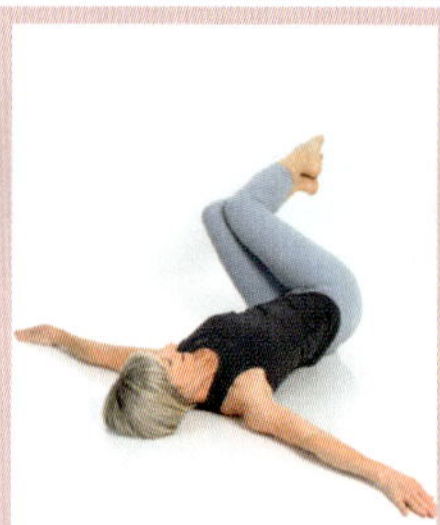	**Kräftigung der schrägen Bauchmuskulatur IV** » S. 84 Je Seite 6-8 Wiederholungen der Übung durchführen. 2-3 Sätze absolvieren.
3.	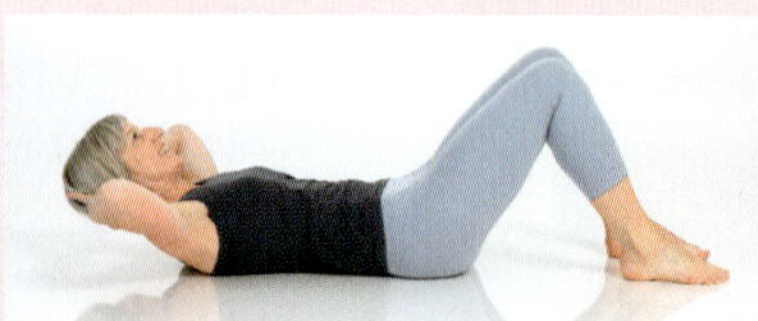 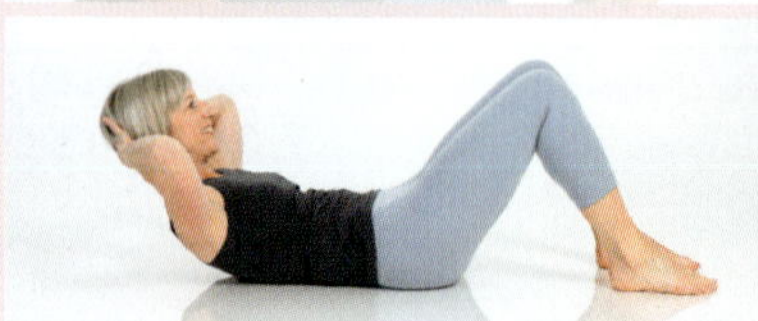	**Kräftigung der geraden Bauchmuskulatur II** » S. 82 10-15 Wiederholungen der Übung ausführen. 2-3 Sätze absolvieren.
4.	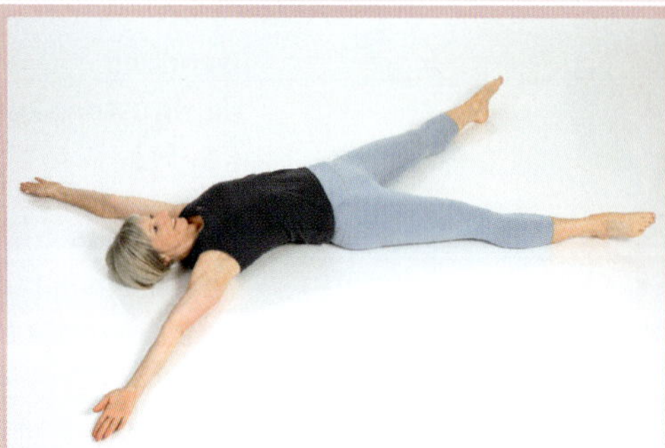	**Entspannung und Dehnung der Bauchmuskulatur** » S. 134 Diese Position circa eine Minute lang halten.

6.4.2 Das 20-Minuten-Programm

1.	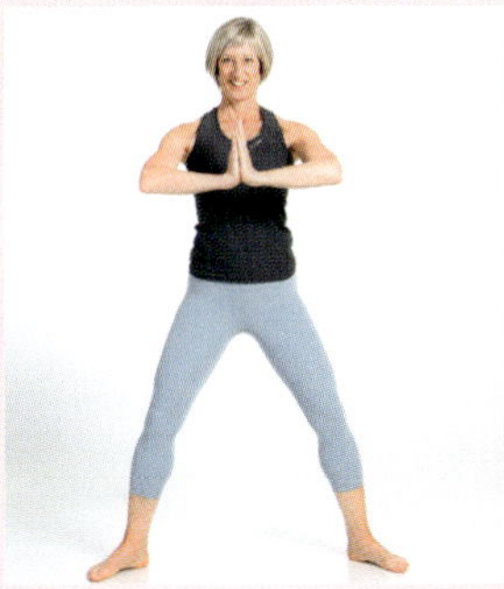	**Kräftigung der Brustmuskulatur, Aktivierung des Beckenbodens, der tiefen Bauchmuskulatur » S. 53** Diese Position für 3-4 Atemzüge halten. 2-3 Sätze ausführen.
2.	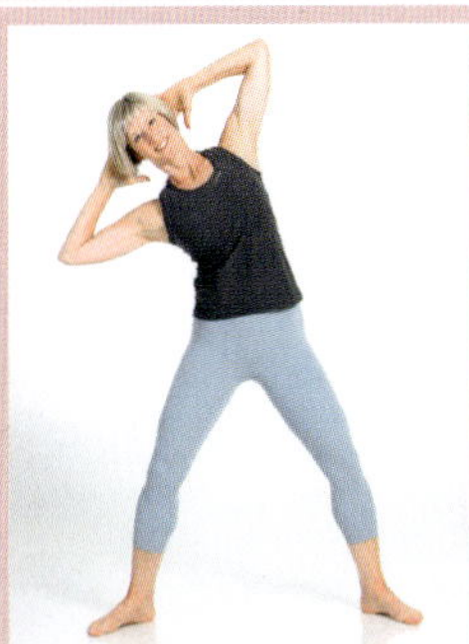 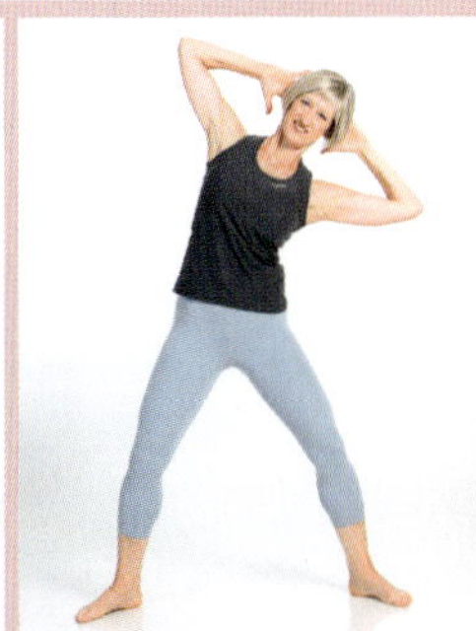	**Kräftigung der schrägen Bauchmuskulatur I » S. 58** Zu jeder Seite die Übung 10-15-mal durchführen. 2-3 Sätze absolvieren.
3.	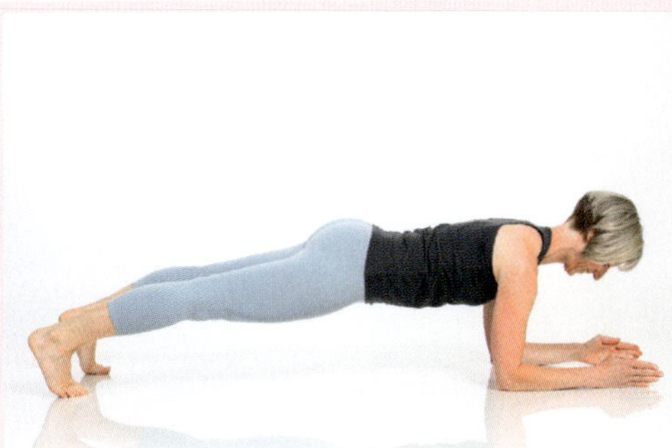	**Kräftigung der gesamten Körpervorderseite und der Stützkraft » S. 69** Diese Position circa 30 Sekunden lang halten. 2-3 Sätze absolvieren.
4.	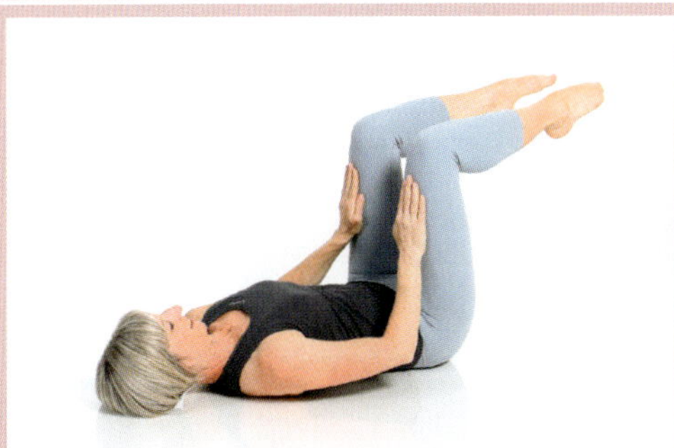	**Kräftigung der tiefen Bauchmuskulatur I » S. 80** 10-15 Wiederholungen der Übung durchführen. 2-3 Sätze absolvieren.

5.	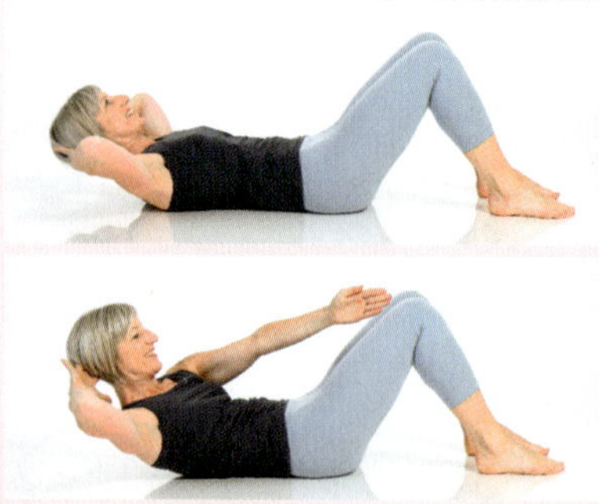	**Kräftigung der schrägen Bauchmuskulatur III** » **S. 83** Je Seite 10-15 Wiederholungen der Übung durchführen. 2-3 Sätze absolvieren.
6.	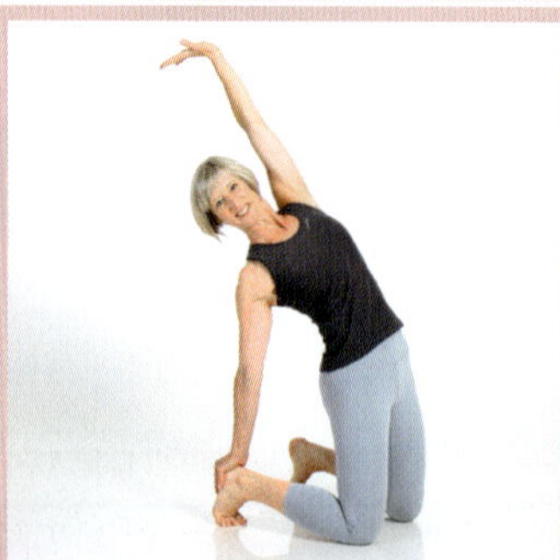	**Dehnung der Bauchmuskulatur und der Hüftbeugemuskulatur** » **S. 119** Je Seite diese Position circa 30 Sekunden lang halten und in die Dehnung „hineinschmelzen".
7.	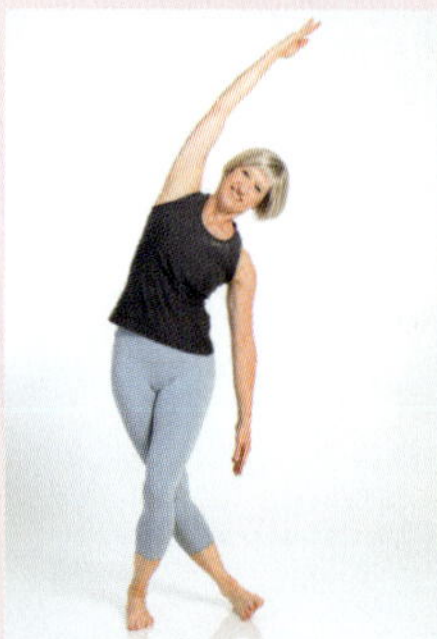	**Dehnung der Seitenlinie** » **S. 112** Je Seite 30 Sekunden lang in die Dehnung hineinschmelzen.

6.4.3 Das 30-Minuten-Programm

1.	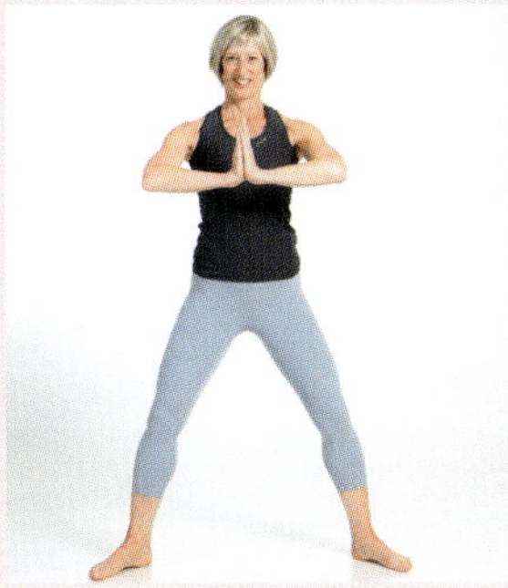	**Kräftigung der Brustmuskulatur, Aktivierung des Beckenbodens, der tiefen Bauchmuskulatur » S. 53** Diese Position für 3-4 Atemzüge halten. 2-3 Sätze ausführen.
2.	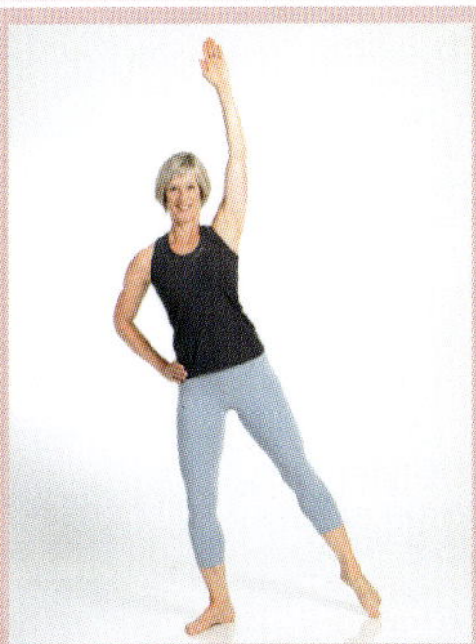 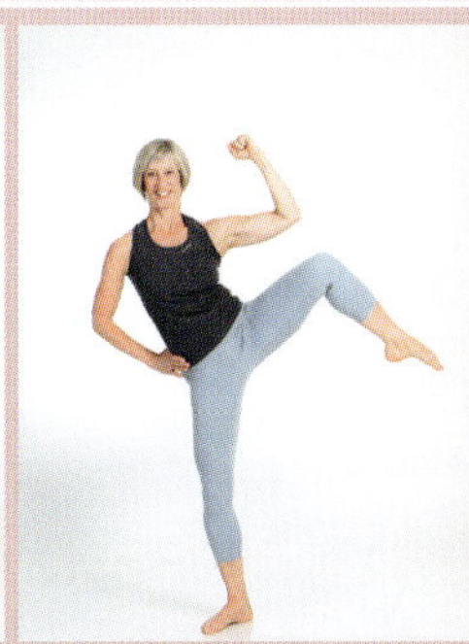	**Kräftigung der schrägen Bauchmuskulatur und Schulung der Gleichgewichtsfähigkeit » S. 57** Je Seite 10-15 Wiederholungen der Übung 2-3 Sätze absolvieren.
3.	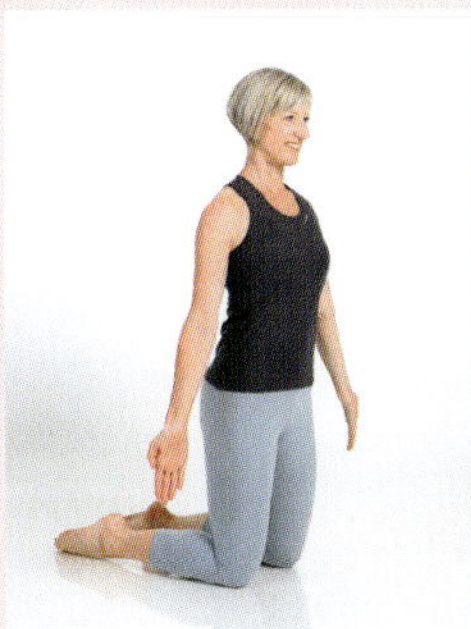 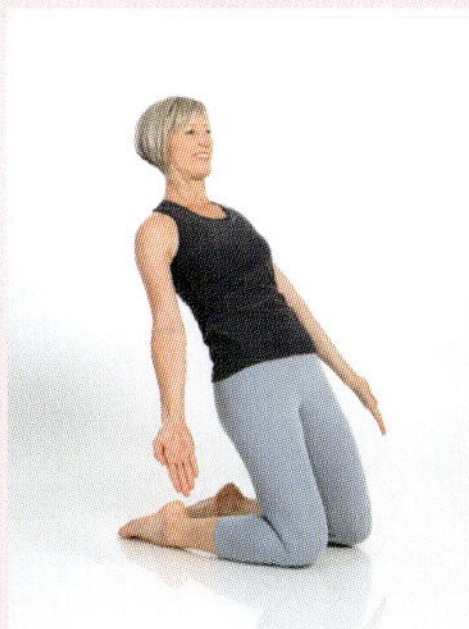	**Kräftigung der tiefen Bauchmuskulatur, der Oberschenkelvorderseite » S. 71** 8-10 Wiederholungen der Übung ausführen. 2-3 Sätze absolvieren.
4.	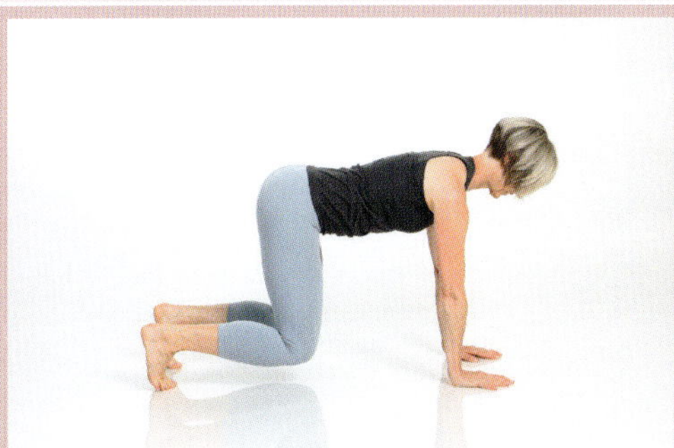	**Kräftigung der tiefen Bauch- und Rückenmuskulatur II » S. 66** 8-10 Wiederholungen der Übung ausführen. 2-3 Sätze absolvieren.

5.	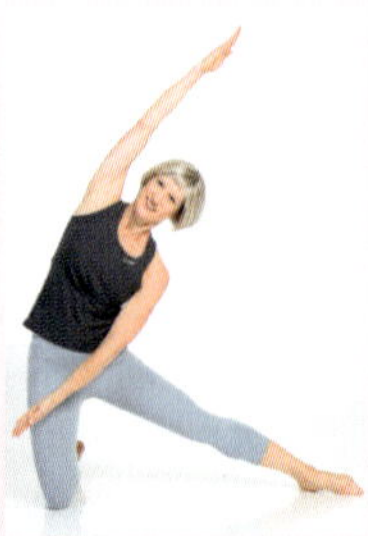	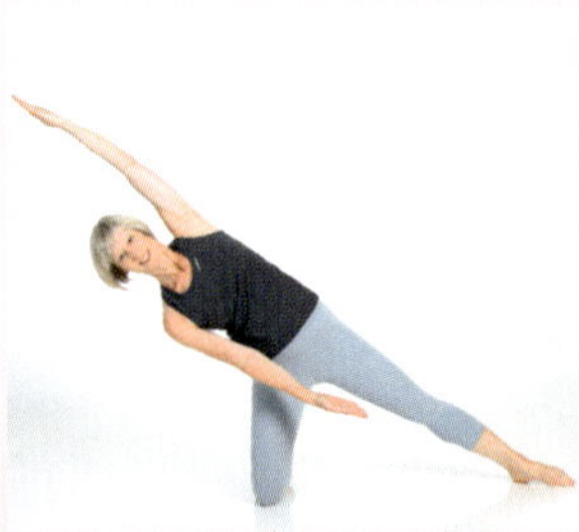	**Kräftigung der schrägen Bauchmuskulatur II » S. 58** Je Seite 8-10 Wiederholungen der Übung ausführen. 2-3 Sätze absolvieren.
6.	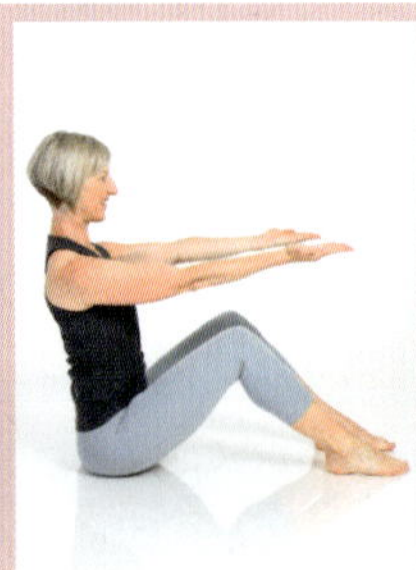	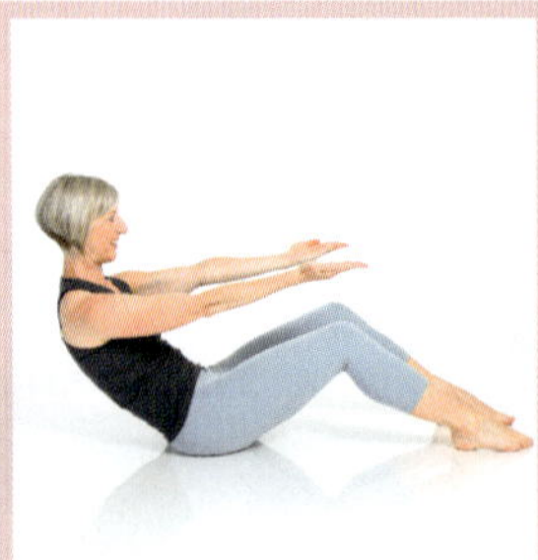	**Kräftigung der geraden Bauchmuskulatur I » S. 76** 10-15 Wiederholungen der Übung absolvieren. 2-3 Sätze durchführen.
7.	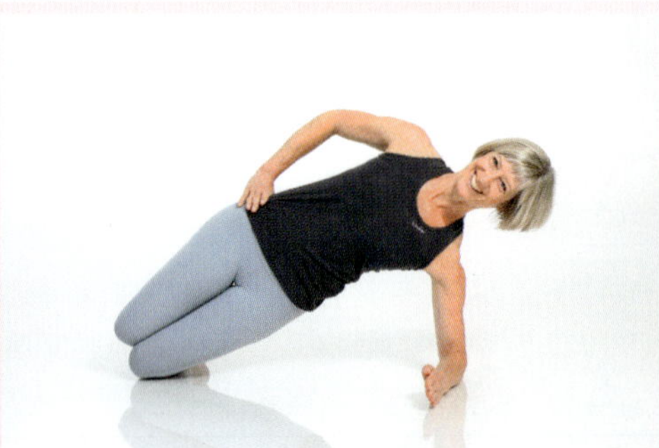		**Kräftigung der seitlichen Rumpfmuskulatur und der Stützkraft » S. 74** Je Seite absolvieren Sie 15-20 Wiederholungen der Übung. 2-3 Sätze durchführen.
8.	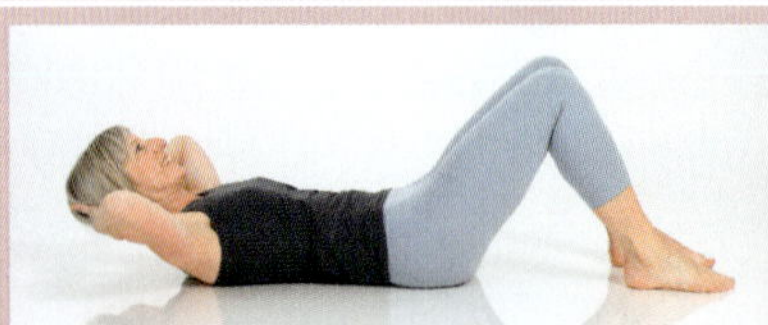	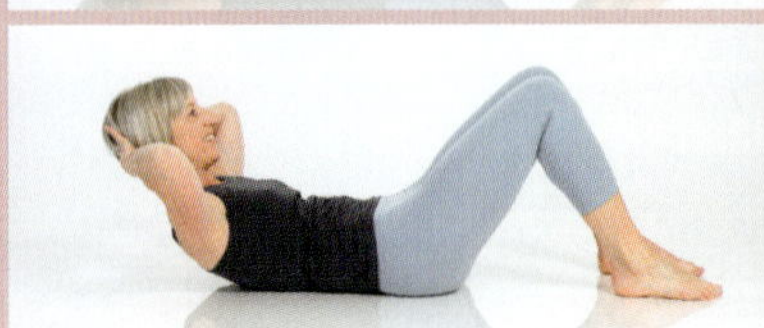	**Kräftigung der geraden Bauchmuskulatur II » S. 82** 10-15 Wiederholungen der Übung ausführen. 2-3 Sätze absolvieren.

9.	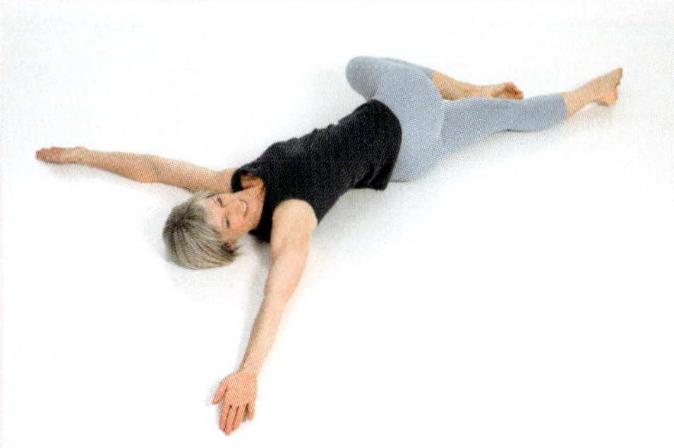	**Dehnung der Rücken-, Bauch-, Gesäß- und Brustmuskulatur** » S. 130 Auf beiden Seiten jeweils 30 Sekunden lang halten und in die Dehnung „hineinschmelzen“.
10.	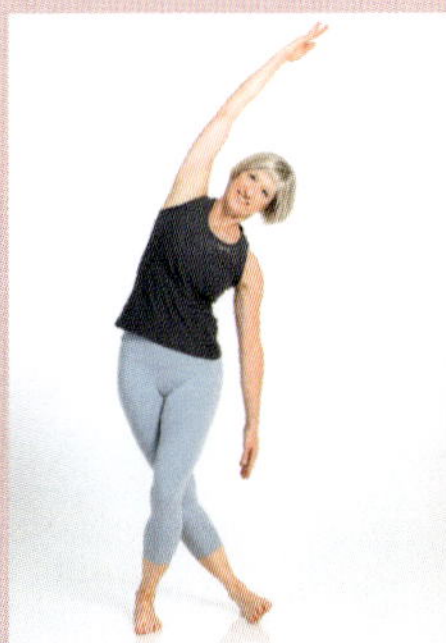	**Dehnung der Seitenlinie** » S. 112 Je Seite 30 Sekunden lang in die Dehnung hineinschmelzen.

6.5 Oberkörpertraining

6.5.1 Das 15-Minuten-Programm

1.	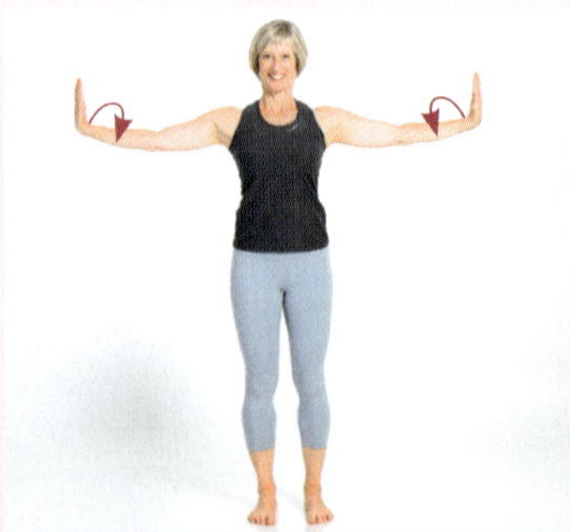	**Kräftigung der Schultermuskulatur I » S. 101** Nach circa 30 Wiederholungen nach vorne kreisen, circa 30 Kreise zurück ausführen. 2-3 Sätze absolvieren.
2.	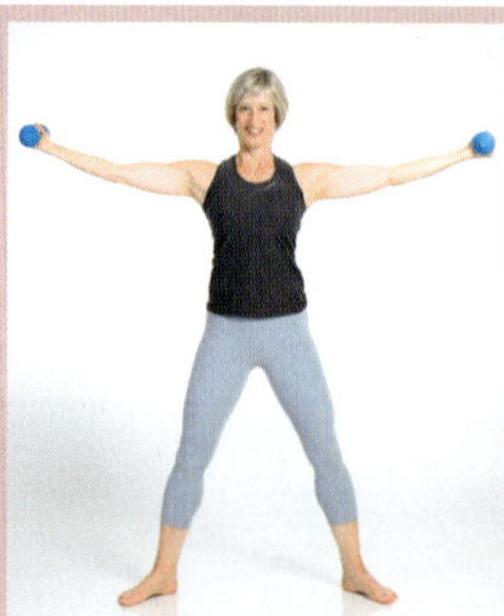 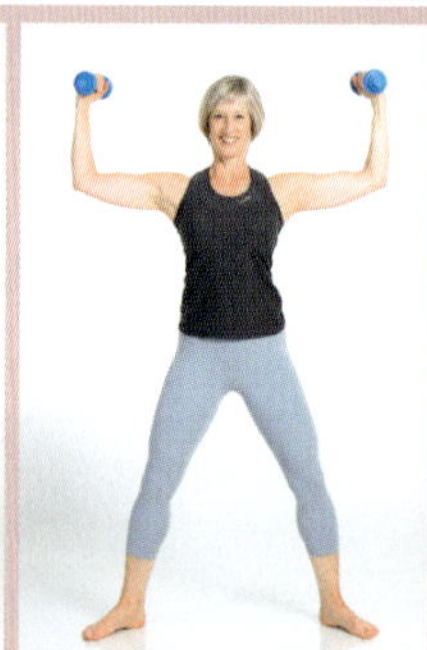	**Kräftigung des Bizeps (Armbeuger) I » S. 103** 15-20 Wiederholungen der Übung ausführen. 2-3 Sätze absolvieren.
3.	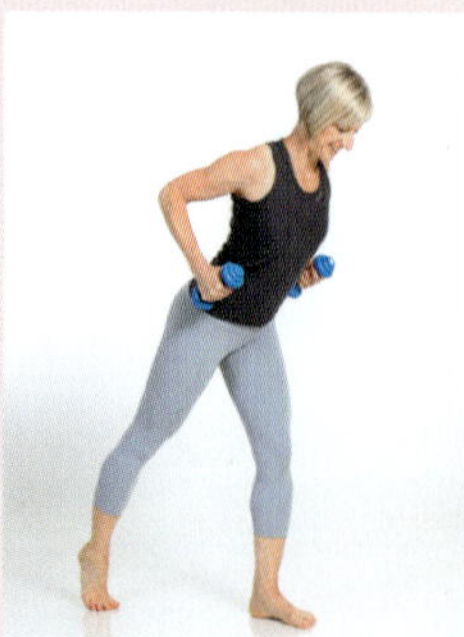 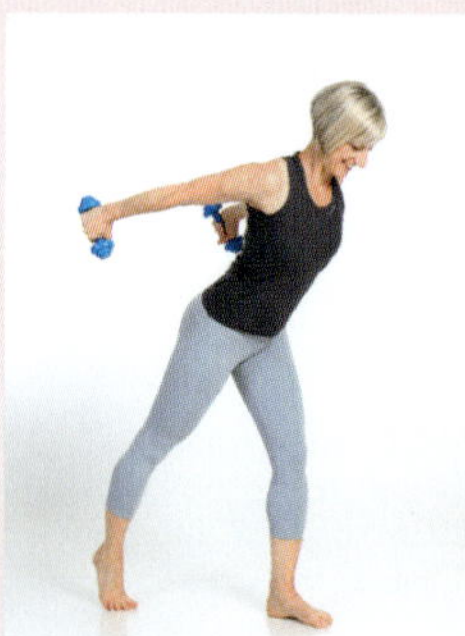	**Kräftigung des Trizeps (Armstrecker) I » S. 106** 15-20 Wiederholungen der Übung ausführen. 2-3 Sätze absolvieren.

4.	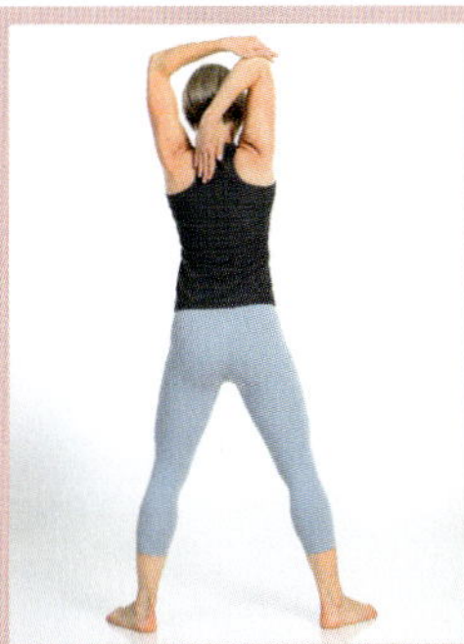 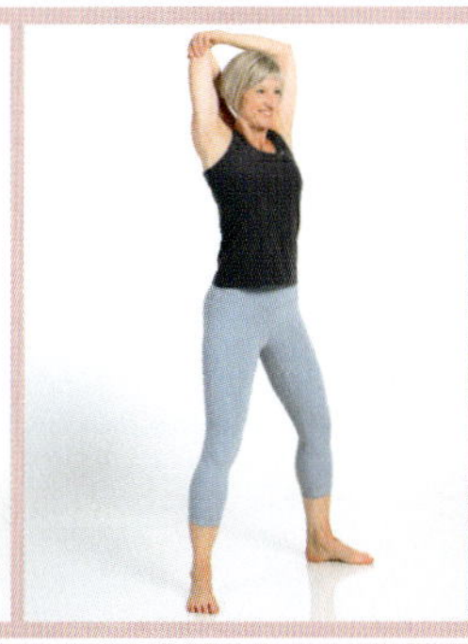	**Dehnung des Trizeps** » S. 114 Je Seite die Position 30 Sekunden lang halten.
5.	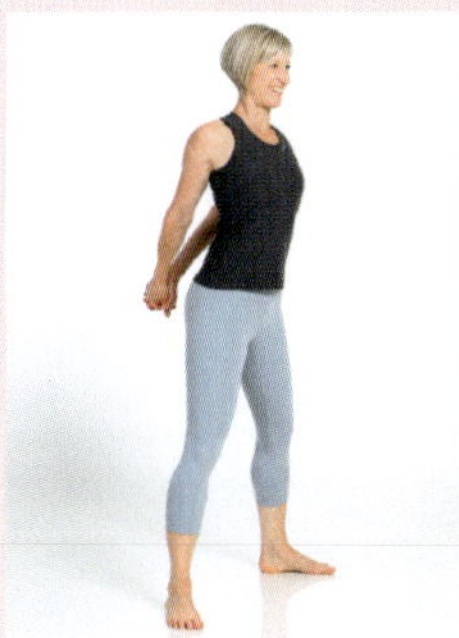	**Dehnung der Brustmuskulatur** » S. 113 Die Position 30 Sekunden lang halten.

6.5.2 Das 30-Minuten-Programm

1.	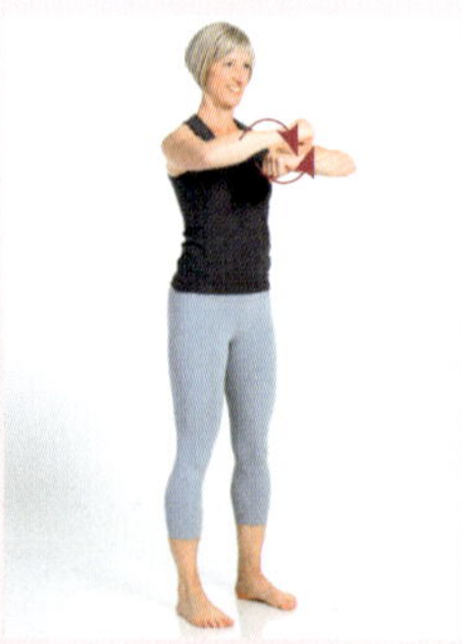	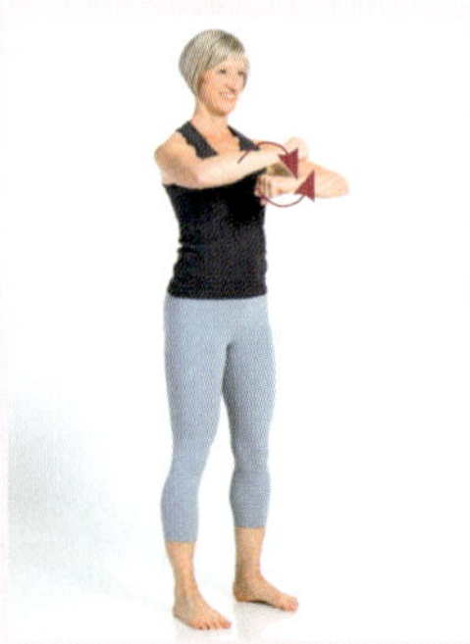	**Kräftigung der Schultermuskulatur III** » S. 105 30 Sekunden lang die Übung ausführen. 2-3 Sätze absolvieren.
2.	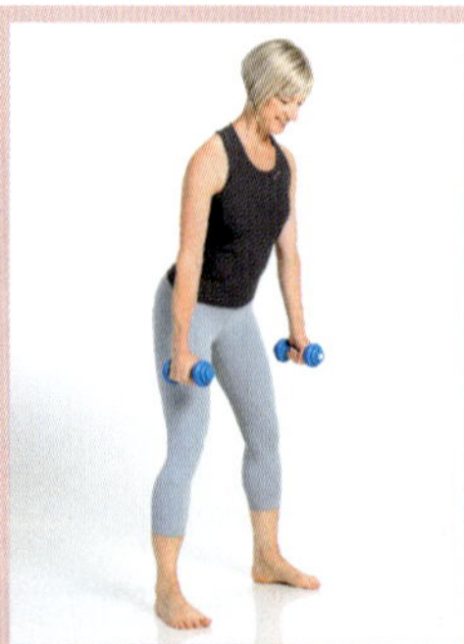	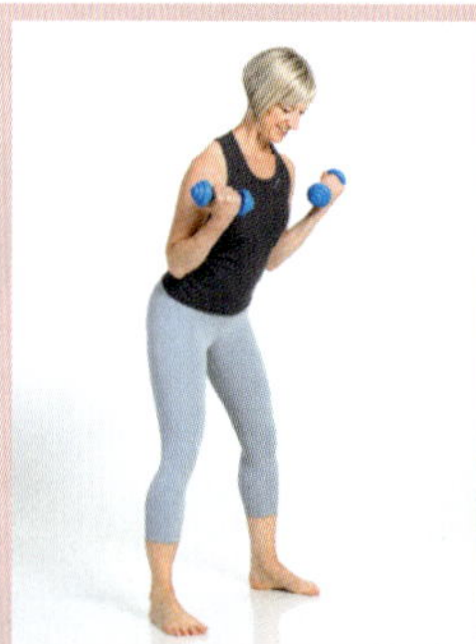	**Kräftigung des Bizeps II (Armbeuger)** » S. 107 Je Seite 15-20 Wiederholungen der Übung ausführen. 2-3 Sätze absolvieren.
3.	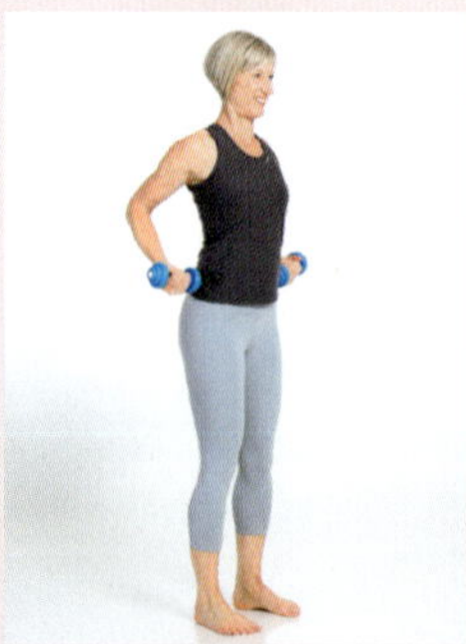	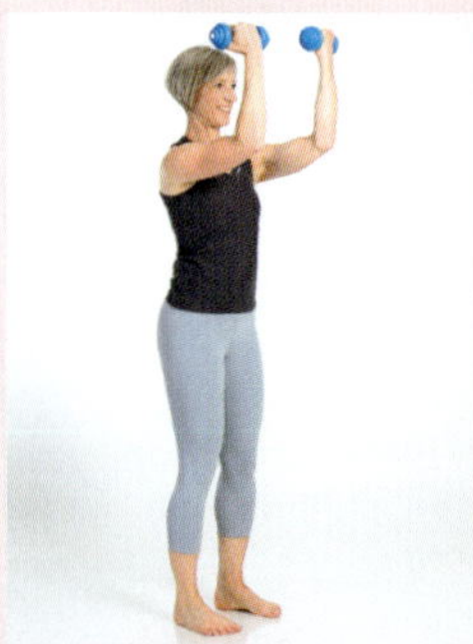	**Kräftigung der Schultermuskulatur und des Bizeps** » S. 102 15-30 Wiederholungen der Übung ausführen. 2-3 Sätze absolvieren.
4.	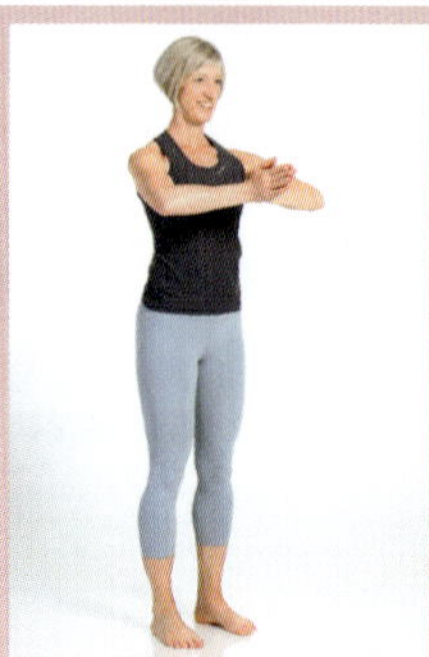	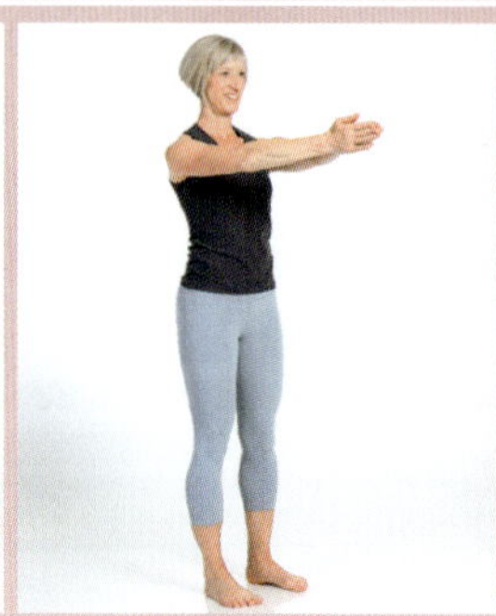	**Kräftigung der Brustmuskulatur** » S. 54 Die Übung 10-15-mal wiederholen und 2-3 Sätze absolvieren.

5.	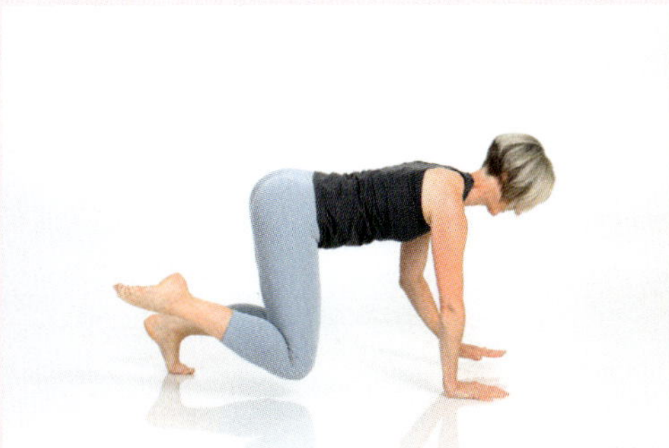	**Kräftigung der tiefen Bauch- und Rückenmuskulatur II » S. 66f.** Circa 30 Sekunden lang immer im Wechsel die Übung ausführen. 2-3 Sätze absolvieren.
6.	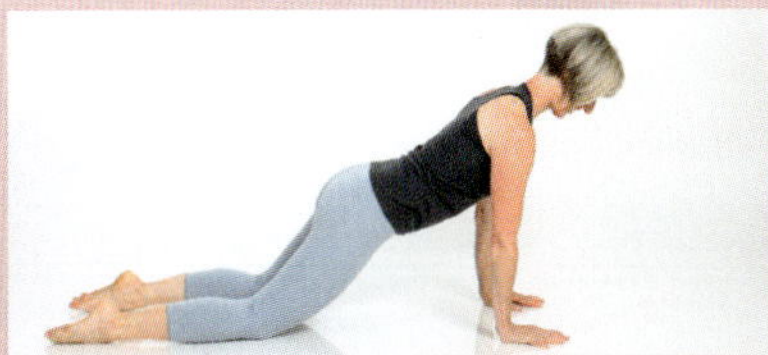 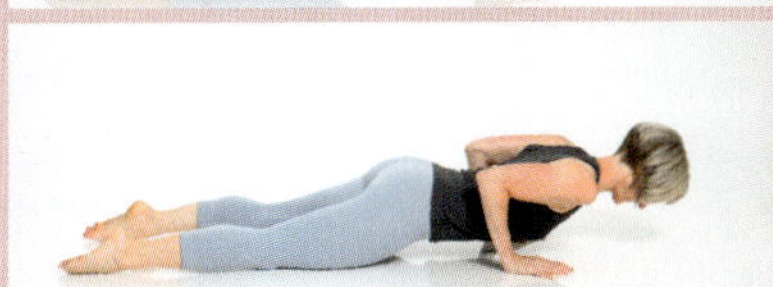	**Kräftigung des Trizeps (Armstrecker) II » S. 108** 10-15 Wiederholungen der Übung ausführen. 2-3 Sätze absolvieren.
7.	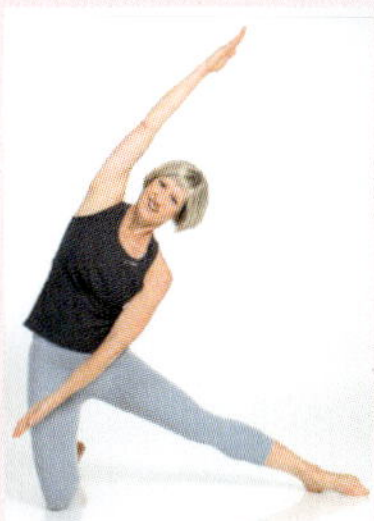 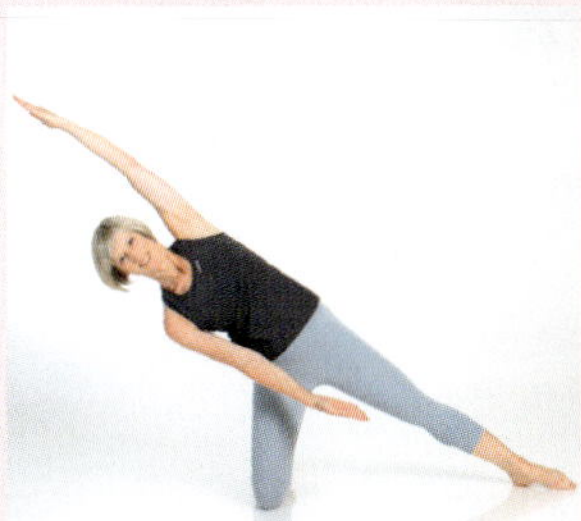	**Kräftigung der schrägen Bauchmuskulatur II» S. 72** Je Seite 8-10 Wiederholungen der Übung ausführen. 2-3 Sätze absolvieren.
8.	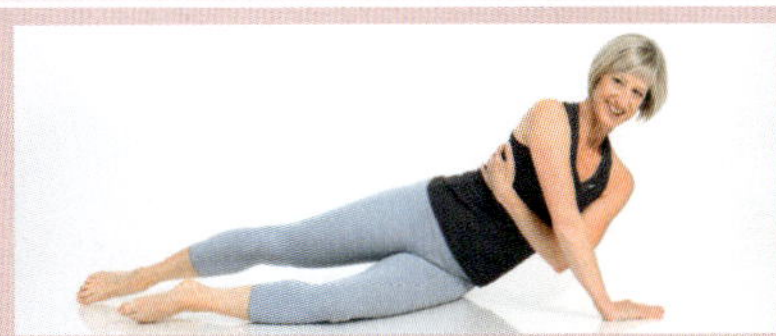 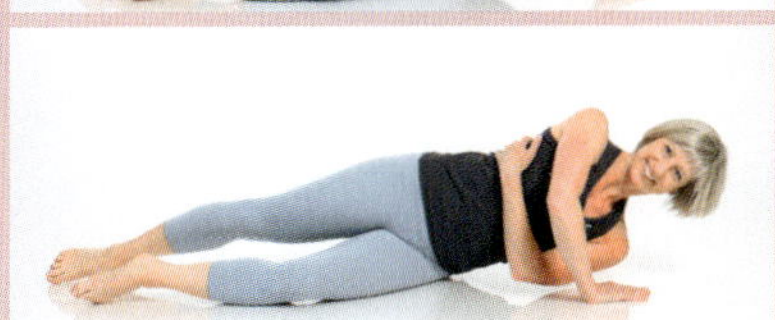	**Kräftigung des Trizeps (Armstrecker) III » S. 109** 10-15 Wiederholungen der Übung ausführen. 2-3 Sätze absolvieren.

9.	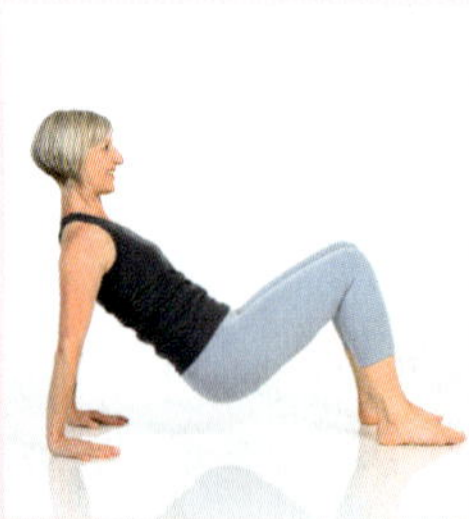 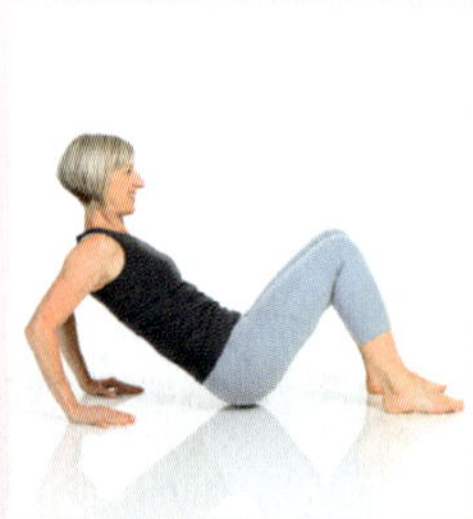	**Kräftigung des Trizeps (Armstrecker) IV** **» S. 110** 10-15 Wiederholungen der Übung durchführen. 2-3 Sätze absolvieren.
10.	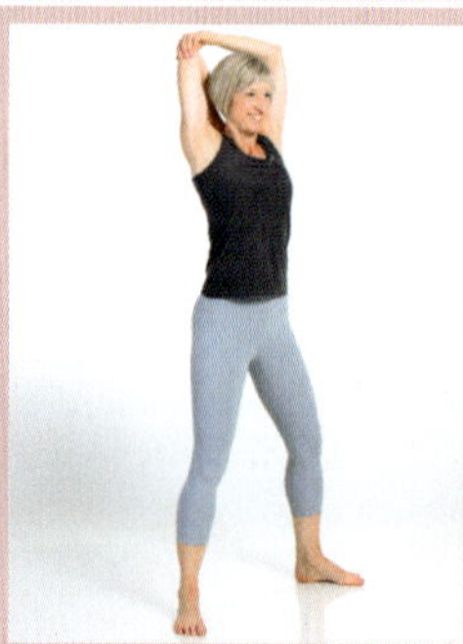 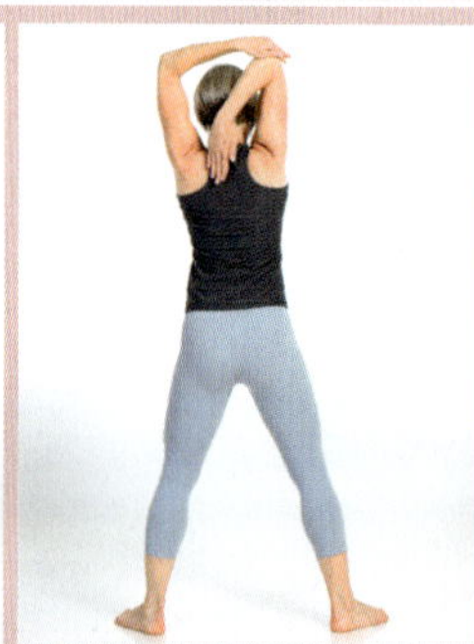	**Dehnung des Trizeps** **» S. 114** Je Seite die Position 30 Sekunden lang halten.
11.	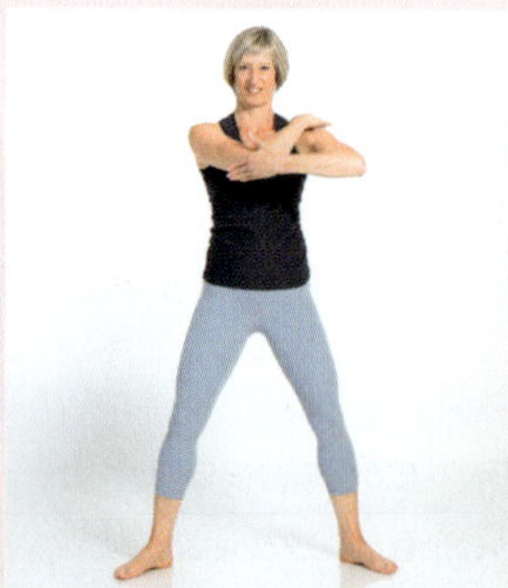	**Dehnung der Schultermuskulatur** **» S. 115** Je Seite die Position 30 Sekunden lang halten.

7 Ernährung

Die Bedeutung der richtigen Ernährung nimmt mit zunehmendem Alter immer mehr zu.

Ab dem 50. Lebensjahr verändert sich der Körper stärker und benötigt bestimmte Nährstoffe in höheren Mengen als zuvor. Eine ausgewogene und abwechslungsreiche Ernährung ist daher wichtig, um den Körper mit allen notwendigen Nährstoffen zu versorgen und Gesundheitsproblemen vorzubeugen.

Ein wichtiger Aspekt ist die Versorgung mit Proteinen, die für den Erhalt der Muskelmasse und -funktionen unerlässlich sind. Durch eine geringere Aufnahme von Proteinen und den altersbedingten Abbau von Muskelmasse kann es ab 50 Jahren zu einem Verlust an körperlicher Leistungsfähigkeit kommen. Um dies zu vermeiden, sollte auf eine ausreichende Zufuhr von proteinreichen Lebensmitteln wie Fisch, Fleisch, Eiern, Hülsenfrüchten oder Milchprodukten geachtet werden.

Es gibt viele pflanzliche Proteinquellen, die eine gute Alternative zu Milch, Fleisch und Fisch darstellen können. Hier sind einige Beispiele:

- Hülsenfrüchte, wie Bohnen, Linsen, Erbsen und Kichererbsen;
- Tofu und andere Sojaprodukte;
- Nüsse und Samen, wie Mandeln, Cashews, Chiasamen;
- Vollkornprodukte, wie Haferflocken, Quinoa, Bulgur und
- Gemüse, wie Brokkoli, Spinat, Grünkohl und Avocado.

Es ist wichtig, genügend Protein zu sich zu nehmen, um den Körper mit den notwendigen Aminosäuren zu versorgen, die für den Aufbau und die Reparatur von Gewebe benötigt werden.

Auch Ballaststoffe sind für eine gesunde Ernährung im Alter wichtig. Sie unterstützen die Verdauung und beugen Verdauungsproblemen vor. Ballaststoffreiche Lebensmittel wie Vollkornprodukte, Obst und Gemüse sollten daher regelmäßig auf dem Speiseplan stehen.

Darüber hinaus sollten auch Vitamine und Mineralstoffe im Fokus der Ernährung stehen.

Insbesondere Vitamin D, das für den Knochenstoffwechsel wichtig ist, kann im Alter oft nicht mehr ausreichend vom Körper produziert werden.

TIPP:

Eine ausgewogene und abwechslungsreiche Ernährung im Alter ist wichtig, um den Körper mit allen notwendigen Nährstoffen zu versorgen und Gesundheitsproblemen vorzubeugen. Dabei sollte auf eine ausreichende Zufuhr von Proteinen, Ballaststoffen, Vitaminen und Mineralstoffen geachtet werden.

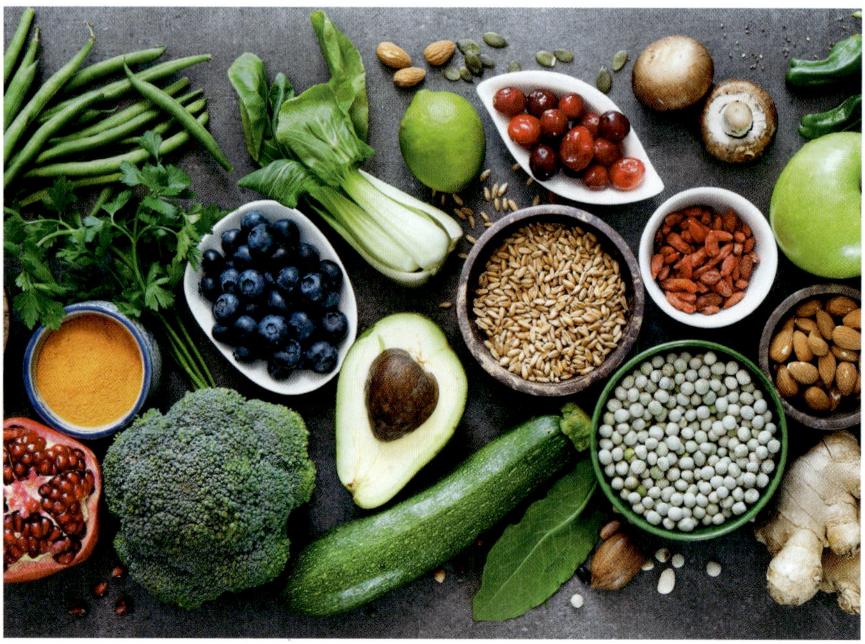

ANHANG

1 Literatur

Albrecht, K. (2006). *Körperhaltung. Gesunder Rücken durch richtiges Training.* Haug, Stuttgart.

Fastner, G. (2022). *Rücken Wohl: Achtsam und bewegt zu einem gesunden Rücken.* Eo Verlag GmbH, Freising.

Häflinger, U. & Schuba, V. (2007). *Koordinationstherapie. Propriozeptives Training.* Meyer & Meyer Verlag, Aachen.

Kempf, H.-D. (2010). *Die neue Rückenschule. Das Praxisbuch.* Springer Medizin Verlag, Heidelberg.

Meier, H. (2007). *Medizinische Trainingstherapie in der Praxis.* AMS Verlag, Hersbruck.

Meinhart P. (2020). *Zurück zur Beweglichkeit.* Riva Verlag, München.

Weineck, J. (2004). *Sportbiologie.* Spitta Verlag & Co. KG, Balingen.

2 Bildnachweis

Covermotiv: TOGU GmbH

Covergestaltung: Annika Naas

Fotos Innenteil: TOGU GmbH, S. 204: Adobe Stock

Innenlayout: Annika Naas

Satz: Bruno Hilger

Lektorat: Dr. Irmgard Jaeger

Abonnieren Sie unseren kostenlosen Newsletter unter **www.dersportverlag.de**

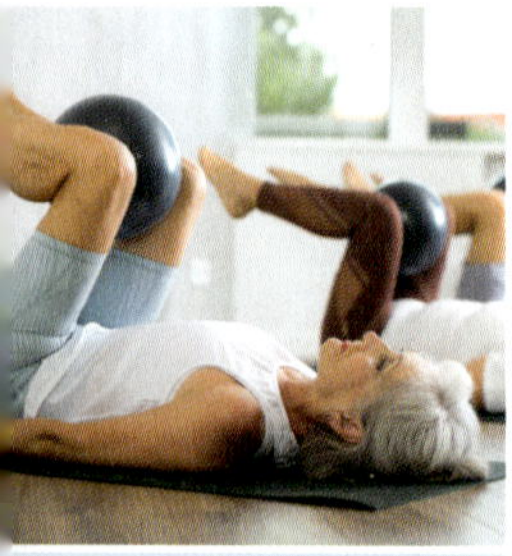

FIT UND GESUND MIT GABI FASTNER

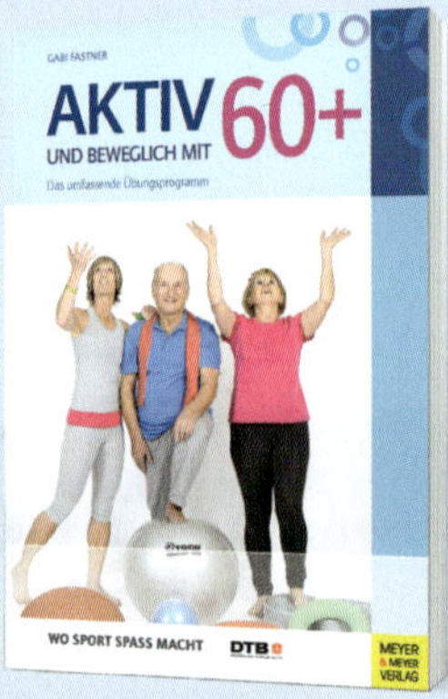

ISBN 978-3-89899-997-7
€ [D] 22,00/[A] 22,70

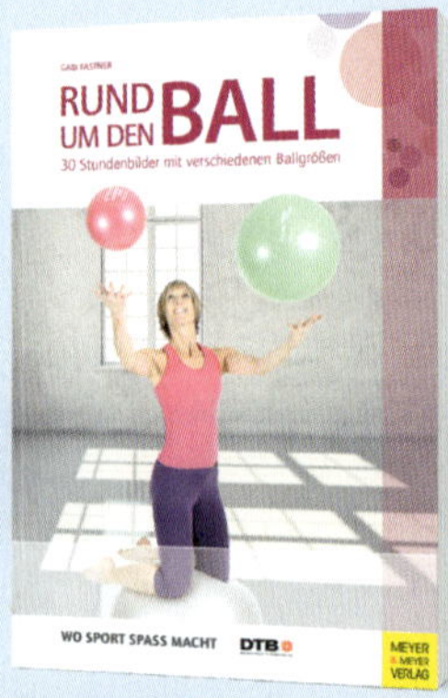

ISBN 978-3-89899-911-3
€ [D] 18,00/[A] 18,50

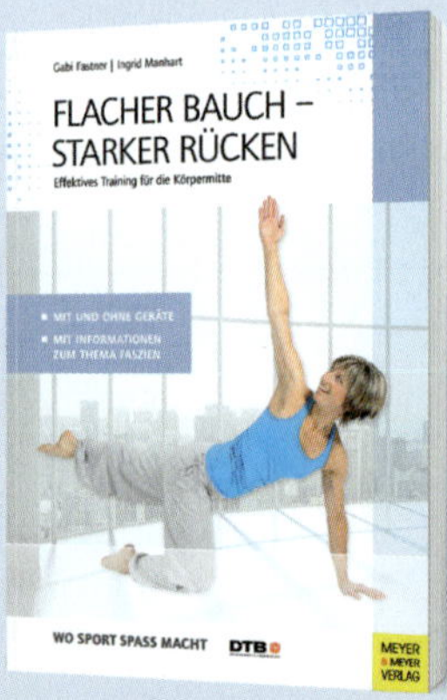

ISBN 978-3-89899-887-1
€ [D] 19,95/[A] 20,60

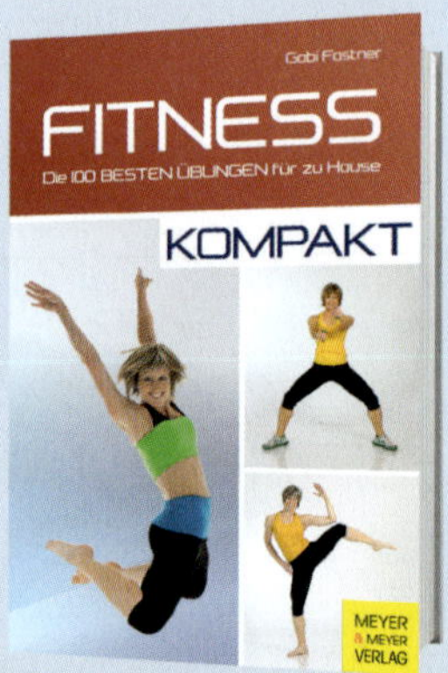

ISBN 978-3-89899-965-6
€ [D] 9,95/[A] 10,30

* Preisänderungen vorbehalten und Preisangaben ohne Gewähr! ©Adobe Stock

MEYER & MEYER VERLAG

MEYER & MEYER Verlag
Von-Coels-Str. 390
52080 Aachen

Telefon	02 41 - 9 58 10 - 13
Fax	02 41 - 9 58 10 - 10
E-Mail	vertrieb@m-m-sports.com
Webseite	www.dersportverlag.de